湖南旅游发展报告

（2011-2015）

湖南省旅游发展委员会
中南林业科技大学旅游学院 ◎编著

HUNAN TOURISM DEVELOPMENT REPORT 2011-2015

中国旅游出版社

《湖南旅游发展报告（2011—2015）》编写组

主　编： 陈献春　钟永德

副主编： 尚　斌　徐　美　喻树长　肖自裕

成　员： 王朝辉　罗　恒　赵　芳　杨　芳　魏　昕　肖　英　吴江洲　贺江华　刘　珏　李达立　刘　亮　陆　圆　唐晔爽　陶洁柯　刘婳婳

前 言

2016年3月，湖南省旅游发展大会召开，吹响了湖南旅游大发展、大提升、大跨越的进军号角。在新的发展形势下，科学认知“十二五”期间全省旅游发展的现状格局，准确把握其发展方向和趋势，对更好地适应新常态，推动旅游新发展具有重要意义。

“十二五”期间，湖南旅游发展取得了重要成效，但也面临诸多问题和挑战，本报告立足湖南实际，从全省旅游经济运行总体情况、区域状况、旅游市场、旅游产业、旅游产品、旅游投资、区域协作、行业管理、旅游教育、人才与就业等方面对“十二五”时期湖南省旅游发展情况进行了较为全面的概括和总结，并针对其中存在的问题提出了相应的对策建议，希冀对全省旅游加快转型升级具有一定参考价值。

总体而言，“十二五”时期，在《中共湖南省委湖南省人民政府关于建设旅游强省的决定》(湘发〔2012〕12号)、《湖南省人民政府关于促进旅游业改革发展的实施意见》(湘政发〔2015〕28号)等政策制度的指引下，全省主动适应新常态，旅游产业规模迈上新台阶，接待游客数和旅游收入实现新增长；旅游客源市场不断拓展，由周边地区向长三角地区延伸；旅游产业结构不断优化，产业要素发展水平持续提升；旅游产品体系日益健全，集观光度假旅游产品、专项旅游产品、新型旅游产品为一体的产品体系基本形成；旅游投资规模逐渐增加，投资结构日趋优化；区域旅游协作持续推进，旅游经济圈发展格局基本形成；行业管理水平显著提升，旅游发展环境日渐改善；旅游就业带动效应较好，就业规模明显增长，旅游的战略性支柱产业地位日益突出。

本报告共10章，由湖南省旅游发展委员会（2016年6月成立，本报告的研究时间为 2011—2015 年，故报告中仍称湖南省旅游局）和中南林业科技大学旅游学院合作完成，湖南省旅游发展委员会陈献春主任、尚斌副主任负责总体协调和部署，喻树长副巡视员、肖自裕处长、王朝辉副处长、罗恒主任负责资料收集与协调工作，中南林业科技大学钟永德院长负责总体构思、框架制定、统稿定稿等工作，徐美、杨芳、魏昕、吴江洲、肖英、刘珏、贺江华等参与内容撰写及修改完善工作，李达立、刘亮、陆圆、唐晔爽、陶洁柯、刘婳婳等同学在数据及资料整理与分析、图表制作等方面也付出了辛勤劳动。

本报告的完成，得到了湖南省旅游发展委员会相关处室的热情关心和帮助，得到了中南林业科技大学相关领导及旅游学院同事的大力支持，在此致以诚挚谢意！本报告编著过程中还借鉴了不少同行专家、学者的研究成果，在此亦表示衷心感谢。

本报告虽下了不少功夫，但限于学识水平有限，难免有诸多不足甚至错误，恳请读者们不吝赐教。

编者

2017 年 6 月

目 录
CONTENTS

第一章

全省旅游发展总体分析

第一节　旅游经济运行总体情况

十二五时期，湖南省紧紧围绕建设旅游强省的目标，主动适应经济发展新常态，不断强化改革创新和提质增效，旅游经济总体运行状况良好，产业综合实力明显增强。

一、旅游经济总量迈上新台阶

2015 年，全省接待国内游客 4.71 亿人次，“十二五”期间年均增长 18.22%；实现国内旅游收入 3659.96 亿元，“十二五”期间年均增长 21.80%；接待入境游客 226.05 万人次，“十二五”期间年均增长 3.55%；旅游总收入达 3712.9 亿元，“十二五”期间年均增长 21.06%；旅游业增加值达 1528.48 亿元，较“十一五”期末将近翻了一番，“十二五”期间年均增长 14.56%；旅游业增加值占全省地区生产总值的比重达到 5.26%，较“十一五”期末提高了 0.43 个百分点；旅游业综合增加值达 2821.30 亿元，对全省 GDP 的综合贡献达 9.71%，较 2014 年提升 1.85 个百分点，拉动全省 GDP 增长 2.60 个百分点；旅游业综合税收为 235.50 亿元，较 2014 年增长 39.62%；旅游业税收对全省总税收的综合贡献为 7.68%，较 2014 年提高 1.97 个百分点，旅游对经济发展的拉动和支撑作用明显增强，已成为全省发展的重要支柱产业。详细数据见表 1–1。

表 1–1　“十二五”时期湖南省旅游经济主要指标发展状况

指标	2010	2011	2012	2013	2014	2015	年均增长率（%）
旅游总收入（亿元）	1425.8	1785.78	2234.1	2681.9	3050.7	3712.9	21.06%
接待国内游客数（亿人次）	2.04	2.51	3	3.6	4.1	4.71	18.22%
国内旅游收入（亿元）	1365.54	1718.2	2175.5	2630.9	3001.5	3659.96	21.80%
接待入境游客数（万人次）	189.87	228.63	224.6	230.7	219.5	226.05	3.55%
旅游业增加值（亿元）	774.63	965.78	1116.57	1253.24	1419.46	1528.48	14.56%

续表

指标	2010	2011	2012	2013	2014	2015	年均增长率（%）
旅游业增加值占地区生产总值的比重（%）	4.83	4.91	5.04	5.09	5.25	5.26	—

二、产业发展水平实现新跨越

“十二五”期间，全省强化旅游产业要素建设，引导产业要素转型升级，旅游景区、旅行社、旅游酒店等产业要素发展水平得到显著提升。

一是旅游景区建设成就突出。“十二五”期间，崀山、老司城成功列入世界遗产名录，全省世界遗产数增长到3家，较“十一五”期末增加2家；国家A级景区增加到292家，较“十一五”期末增加135家，其中5A级景区由2家增加到8家、4A级景区由43家增加到91家；工农业旅游示范点达162家，较“十一五”期末增加52家，旅游景区景点建设成效显著。

二是旅行社实力显著增强。至2015年底，全省各级各类旅行社达850家，较2010年底增加了277家，增长速度较快。旅行社发展综合实力也显著增强，截至2015年底，湖南华天国际旅行社、湖南海外旅行社、湖南省万达亲和力旅游国际旅行社、湖南新康辉国际旅行社、湖南省中国国际旅行社、湖南光大国际旅行社、长沙国旅国际旅行社进入全国百强，湖南省万达亲和力旅游国际旅行社、湖南海外旅行社进入全国入境游排名二十强，湖南省万达亲和力旅游国际旅行社进入全国旅行社集团二十强，湖南华天旅行社进入全国利税贡献旅行社二十强。

三是旅游饭店建设水平大力提升。到2015年，全省五星级饭店由2010年的17家增加到21家、四星级饭店由2010年的60家增加到71家，并有华天酒店集团跻身全国酒店企业集团前20强，旅游饭店国际化程度明显提升。

三、旅游项目投资得到新增长

“十二五”期间，面对经济下行压力加大、经济结构深度调整、公务及旅游高档消费受限，以及旅游消费大众化、个性化、休闲化和散客化趋势更加明显等宏观环境，湖南省旅游项目投资顺势而为，呈现出规模大、进展快、成效好的良好发展势头，成为投资的热点领域。据统计，“十二五”期间，全省共有重点在建旅游项目454个，总投资4246.56亿元，与“十一五”期间的3212亿元相比，同比增长32.03%，其中，新建项目272个，总投资2132.83亿元；续（改）建项目182个，总投资2113.73亿元。“十二五”期间，全省累计完成投资额1088.45亿元，比“十一五”同期的763亿元增长42.65%，完成率25.63%。

四、旅游产品开发取得新突破

“十二五”期间，湖南省把旅游产品开发放在突出位置，强化产业优势和区域特色彰显，在旅游精品建设和产业融合发展方面取得了重要进展。

在旅游精品建设方面，立足旅游资源和区域特色，大力实施旅游精品战略，成就突出。长沙市、张家界市等国际旅游目的地城市和韶山、武陵源—天门山、南岳、岳麓山—橘子洲、岳阳楼—君山岛、花明楼、东江湖、凤凰等国际旅游精品景区的知名度和影响力进一步提升，长沙灰汤国际温泉度假区成为首批国家级旅游度假区，神农谷、东江湖、黄桑、大围山4家景区荣获国家生态旅游示范区，新化、麻阳荣获全国休闲农业和乡村旅游示范县，长沙洋湖湿地等7家景区被认证为“两型旅游景区”，湘潭被批准为全国红色旅游融合发展示范区和全国红色旅游国际合作创建区，邵阳城步南山被列为首批国家公园体制试点区。

在产业融合发展方面，全省积极促进旅游业与农业、工业、文化、体育、卫生等相关行业或产业融合发展，大力发展生态旅游、乡村旅游、文化旅游、康体旅游、温泉旅游、研学旅游、邮轮旅游和旅游装备制造等旅游新业态，打造了一批融合发展的新项目、新景区，产业融合发展取得新进展。例如，旅游与文化融合发展方面，建设了13个文化旅游特色县，各县在文化旅游融合发展方面均开展了有益探索；湘潭（韶山）获批全国红色旅游融合发展示范区，示范引领作用进一步突出；推出了《中国出了个毛泽东》《天门狐仙·新刘海砍樵》《魅力湘西》《边城》等大型演艺活动，取得了良好效益。

五、支撑保障体系获得新进展

“十二五”时期，湖南省强化旅游业发展的支撑保障体系建设，取得了明显进展。主要表现在：

一是旅游交通体系不断健全。高速公路网络逐渐完善，“五纵六横”的高速公路主骨架已经形成，高速公路通车里程居全国第5位。高铁网络初步形成，京广高铁和沪昆高铁在长沙火车南站交会，高铁通车里程居全国第1位。航空发展速度加快，长沙黄花机场、张家界荷花机场新航站楼改扩建完成，南岳机场正式通航，国际直飞航班不断增加。水运建设硕果累累，基本形成了以洞庭湖为中心，长沙港、岳阳港为主枢纽的内河水运体系。

二是旅游公共服务日趋完善。游客集散体系不断健全，建设了一批游客中心，形成了省、市、县、景区四级游客集散服务体系。旅游交通便捷服务不断完善，实现了4A级及以上旅游景区高速公路指示牌全覆盖。旅游厕所革命成效明显，全省计划新建和改扩建的1014座旅游厕所中，已开工建设数量达到813座（其中完工554座），占计划数的80.2%，位列全国前十位。智慧旅游发展取得新突破，湖南旅游诚信监管电子平台荣获首批中国旅游业改革发展创新奖（全国共有8个项目入选），锦绣潇湘旅游卡成为全国智慧旅游优秀发展典范。

六、旅游市场营销呈现新面貌

“十二五”期间，湖南省把旅游营销放在重要位置，采取一系列措施全面推进旅游市场营销工作的新突破和新发展，取得了明显成效，“锦绣潇湘、快乐湖南”的旅游形象得到进一步提升。

一是提升节庆营销效果。“十二五”期间，全省成功举办中国湖南国际旅游节、湖南旅游休闲博览会、中国湖南红色旅游文化节、“5·19”旅游公众宣传日等系列节会活动及“锦绣潇湘·快乐湖南”首届原创旅游歌曲大赛和首届旅游摄影大赛等旅游营销活动，并组织参加了北京国际旅游商品博览会、义乌商品博览会、德国柏林展、新加坡旅展、莫斯科旅交会、湖南文化走进泰国等国际国内旅游活动，效果明显。

二是抓好传统媒体营销。充分利用湖南的媒体资源优势，在湖南卫视国际频道开设了《湖南好好玩》旅游专栏，在《湖南新闻联播》后播放湖南旅游宣传片，与湖南经视共同打造了旅游宣传体验节目《有什么好玩的》，在《湖南日报》开设了“湖南印象”专版，在中国旅游报开辟了《快乐湖南》专版，并创办了《湖南旅游》杂志，取得了良好效益。

三是着力实施广告营销。在湖南卫视、京广高铁、首都机场、黄花机场、香港地铁、高速公路省际入口投放湖南旅游广告，大大提升了湖南的旅游吸引力。

四是积极推进网络营销。全省开辟了湖南旅游网、湖南红色旅游网，在省政府门户网开通了旅游英文网，并积极加强与新浪、腾讯、红网等网站合作，放大微信点赞、微博上墙、论坛讨论等的宣传营销作用，推动了全省旅游影响力和知名度的进一步提升。

此外，湖南还积极举办“高铁遇上游轮”旅游结盟活动，与奥凯航空合作开展了“快乐湖南之旅”系列机上活动，效益明显，大大提升了湖南的旅游形象和影响力。

七、旅游扶贫工作步入新阶段

“十二五”期间，湖南充分发挥旅游促进社会和谐的特殊作用，将乡村的资源优势与城市的经济优势结合起来，大力推进旅游扶贫事业发展，形成了旅游扶贫的“湖南模式”。

一是扶贫有思路、有计划。牵头编制了《武陵山片区旅游扶贫攻坚规划》，推进区域旅游协作共赢发展，让旅游在扶贫攻坚中发挥更大的作用。编制了《湖南省旅游促进扶贫五年行动计划》及实施意见，计划开发建设武陵山、罗霄山连片特困地区 13 条文化生态旅游精品线路，带动沿线 66 个县和 531 个旅游扶贫重点村脱贫致富。发布了《湖南省美丽乡村旅游扶贫工作方案》，对推进城乡经济社会统筹发展，加快城乡一体化进程，带动贫困地区老百姓脱贫致富具有重要意义。联合省扶贫办起草了《湖南省实施乡村旅游精准扶贫工程的意见（代拟稿）》，确定了精准扶贫的思路。

二是扶贫有部署、有安排。按照全国旅游规划扶贫公益行动工作的部署，将 14 个建档立卡贫困村纳入全国旅游扶贫重点村（详见表 1–2），组织动员省内外 20 家旅游规划资质机构为重点贫困村结对帮扶开展免费旅游规划和指导，实现了 14 个村在全国率先与旅游规划设计单位签约结对，是全国为数不多

100% 完成工作任务的省份之一。组织全省进入全国旅游扶贫试点村名录的 14 个村村官参加全国旅游扶贫培训班，推进其工作能力的提升。与省发改委共同实施大湘西地区 12 条旅游精品线路建设工程，推进沿线旅游指示标识系统和沿线扶贫村的旅游公共服务设施建设。

表 1-2 湖南省乡村旅游扶贫重点村名单

县（市、区）	乡村旅游扶贫重点村个数（个）	行政村名	县（市、区）	乡村旅游扶贫重点村个数（个）	行政村名
凤凰县	1	麻冲乡老洞村	溆浦县	1	葛竹坪镇山背村
花垣县	1	排碧乡十八洞村	靖州县	1	寨牙乡岩脚村
保靖县	1	夯沙乡夯沙村	沅陵县	1	借母溪乡借母溪村
古丈县	1	默戎镇毛坪村	新化县	1	水车镇正龙村
邵阳县	1	金江乡金江村	慈利县	1	三官寺土家族乡罗潭村
新宁县	1	回龙镇双狮村	永定区	1	沙堤乡板坪村
新田县	1	枧头镇黑咀岭村	安仁县	1	渡口乡石冲村

三是扶贫有合力、有保障。为确保旅游扶贫工作的顺利开展，省旅游局与扶贫办、住建厅、民委、农委等建立了联合扶贫工作机制，共同开展中国传统村落、少数民族特色村寨、乡村旅游示范县和示范区创建评选工作。与此同时，还多方争取资金，推进连片特困地区的旅游发展，“十二五”期间累计投入 26038.6 万元用于武陵山片区和罗霄山片区的旅游发展，其中武陵山片区 20144.6 万元，罗霄山片区 5894 万元，详见表 1-3、表 1-4。

表 1-3 “十二五”期间湖南省武陵山片区旅游发展资金支持状况

市县名称		小计（万元）	市县名称		小计（万元）
邵阳市	隆回县	117	怀化市	沅陵县	104
	新邵县	54		辰溪县	32
	洞口县	32		溆浦县	42
	邵阳县	20		麻阳县	57
	武冈市	130		新晃县	112
	绥宁县	95		芷江县	164

续表

市县名称		小计（万元）	市县名称		小计（万元）
邵阳市	城步县	189	怀化市	鹤城区	20
	新宁县	3747		中方县	117
娄底市	冷水江市	96		洪江市	152
	新化县	4567		洪江区	350
	涟源市	201		会同县	235
湘西州	吉首市	539		靖州县	72.5
	泸溪县	52		通道县	1029
	凤凰县	3887	常德市	石门县	168
	花垣县	137	张家界市	永定区	1275.27
	保靖县	52		武陵源区	924.8
	古丈县	267		慈利县	274
	永顺县	164		桑植县	341
	龙山县	80	益阳市	安化县	249
合计	—	—	—	—	20144.6

表 1-4 “十二五”期间湖南省罗霄山片区旅游发展资金支持状况

市县名称	株洲市		郴州市				合计
	炎陵县	茶陵县	宜章县	汝城县	桂东县	安仁县	
小计（万元）	2553	676	556	632	752	725	5894

八、游客满意水平达到新高度

依据调查结果，2015 年，湖南省旅游服务质量的综合满意度指数为 72.90，较 2014 年提高 2.30，总体上处于“满意”水平。其中，旅游大环境 74.20，较 2014 年提高 3.7；旅游公共服务 73.90，较 2014 年提高 3.9；旅游行业 73.30，较 2014 年提高 1.5；旅游相关产业 70.70，较 2014 年提高 1.9；总体感受 72.30，较 2014 年提高 2.3。详见图 1-1。

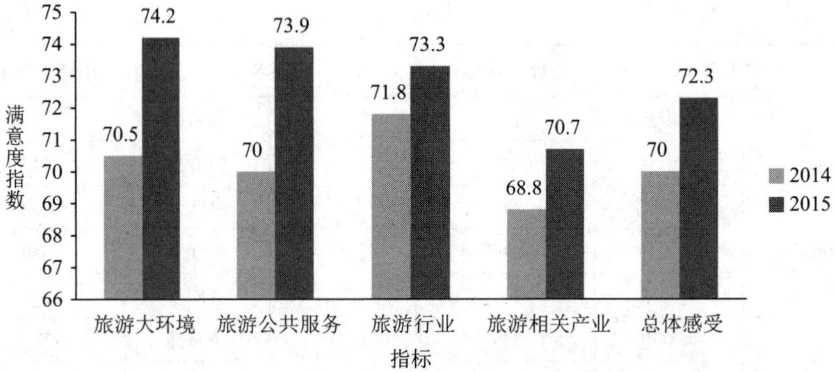

图 1–1 2014 及 2015 年湖南省游客满意度调查结果

第二节 旅游经济运行特点

一、政策制度不断完善

一是纲领性政策文件逐步完善。湖南省委、省政府高度重视旅游业发展，出台了《关于建设旅游强省的决定》《湖南省人民政府关于促进旅游业改革发展的实施意见》（湘政发〔2015〕28 号）等政策制度，为全省旅游业发展提供了有力的政策保障。详见表 1–5。同时，为促进《旅游法》有效实施，《湖南省实施〈旅游法〉办法》被列为省人大、省政府 2015 年出台的地方性法规项目，顺利通过省政府常务会议审议并进入省人大审议阶段。

二是规范性规章制度逐步健全。为保障和促进旅游业健康发展，近年，湖南省旅游局出台了一系列规范性规章制度、地方标准和实施办法，包括《两型旅游景区》《湖南省旅游强县创建标准》《湖南省特色旅游名村创建标准》《湖南省特色旅游名镇（乡）创建标准》等地方标准，《湖南省旅游景区质量等级管理办法》《湖南省旅游度假区等级管理办法》《湖南省旅游市场秩序和旅游安全监管工作暂行办法》等规章制度，对规范行业发展产生了重要积极作用。详见表 1–5。

三是引导性规划计划逐步增加。针对湖南省旅游发展实际，“十二五”期间，全省编制完成了《大湘南旅游发展规划》《洞庭湖生态经济区旅游发展规划》《大湘西生态文化旅游圈旅游发展规划》《湘江旅游带发展规划》《湖南省武陵山片区旅游发展规划纲要（2015—2025）》《湖南省旅游信息化建设规划纲要（2012—2016 年）》《湖南省智慧旅游发展规划（2015—2020 年）》等专项规划或区域性规划，对引导全省旅游业发展具有重要的积极作用。同时，省旅游局还出台了《湖南省旅游厕所建设管理三年行动计划》等引导性文件，对推进相关行业的有序发展具有重要作用。详见表 1-5。

表 1-5　2011—2015 年湖南省出台的相关旅游政策文件和管理制度

政策制度		出台时间
纲领性文件	《关于建设旅游强省的决定》	2012
	《湖南省人民政府关于促进旅游业改革发展的实施意见》	2015
规范性政策制度	《两型旅游景区》（地方标准）	2014
	《湖南省旅游强县创建标准》	2011
	《湖南省特色旅游名村创建标准》	2011
	《湖南省特色旅游名镇创建标准》	2011
	《湖南省旅游景区质量等级管理办法》	2015
	《湖南省旅游度假区等级管理办法》	2015
	《湖南省旅游市场秩序和旅游安全监管工作暂行办法》	2014
	《旅游饭店节能减排要求及考核评价》（地方标准）	2013
	《旅游厕所建设管理指南》	2015
	《湖南省两型认证实施规则》	2015
	《湖南省两型旅游景区认证实施指南》	2015
引导性计划规划	《湖南省旅游厕所建设管理三年行动计划》	2015
	《洞庭湖生态经济区旅游发展规划》	2015
	《大湘南区域旅游发展规（2015—2030 年）》	2015
	《大湘西生态文化旅游圈旅游发展规划》	2011
	《湖南省武陵山片区旅游发展规划纲要（2015—2025）》	2015

续表

政策制度		出台时间
引导性计划规划	《湘江旅游带发展规划》	2013
	《2016—2020 湖南红色旅游发展规划》	2015
	《湖南省旅游信息化建设规划纲要（2012—2016 年）》	2012
	《湖南省智慧旅游发展规划（2015—2020 年）》	2015

二、消费需求日趋多样

随着旅游消费市场的不断升级，游客在旅游交通、产品类型、出游时间和旅游内容等方面表现出的消费需求也呈多样化的发展趋势。在出行交通方式选择上，远距离以航空为主，中等距离高铁占有较大比例，短距离则选择自驾或大巴出行的游客较多，同时，在小长假里游客则往往选择自助或者自驾游等形式。受其影响，湘西大梅山文化旅游带和湘西南生态旅游带的短途自驾游旅游方式越来越受青睐，房车旅游消费者数量呈几何级增长态势；长株潭旅游板块的房车销售和租赁市场也十分活跃。在产品类型上，观光旅游因其山水旅游资源价值的独特性，依然是旅游消费的主体，同时，休闲、度假等旅游类型的消费市场正逐步发展起来，整体上旅游消费呈现出以观光旅游为主，休闲、度假、专项旅游为辅的格局。在出游时间上，表现出集中化和碎片化并存的特点，法定的黄金周、小长假及每周的双休日为游客出游的集中时间，与此同时，受职业等因素的影响，游客出游也呈现出明显的碎片化趋势。在旅游内容上，刺激、惊喜、高参与度的旅游项目越来越受到游客的青睐，对旅游目的地的要求也不断提高。

三、旅游投资多元发展

从投资来源结构看，随着旅游产业市场化程度的不断提升，各类市场资本不断涌向旅游行业，湖南省旅游投资呈现出民营资本为主，政府投资、国企投资和其他投资为辅的多元化格局。在“十二五”期间累计完成的 1088.45 亿元投资中，政府投资为 189.28 亿元，占总投资的 17.39%；市场主体投资为 899.17 亿元，占总投资的 82.61%，市场主体资金以绝对优势占投资的主体地位。同时，市场投资中，国有企业、民营企业和其他类型企业资本均有进入，其投资金额分别为165.47亿元、521.10亿元和212.60亿元（详见图1-2），民营企业投资比例将近五成，成为“十二五”期间全省旅游投资的主力。

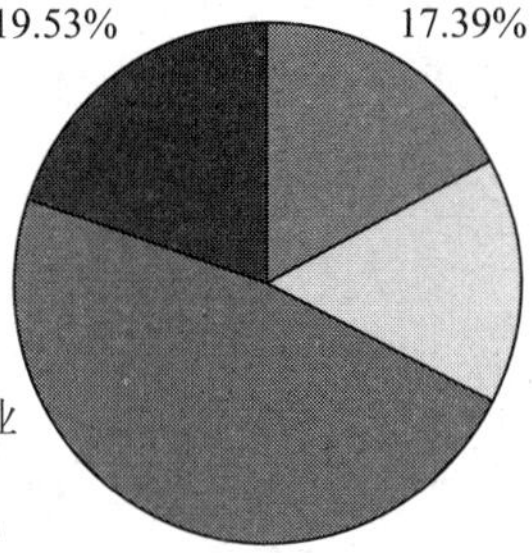

图1-2　“十二五”期间旅游投资来源、数量（亿元）及比重

从投资的业态结构看，集观光、度假、文化于一体的多元化旅游项目业态结构正在加速形成。“十二五”期间全省在建的旅游项目中，279个度假属性项目总投资2772.37亿元，257个观光属性项目总投资2398.61亿元，211个生态旅游属性项目总投资2287.22亿元，164个文化旅游属性项目总投资2553.99亿元，投资规模基本相当。

四、产业发展逐渐融合

近年来，湖南省强化推进旅游产业与文化、体育、农业等产业的融合发展，大大提升了旅游业发展空间。

一是旅游与文化融合发展不断深入。启动开展了湖湘风情文化旅游小镇创建工作，公布了首批湖湘风情文化旅游小镇名单。红色旅游融合发展取得突破，湘潭（韶山）获批全国红色旅游融合发展示范区和全国红色旅游国际合作创建区，并创新举办了中俄红色旅游合作交流系列活动，炎陵县、通道县分别荣获红色旅游火炬传递“最佳组织奖”。文化演艺产业发展势头良好，《天门狐仙—新刘海砍樵》《魅力湘西》《日出韶山》等旅游演艺节目受到了游客的广泛欢迎。

二是旅游与农业融合发展力度不断加大。依托湖南作为农业大省的资源环境优势，充分挖掘农业和典型农村环境的旅游开发潜力，将传统农业打造成集观、赏、习、品、考、书、画、摄、购等新功能的现代农业。同时，深入抓好“农业旅游示范点”创建活动，打造多种类型的乡村旅游地，并联合省农委、省财政厅、省林业厅、省科技厅制定了《全省乡村旅游提质升级计划》，搭建“乡村旅游大卖场”营销平台，开展五星级乡村旅游评定工作，全省有6个村、344个经营单位、400名乡村旅游经营管理者分别进入“中国乡村旅游模范村”“中国乡村旅游模范户”和“中国乡村旅游致富带头人”候选名单。全省“农家乐”旅游村（点）数量持续增加，游客人数和营业收入大幅增加，乡村旅游正成为吸引农民创业和就业的重要渠道。

三是旅游与养生、体育、林业等行业融合发展日渐深入。近年来，湖南积极推进旅游和养生、体育、林业、生态等产业融合发展，温泉旅游、邮轮游艇旅游、森林康养、生态旅游等新业态发展迅速，并逐步建设和完善了一批自驾车、房车营地，融合发展态势逐步增强。

五、发展平台逐步健全

“十二五”时期，在旅游发展过程中，湖南强化发展平台建设，旅游发展平台不断完善。

一是监管平台不断健全。全省强化建立旅游企业和从业人员诚信数据库，开辟了湖南旅游诚信监管电子平台，该平台包括两个子平台：湖南旅游监管平台和湖南旅游电子商务平台。其中，湖南旅游监管平台将旅游行业诚信建设的要求贯彻到吃、住、行、游、娱、购以及旅游企业经营管理、游客服务等各个环节，实现了对旅游企业的高效服务和有效监管，在维护旅游市场秩序，提升旅游品质，提高游客满意度，繁荣旅游市场，促进财税增收和旅游产业健康、协调、可持续发展等方面发挥了重大作用。湖南旅游电商平台整合了全省旅游行业全产业链的优质资源，能为游客出行提供准确、权威的旅游六要素信息，实现导游、导视、导航、导购等智慧服务；是为旅游景点、企业提供全面展示、自我推广的智慧营销平台；是为行业管理部门提供大数据分析、市场决策、行业指导的智慧管理平台。此外，全省还统一了旅游投诉电话号码，新旅游投诉号码0731–88805555于2014年2月份正式启用并向社会进行公布。

二是宣传平台不断完善。为抓好旅游宣传营销工作，湖南强化宣传平台建设，构建了《湖南日报·湖南印象》旅游副刊、《中国旅游报·快乐湖南》专版、《湖南旅游》杂志、湖南旅游网、“12301”旅游公益服务热线等旅游宣传平台，大大提升了全省的旅游影响力和知名度。

三是培训平台不断加强。利用网络创新培训方式，开辟了湖南持证导游年审培训网络平台，极大地提高了工作效率。

六、在线旅游持续升温

随着“互联网+”大潮的涌动，在线旅游平台火热异常，各具特色的垂直在线旅游平台，如早期的携程、艺龙、去哪儿等传统在线OTA，以及新崛起的途牛、驴妈妈、蚂蜂窝和穷游等众多线上旅游企业纷纷发力市场拓展。国内知名旅游调研机构劲旅智库的监测数据显示，2015年，中国旅游市场总交易规模约为41300亿元，其中在线市场交易规模约5402.9亿元，较2014年的3670亿元同比增长47.2%，在线渗透率为13.1%，较2014年的11.3%增长了约2个百分点，在线旅游发展迅速。与全国在线旅游持续升温的情况类似，随着国内在线旅游的快速发展，湖南在线旅游市场的交易额也逐年攀升，各大旅行社纷纷建立旅游产品线上交易平台，周边游、夏冬令营、亲子游、定制游等在线旅游新业态深受资本青睐，B2B平台、打车软件、在线度假租赁持续受到市场关注，在线旅游日趋火热。

第三节　旅游经济发展趋势判断

一、产业发展融合化

旅游产业融合是实现旅游业空间拓展、旅游业态创新、旅游产业结构优化和传统产业升级的重要途径，随着我国旅游业的快速发展，这种融合已成为大势所趋。近年，湖南省以旅游产业大融合的发展理念为指导，在深化旅游和文化、农业、信息、养生等产业融合发展方面做出了巨大努力，并取得了较大成就。今后几年，随着我国旅游业改革和融合创新步伐的加快，湖南旅游业融合发展的深度将不断增强，旅游资源优势转变成发展优势的潜力巨大。

二、旅游市场散客化

随着游客自主意识的增强，散客化已成为全球化趋势，欧美主要旅游接待国散客的市场份额已达70%~80%。近年来，我国的散客化趋势也逐渐明显，2011年的抽样调查数据显示，国内城镇居民团体旅游占17.5%，散客旅游占82.5%；农村居民团体旅游占6.9%，散客旅游占93.1%。2014年，我国国内旅游人次达到36亿人次，其中参加旅行团的游客仅占总人次的4%，散客化已成为我国旅游发展的新特点，越来越多的成熟旅游者选择自由行产品。作为我国重要的旅游目的地，随着国内旅游市场的散客化，湖南旅游市场散客化的趋势不可避免。在此情形下，适应市场需求变化，完善相关制度、产品和服务，提升散客旅游接待能力，成为发展的必然要求。

三、区域旅游合作深入化

近年来，湖南省把区域旅游合作作为促进旅游发展的重要方式，采取了一系列措施推进区域旅游一体化发展，包括：以京广高铁、沪昆高铁、湘桂高铁为主线，加强与沿线省区的合作；贯彻落实闽湘两省省长会见提出的关于加强旅游合作的相关指示，福建省旅游局和湖南省旅游局签订了战略合作协议，共同做强“清新福建”和“快乐湖南”品牌；成立大湘东文化旅游经济带合作联盟、沪昆高铁湖南穿越之旅推广联盟，组织开展沪昆高铁沿线和大湘东文化旅游经济带媒体踩线活动；编制《武陵山片区旅游扶贫规划》，推动区域旅游一体化发展等，取得了良好效益。“十三五”时期，随着这些区域旅游协作活动的进一步开展、12大旅游功能区的规划建设及跨区域旅游线路的建设，湖南的省内区域合作及与周边地区的区域旅游协作将进一步深化，区域旅游发展市场将进一步拓展。

四、线上旅游消费火热化

随着互联网技术的发展，“互联网＋旅游”的融合效应已经显现，通过互联网获得出行提示、制定交通规划、预订各类票证已经被越来越多的人接受，通过手机来在线安排自己的旅游行程已成为常态，旅游产品的消费从线下转移到线上的趋势将越来越明显，线上旅游产品消费也将日趋火热。

五、旅游扶贫成效显著化

湖南省旅游扶贫攻坚的重点区域为武陵山片区和罗霄山片区，这里分布着武陵源、崀山和老司城三大世界遗产资源及大批特色旅游资源。在过去的几年里，湖南省旅游扶贫工作深入推进，打造了一批资源品位高、品牌形象优、核心吸引力强的旅游精品，开发推出了世界遗产精品旅游线、湘西生态民俗风情精品旅游线、湘东文化旅游精品线等一批精品旅游线路，并推动了区域旅游形象的提升和旅游基础服务设施的逐步完善，成功帮助全省 429 个村脱贫致富，旅游扶贫成效初显。今后几年，随着国家精准扶贫政策的进一步落地，《湖南省美丽乡村旅游扶贫工作方案》《湖南省实施乡村旅游精准扶贫工程的意见》《湖南省旅游促进扶贫五年行动计划》《武陵山片区旅游扶贫攻坚规划》等政策制度的逐步推行，扶贫资金的进一步到位，全省旅游扶贫的效益将更加显著。

六、旅游发展模式全域化

随着城乡居民收入的提升，我国旅游消费正在由过去的少数人、奢侈品性的消费发展成为大众化、经常性的消费项目，全民旅游和个人游、自驾游已成为产业发展的新趋势。在此形势下，传统的以抓点为特征的景点旅游模式已经不能满足现代大旅游发展的需要，跳出传统旅游谋划现代旅游、跳出小旅游谋划大旅游，把一个区域整体作为功能完整的旅游目的地来建设，实现景点内外一体化，成为我国旅游业适应发展新趋势、新特点的必然要求。适应我国旅游业发展的这一趋势，推进传统景点旅游向全域旅游转型，走旅游空间全区域、旅游产业全领域、旅游受众全民化道路，也是湖南发展的必然方向。

第二章

各市（州）旅游发展分析

第一节　各市州旅游经济发展概况

一、各市州主要旅游经济指标分析

（一）国内旅游人数

在国内旅游人数上，2011—2015年各市州均呈上升趋势，其中长沙作为湖南省旅游集散中心，国内旅游游客量一直居全省首位，由2011年的4814.00万人次增长至2015年的8121.43万人次。郴州、衡阳次之，游客量分别由2011年的2215.16万、2207.55万人次增长至2015年的4422.63万、4094.80万人次，均已突破4000万大关，为湘南旅游大板块的重要增长极。湘西州和邵阳规模相对较小，2015年游客数均不足2000万人次，处于全省国内旅游人数规模的后两位。

在国内旅游人数年均增长率方面，"十二五"时期，娄底市增长速度最快，达25.95%，湘潭、怀化、株洲的增长率也较高，均在19%以上；益阳市较低，为11.5%。详见表2-1。

表2-1　2011—2015年湖南省各市州国内旅游人数及年均增长率

单位：万人次

市州	2011年	2012年	2013年	2014年	2015年	2011—2015年年均增长率（%）
长沙	4814.00	5610.27	6566.33	7380.11	8121.43	14.01
株洲	1846.49	2229.82	2621.59	3041.40	3739.41	19.32
湘潭	1827.92	2223.34	2644.50	3082.98	3779.11	19.93
衡阳	2207.55	2673.91	3145.16	3591.63	4094.80	16.74
邵阳	807.89	959.25	1094.85	1283.27	1569.09	18.09
岳阳	2237.72	2766.78	3378.18	3877.93	4278.00	17.71
常德	1633.73	2026.33	2441.86	2724.96	3064.06	17.14
张家界	1201.30	1380.20	1504.83	1744.46	2035.51	14.13

续表

市州	2011年	2012年	2013年	2014年	2015年	2011—2015年年均增长率（%）
益阳	1415.45	1695.81	1883.69	1971.47	2177.79	11.50
郴州	2215.16	2691.58	3309.59	3876.45	4422.63	18.92
永州	1247.06	1517.10	1751.09	1933.08	2215.01	15.51
怀化	1627.81	2000.60	2403.00	2828.51	3316.34	19.49
娄底	944.53	1212.57	1568.98	1925.34	2374.41	25.95
湘西州	1073.06	1294.21	1513.82	1721.40	1917.09	15.66
合　计	25099.66	30281.78	35827.46	40982.98	47104.68	17.07

（二）国内旅游收入

在国内旅游收入上，长沙一直居首位，由 2011 年的 427.51 亿元增长至 2015 年的 807.98 亿元；岳阳次之，2011 年为 134.55 亿元，2015 年达 312.33 亿元；邵阳最低，2015 年为 138.28 亿元，仅为全省国内旅游总收入的 3.8%。

在国内旅游收入增长方面，2011—2015 年各市州增长均较快，但增速差异较大。整体而言，娄底市年均增长率最高，达 27.71%；株洲、湘潭、衡阳、邵阳、岳阳、常德、郴州、永州、怀化等市州的增长率也超过 20%；长沙、张家界、益阳增长较慢，增速不及全省平均水平。详见表 2-2。

表 2-2　2011—2015 年湖南省各州市国内旅游总收入及年均增长率

单位：亿元

市州	2011年	2012年	2013年	2014年	2015年	2011—2015年年均增长率（%）
长沙	427.51	513.36	614.37	678.51	807.98	17.31
株洲	112.75	137.81	167.51	197.40	254.45	22.62
湘潭	112.46	139.02	161.12	189.79	244.61	21.54
衡阳	118.47	153.73	185.76	210.29	268.59	22.88
邵阳	55.88	70.27	83.40	100.37	138.28	25.63
岳阳	134.55	170.90	230.51	270.52	312.33	23.67
常德	103.26	134.89	167.75	190.04	225.42	21.72
张家界	123.25	153.48	171.44	200.51	239.44	18.14

续表

市州	2011年	2012年	2013年	2014年	2015年	2011—2015年年均增长率（%）
益阳	89.22	109.60	123.67	128.73	145.93	13.28
郴州	132.09	165.63	214.86	247.24	293.47	22.22
永州	71.10	101.97	118.71	126.52	157.08	22.63
怀化	92.87	126.29	148.80	176.32	225.50	25.04
娄底	64.06	89.03	114.40	136.64	169.32	27.70
湘西州	80.71	109.48	128.62	148.67	177.57	22.03
合计	1718.20	2175.46	2630.92	3001.54	3659.96	20.89

（三）国内游客平均停留时间

2011—2015年，全省各市州的国内游客平均停留时间基本处于1.5~2.5天之间，其中张家界的国内游客平均停留时间相对较长，达到2.5天；娄底、湘西州、长沙、邵阳次之，高于1.8天；岳阳的停留时间比较短，基本维持在1~1.5天；益阳、郴州、衡阳等城市的停留时间也不长，基本为1.5天。总体而言，大部分市州国内游客平均停留时间在2011—2013年期间有所下降，而在2014—2015年又有所增加。详见图2-1。

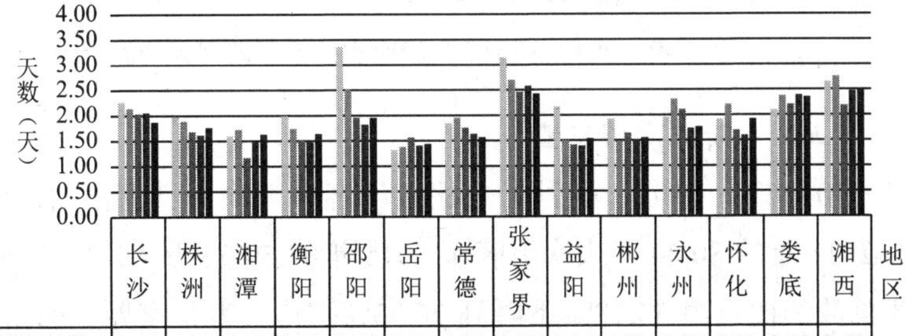

	长沙	株洲	湘潭	衡阳	邵阳	岳阳	常德	张家界	益阳	郴州	永州	怀化	娄底	湘西
2011国内游客平均停留天数	2.26	1.98	1.59	1.99	3.36	1.31	1.85	3.14	2.16	1.92	1.95	1.91	2.10	2.65
2012国内游客平均停留天数	2.14	1.89	1.72	1.74	2.51	1.38	1.95	2.70	1.50	1.48	2.31	2.21	2.37	2.76
2013国内游客平均停留天数	2.04	1.68	1.17	1.52	1.95	1.56	1.76	2.45	1.41	1.64	2.11	1.69	2.20	2.18
2014国内游客平均停留天数	2.05	1.61	1.48	1.51	1.82	1.40	1.63	2.58	1.39	1.52	1.73	1.60	2.39	2.47
2015国内游客平均停留天数	1.87	1.76	1.63	1.64	1.95	1.43	1.57	2.42	1.54	1.55	1.76	1.92	2.35	2.52

图2-1　2011—2015年湖南省各州市国内游客平均停留天数

（四）国内旅游游客人均消费

2011—2015年，各市州国内旅游游客人均消费总体呈增长趋势，其中张家界的国内旅游游客人均消费最高，到2015年达1176元；其次为长沙和湘西州，到2015年分别达995、926元；邵阳、常德、娄底、永州处于中等水平，2015年人均消费水平均在700元以上；株洲、怀化、益阳、郴州、衡阳、湘潭的国内旅游游客人均消费偏低，落后于其他市州。详见图2–2。

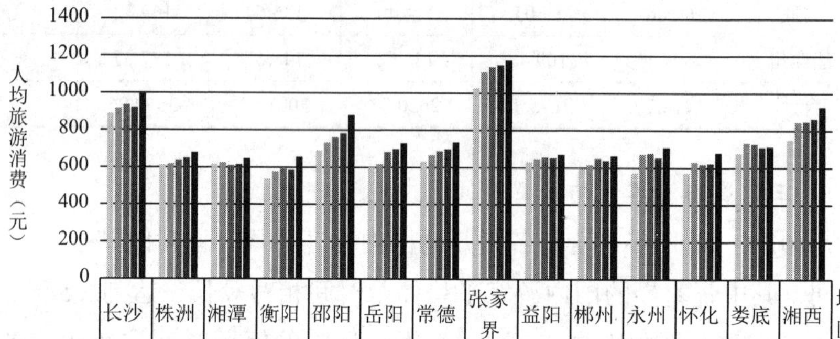

	长沙	株洲	湘潭	衡阳	邵阳	岳阳	常德	张家界	益阳	郴州	永州	怀化	娄底	湘西
2011人均旅游消费	888.1	610.6	615.2	536.7	691.7	601.3	632	1026	630.3	596.3	570.2	570.5	678.2	752.2
2012人均旅游消费	915	618	625.3	574.9	732.5	617.7	665.7	1112	646.3	615.4	672.1	631.3	734.3	845.9
2013人均旅游消费	935.6	639	609.3	590.6	761.8	682.3	687	1139	656.5	649.2	677.9	619.2	729.1	849.6
2014人均旅游消费	919.4	649.1	615.6	585.5	782.1	697.6	697.4	1149	652.9	637.8	654.5	623.4	709.7	863.7
2015人均旅游消费	994.9	680.4	647.3	655.9	881.3	730.1	735.7	1176	670.1	663.6	709.1	680	713.1	926.3

图2–2　2011—2015年湖南省各市州游客人均旅游消费对比图

（五）入境旅游游客量

2011—2015年，长沙入境旅游游客量远高于其他市州，但下降趋势明显，由2011年的80.44万人次下降至2015年的59.52万人次，占湖南省接待入境游客总数的比重由35.18%下降到26.33%；其次为张家界、郴州和岳阳，到2015年分别达46.02万、29.57万、27.10万人次，占湖南省接待入境游客总数的比重均在10%以上；永州的入境游客量较少，2015年仅为0.82万人次。详见表2–3。

整体上，"十二五"时期，岳阳、怀化和郴州的入境旅游游客量呈稳定增长的趋势，发展态势良好；常德、株洲也略有上升；其他城市则基本呈下降趋势，尤其是益阳和永州，呈现出逐年下降的趋势（见图2–3），需要引起重视。

表 2–3　2011—2015 年湖南省各市州入境旅游游客量

地区	2011年		2012年		2013年		2014年		2015年	
	规模（万人次）	比例（%）	规模（万人次）	比例（%）	规模（万人次）	比例（%）	规模（万人次）	比例（%）	规模（万人次）	比例（%）
长沙	80.44	35.18	65.36	29.11	76.72	33.26	65.22	29.71	59.52	26.33
株洲	9.54	4.17	10.74	4.78	12.78	5.54	13.12	5.98	9.79	4.33
湘潭	9.26	4.05	7.62	3.39	5.61	2.43	6.73	3.07	7.59	3.36
衡阳	11.36	4.97	12.96	5.77	12.85	5.57	7.62	3.47	4.69	2.08
邵阳	1.46	0.64	3.96	1.76	4.60	1.99	2.89	1.32	2.33	1.03
岳阳	17.21	7.53	20.97	9.34	22.42	9.72	24.27	11.05	27.10	11.99
常德	12.81	5.60	14.34	6.39	14.33	6.21	14.76	6.72	16.49	7.29
张家界	37.82	16.54	40.93	18.23	29.79	12.91	38.05	17.33	46.02	20.36
益阳	6.78	2.97	7.85	3.50	3.04	1.32	1.12	0.51	1.13	0.50
郴州	21.92	9.59	23.76	10.58	25.04	10.86	26.35	12.00	29.57	13.08
永州	3.62	1.58	3.10	1.38	2.76	1.20	1.89	0.86	0.82	0.36
怀化	1.52	0.66	3.47	1.55	5.01	2.17	6.22	2.83	8.05	3.56
娄底	5.73	2.50	6.89	3.07	8.06	3.50	7.99	3.64	4.64	2.05
湘西州	9.16	4.01	2.59	1.16	7.63	3.31	3.33	1.52	8.31	3.68
合计	228.63	100	224.55	100	230.66	100	219.55	100	226.05	100

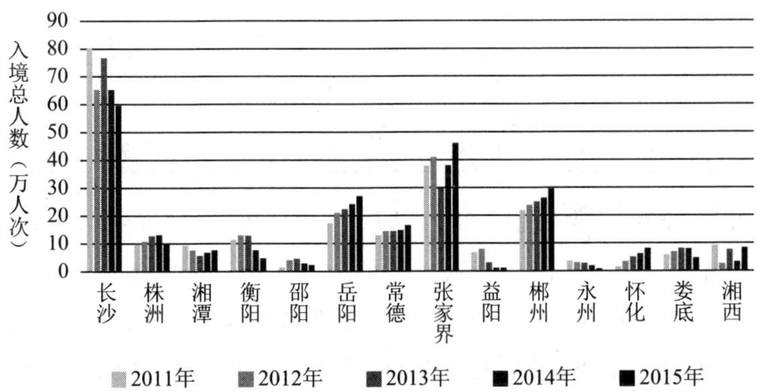

图 2–3　2011—2015 年湖南省各市州入境旅游游客量变化状况对比图

（六）旅游创汇

“十二五”时期，长沙、岳阳、张家界和郴州的旅游创汇水平较高，到2015年均突破亿美元大关，尤其是张家界，近两年其创汇量已超过长沙，成为湖南省入境旅游创汇量最高的城市；邵阳、益阳、永州则明显偏低，不及1000万美元，详见表2-4。在发展趋势上，岳阳、常德、郴州和怀化的入境旅游创汇量呈稳定增长趋势，长沙、永州则呈逐年下降趋势，详见图2-4。

表2-4　2011—2015年湖南省各市州旅游创汇情况统计

单位：万美元

地区	2011	2012	2013	2014	2015
长沙	50483.73	27634.21	20400.33	18667.84	17747.22
株洲	3088.31	3735.94	4935.17	5445.75	2724.92
湘潭	3179.03	1924.72	1602.81	1378.51	2115.69
衡阳	2744.68	2728.62	2540.81	1318.77	1425.25
邵阳	353.82	948.63	1404.31	708.8	669.98
岳阳	4507.69	6813.91	9780.55	9233.25	13482.94
常德	3002.92	4744.4	5134.91	5328.06	6863.96
张家界	21793.4	28855.14	18903.53	22054.53	21136.72
益阳	2207.55	2630.52	1194.77	367.05	414.68
郴州	7776.49	8891.96	10528.57	10343.3	12987.05
永州	949.51	722.29	606.34	460.91	220.32
怀化	287.3	654.51	1100.7	1448.54	2103.5
娄底	1577.54	2025.69	2561.36	2455.66	1770.48
湘西	2059.27	525.91	1575.09	788.29	2108.99
合计	104011.24	92836.43	82269.24	79999.24	85771.69

在入境旅游人均创汇量方面，2011—2015年，岳阳增长最快，到2015年已赶超张家界，居全省第一位；张家界、郴州、常德的人均创汇量也相对较高，2015年人均量均超过400美元，分别位居全省第二、三、四位；怀化和湘西州的人均创汇水平较低，2015年分别只有261、254美元。整体上，“十二五”时期，全省大部分市州人均创汇水平呈上升趋势，尤其是岳阳、常

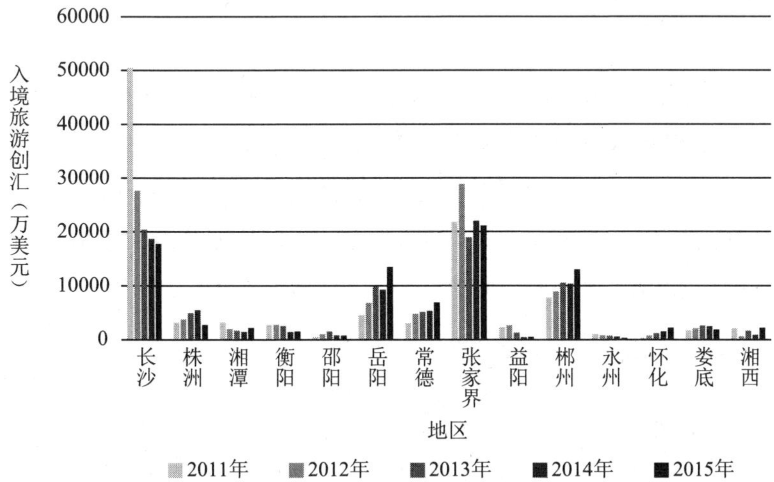

图 2-4　2011—2015 年湖南省各市州旅游创汇增长情况对比

德、怀化、娄底增速明显；但长沙、株洲、湘潭、张家界仍呈下降趋势。详见图 2-5。

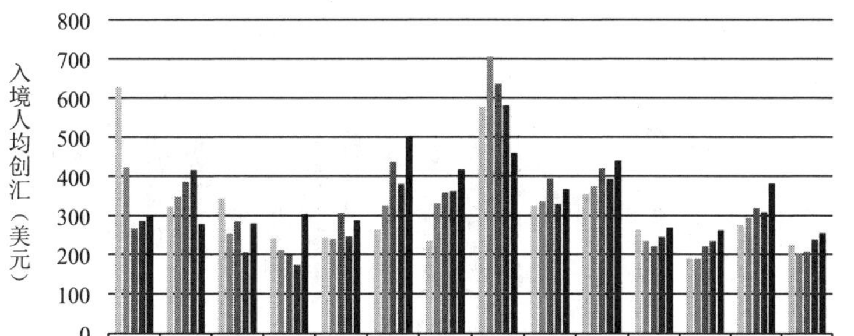

地区	长沙	株洲	湘潭	衡阳	邵阳	岳阳	常德	张家界	益阳	郴州	永州	怀化	娄底	湘西
2011入境旅游人均创汇	627.6	323.9	343.2	241.6	243	261.9	234.5	576.2	325.5	354.7	262.1	189	275.5	224.8
2012入境旅游人均创汇	422.8	347.8	252.5	210.5	239.5	324.9	330.8	705	335	374.2	233	188.6	294.1	202.7
2013入境旅游人均创汇	265.9	386	285.5	197.7	305.2	436.2	358.4	634.6	393.3	420.5	219.5	219.5	317.7	206.4
2014入境旅游人均创汇	286.2	415.1	204.7	173.2	245.2	380.5	361.1	579.6	328.8	392.5	243.8	233.1	307.4	236.6
2015入境旅游人均创汇	298.2	278.4	278.8	303.8	287.5	497.6	416.3	459.3	367.3	439.2	267.7	261.3	381.2	253.8

图 2-5　2011—2015 年湖南省各市州入境旅游人均创汇量对比

二、发展特点

综合分析各市州旅游业发展的主要指标，具有如下特点：

（一）国内旅游人数与旅游收入持续稳定增长

2011—2015 年，各市州国内旅游人数与旅游收入均呈上升趋势，且增长率较高，国内旅游人数年均增长率均在 10% 以上（详见图 2–6），国内旅游收入年均增长率均达 13% 以上（详见图 2–7），发展态势良好。

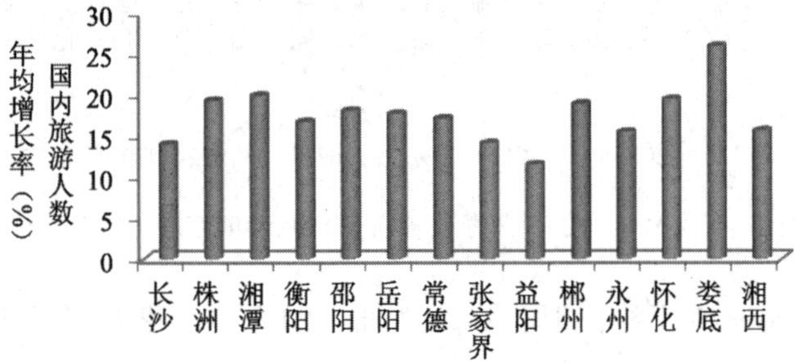

图 2–6　2011—2015 年各市州国内旅游人数年均增长率

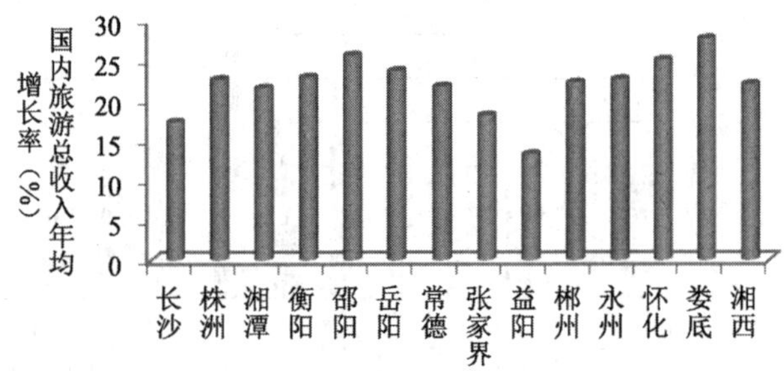

图 2–7　2011—2015 年各市州国内旅游收入年均增长率

（二）长沙市国内旅游总人数和总收入位居全省之首

“十二五”期间，长沙市的国内旅游总人数约占当年湖南省国内游客总量的近 1/5，国内旅游总收入则超过当年湖南省旅游总收入的 20% 以上，均明显高于其他市州，位居全省之首，为全省国内旅游的主要目的地。详见表 2–5。

表 2-5　“十二五”期间长沙市国内旅游总人数和国内旅游总收入占全省的比重

指标		2011年	2012年	2013年	2014年	2015年
国内旅游总人数（万人次）	长沙	4814	5610.27	6566.33	7380.11	8121.43
	湖南省	25099.66	30281.78	35827.46	40982.98	47104.68
	长沙占湖南省比重（%）	19.16	18.53	18.33	18.01	17.24
国内旅游总收入（亿元）	长沙	427.51	513.36	614.37	678.51	807.98
	湖南省	1718.2	2175.46	2630.92	3001.54	3659.96
	长沙占湖南省比重（%）	24.88	23.60	23.35	22.61	22.08

（三）张家界超越长沙成为湖南入境游客主要消费地

整体而言，“十二五”期间，长沙和张家界为全省入境旅游游客的主要消费地，两市入境旅游创汇量占全省的四成以上，虽 2011 年及 2013 年长沙市的旅游创汇量高于张家界市的旅游创汇量，但 2014 和 2015 两年，张家界的总创汇量已经超过长沙，成为湖南省入境旅游创汇量最高的城市。详见图 2-8。

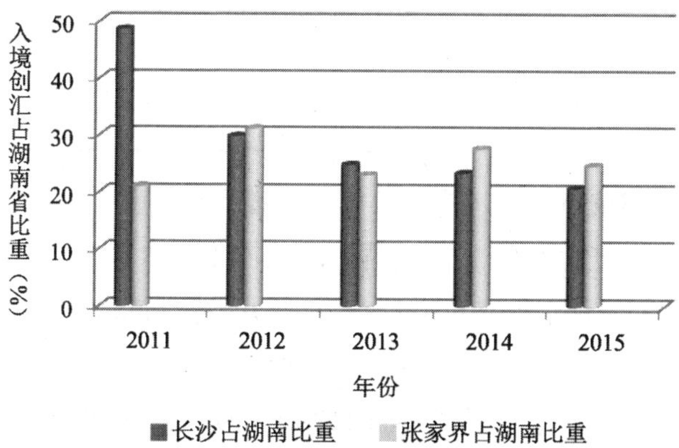

图 2-8　2011—2015 年长沙和张家界入境旅游创汇占全省比重状况

三、各市州旅游业发展中存在的问题分析

（一）各市州旅游业发展差距较大，区域旅游发展不平衡现象较明显

虽整体上各市州旅游业发展成就突出，但发展差距也十分明显，区域旅游发展不平衡现象较为严重，例如，国内旅游人数方面，2015 年旅游人数最多的

长沙达到 8121.43 万人次，为邵阳市的五倍多；国内旅游收入方面，2015 年长沙达到 807.98 亿元，占全省旅游总收入的 1/5 以上，而邵阳仅为 138.28 亿元，不到全省总收入的 1/20，差距明显；入境旅游人数方面，2015 年长沙入境旅游人数达 595228 人，为永州（8230 人）的 72 倍多，发展差距明显；入境旅游收入方面，2015 年张家界的这一指标达 21136.72 万美元，约占全省入境旅游总收入的近 1/4，而永州仅为 220.32 万美元，不及张家界的 1/90，仅占全省入境旅游总收入的 0.26%。详见表 2–6。

表 2–6 2015 年湖南省主要旅游经济指标排名首末市州的比较

指标	排名居首的市州			排名居末的市州		
	市州	指标值	占全省的比重（%）	市州	指标值	占全省的比重（%）
国内旅游人数（万人次）	长沙	8121.43	17.24	邵阳	1569.09	3.33
国内旅游收入（亿元）	长沙	807.98	22.08	邵阳	138.28	3.78
入境旅游人数（人）	长沙	595228	26.33	永州	8230	0.36
入境旅游收入（万美元）	张家界	21136.72	24.64	永州	220.32	0.26

（二）入境旅游发展水平不高，整体呈负增长

整体上，“十二五”时期，湖南省入境旅游发展水平不高，2011—2015 年入境旅游人数和旅游创汇均呈负增长态势，2015 年，湖南省共接待入境旅游游客 226.05 万人次，仅为全国（13382 万人次）的 1.69%，规模偏小；湖南省实现旅游创汇 8.58 亿美元，仅为全国（1136.5 亿美元）的 0.75%。从各市州看，在入境旅游人数和旅游创汇上，湖南省有一半的市州年均增长率呈负增长态势（详见图 2–9 和图 2–10），发展形势不容乐观。

（三）国内旅游低消费特征突出，旅游市场后劲不足

“十二五”时期，湖南省大部分市州的国内旅游人均消费为 600~700 元，考虑到物价水平上涨等因素，几乎没有增长，加之消费能力较强的旅游群体主要转向境外旅游，在一定程度上制约了全省旅游市场的发展，如何应对这一问题，增强旅游市场发展后劲，值得深入思考。

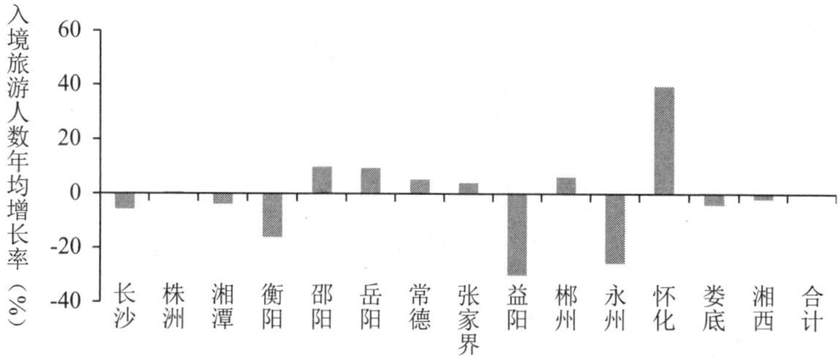

图 2-9 2011—2015 年湖南省各市州入境旅游人数年均增长率

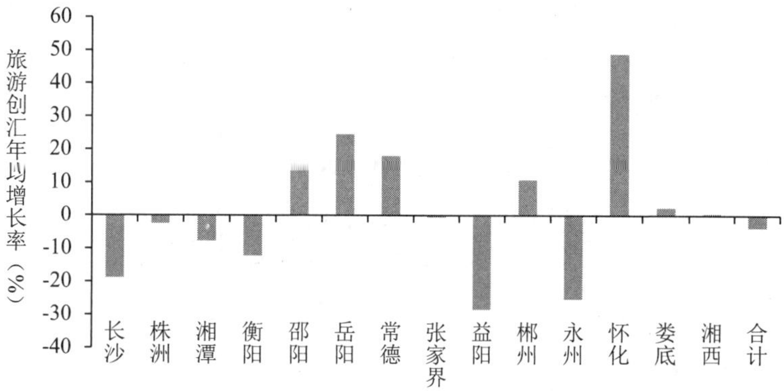

图 2-10 2011—2015 年湖南省各市州旅游创汇年均增长率

（四）游客停留时间不长，影响旅游收入提升

总体上，当前国内游客在湖南省的停留时间不长，大部分市州均为 1.5~2.5 天，明显低于西藏、云南等地区，在发展中需要进一步丰富旅游产品内涵，提升旅游产品吸引力，促进游客停留时间的延长，带动旅游收入的提升。

四、对策建议

（一）强化品牌建设，提升旅游吸引力

把品牌建设作为推动全省及各市州旅游吸引力的重要手段，加强旅游目的地品牌建设，引导、鼓励各市州立足自身特色打造一批地域特色鲜明、发展优势明显的品牌景区、品牌旅游产品、品牌旅游商品、品牌旅游企业、品牌旅游服务等，形成全省旅游品牌的整体形象优势，提升对国内外游客的吸引力。

（二）加大宣传营销，提升旅游影响力

把宣传营销作为推动各市州旅游业发展的重要抓手，引导各市州立足本地实际，结合全省旅游营销的整体战略和整体定位，积极创新宣传营销方式，广泛利用湖南卫视、湖南国际文化旅游节、湖南旅游休闲博览会及其他各类节庆和民俗、文化、旅游、体育等节会活动开展整合营销，着力开拓省外和境外旅游市场。

（三）强化特色彰显，提升旅游竞争力

以满足游客多样化的旅游需求为导向，引导各市州强化地域特色彰显，积极推进湖湘风情旅游小镇、少数民族特色村寨、特色乡村旅游地等旅游特色项目建设，创建一批中国国际特色旅游目的地，并配套抓好公共服务体系建设和完善，提升旅游市场竞争力和吸引力。

第二节　文化旅游特色县建设

一、基本情况

为改变县域经济同质化、空心化的现实状况，加快县域经济发展，壮大县域经济实力，湖南省把发展特色县域经济放在重要位置，自 2013 年开始，启动了“五个三”工程，即“每年扶持 3 个特色产业、每个特色产业每年扶持 3 个重点县、对每个特色县域经济重点县滚动扶持 3 年、每个重点县省财政支持不低于 3 亿元、连续 3 年实施特色县城经济重点县扶持政策”。文化旅游特色产业是“五个三”工程重点扶持的 3 个特色产业之一，2013—2015 年，全省共遴选了 3 轮次 13 个县（市、区）作为文化旅游特色县，具体情况如表 2–7 所示。

表 2–7　湖南省文化旅游特色县遴选情况

轮次	个数	区县名
第一轮（2013 年）	4	凤凰县、新宁县、新化县、韶山市
第二轮（2014 年）	3	炎陵县、永定区、通道县
第三轮（2015 年）	6	南岳区、汝城县、资兴市、宜章县、宁远县、双牌县

截至 2015 年底，13 个特色县的专项资金总额为 16.5 亿元，已拨付资金为 11.28 亿元，同时，各特色县还争取到其他投入资金共 93.76 亿元，其中市、县配套资金 14.1 亿元，整合其他资金 11.31 亿元，吸引金融和社会资金 68.34 亿元，详见表 2–8。各项资金的落实到位，为特色县产业的发展和项目建设提供了基础保障和财力支持。

表 2–8　文化旅游特色县专项资金安排落实及争取其他资金投入情况

单位：万元

特色县	专项资金总额	已拨付项目资金总额	争取其他资金投入情况			
			合计	市、县配套资金	整合其他资金	吸引金融和社会资金
新化县	30000	21042.43	48292	5963	24279	18050
凤凰县	30000	25624	82019	34859	—	47160
新宁县	30000	20759.88	443062	47978	62388	332696
韶山市	21000	14750	75855	50	—	75805
通道县	12000	9804	80674	9188	10341	61145
炎陵县	12000	6000	39852	748	7727	31377
永定区	12000	6000	6503	6503	—	—
双牌县	3000	1002.65	95100	—	8100	87000
宁远县	3000	140	11974	11470	—	504
南岳区	6000	1758	2350	2350	—	—
资兴市	2000	2000	27000	14900	—	12100
宜章县	2000	1919	14355	1455	—	12900
汝城县	2000	1957	10600	5600	300	4700
合　计	165000	112756.96	937636	141064	113135	683437

二、发展成效

在特色县建设过程中，湖南省旅游局积极履行文化旅游产业组长单位职责，采取了一系列措施，有效地推进了文化旅游产业特色县的发展，主要表现在：

（一）项目建设进展顺利，产业支撑明显加强

截至 2015 年底，13 个特色县共确定了 175 个重点项目，预算投资总额达

323.24 亿元，目前已完成投资 62.72 亿元，其中有 66 个项目已完工，占总项目数的 37.31%；84 个项目正在建设，占总项目数的 48%；25 个项目在进行前期工作，仅为总项目数的 14.29%（详见表 2-9）。项目建设进展顺利，为文化旅游产业的进一步发展提供了重要支撑。

表 2-9 文化旅游重点项目实施情况统计表

特色县	项目投资总额（万元）		重点项目总数	项目建设进度（个）		
	预算投资总额	已投资总额		前期工作	建设中	已完工
新化县	172010.6	69334.4	26	4	9	13
凤凰县	207215	110019	16	0	9	7
新宁县	474476	83735	47	11	14	22
韶山市	96855	46827	11	0	3	8
通道县	270200	81600	16	1	10	5
炎陵县	255299	54000	8	1	6	1
永定区	64631.4	12503	2	0	2	0
双牌县	104700	10504.2	13	4	7	2
宁远县	91550	14974	5	0	3	2
南岳区	26850	6620	7	2	4	1
资兴市	150000	31000	4	0	4	0
宜章县	46055	15505	11	2	4	5
汝城县	1272600	90600	9	0	9	0
合　计	3232442	627221.6	175	25	84	66

（二）各项措施逐渐落实，产业基础更加夯实

在省旅游局领导的对口联系支持下和相关处室的努力下，各特色县旅游公共服务设施不断完善，旅游产品逐渐丰富，旅游产业链条继续延伸，产业基础得到进一步夯实，文化旅游产业发展水平得到进一步提升。例如，景区景点建设方面，炎陵神农谷成功创建国家级生态旅游示范区，凤凰古城顺利通过国家 5A 级旅游景区景观质量评审，皇都侗文化村成功创建国家 4A 级景区，成效明显；基础设施建设方面，凤凰、新宁、通道、永定等县（区）的旅游道路交通

标识得到完善，为旅游业的进一步发展提供了基础保障；宣传营销方面，通过“行走大湘西”“大湘东采风”“5·19 中国旅游日”、沪昆高铁旅游联盟推广等活动的开展，进一步扩大了凤凰、通道、新宁、炎陵、汝城、韶山、新化等特色县的影响力；发展规划方面，新化、宁远、韶山、永定、凤凰等特色县和九嶷山等重点景区的旅游发展规划顺利完成并通过评审，成为其旅游业持续健康发展的重要指导性文件。

（三）产业发展步伐加速，发展势头较为强劲

2015 年，各文化旅游特色县接待游客数平均增长率达 25.95%，高出全省平均增长水平 10.58 个百分点；旅游总收入平均增长率达 28.53%，高于全省平均增长水平 6.82 个百分点，发展势头强劲。详见表 2-10。

表 2-10　2015 年文化旅游特色县主要产业指标统计

<table>
<tr><th rowspan="2">县（市、区）</th><th colspan="5">接待旅游者人次</th><th colspan="5">旅游总收入</th></tr>
<tr><th>总数（万人次）</th><th>较上年增长率（%）</th><th>平均增长率（%）</th><th>全省增长率（%）</th><th>高于全省百分点</th><th>总数（亿元）</th><th>较上年增长率（%）</th><th>平均增长率（%）</th><th>全省增长率（%）</th><th>高于全省百分点</th></tr>
<tr><td>新化县</td><td>1201.7</td><td>24.1</td><td rowspan="13">25.95</td><td rowspan="13">15.37</td><td rowspan="13">10.58</td><td>85.18</td><td>24.75</td><td rowspan="13">28.53</td><td rowspan="13">21.71</td><td rowspan="13">6.82</td></tr>
<tr><td>凤凰县</td><td>1200.02</td><td>25.5</td><td>103.23</td><td>27.48</td></tr>
<tr><td>新宁县</td><td>712</td><td>23.08</td><td>54.2</td><td>21.8</td></tr>
<tr><td>韶山市</td><td>1682</td><td>28.01</td><td>46.95</td><td>34.03</td></tr>
<tr><td>通道县</td><td>268</td><td>21.8</td><td>13.1</td><td>25</td></tr>
<tr><td>炎陵县</td><td>416.73</td><td>18.7</td><td>21.72</td><td>22.02</td></tr>
<tr><td>永定区</td><td>2375.1</td><td>42.8</td><td>219.2</td><td>48.3</td></tr>
<tr><td>双牌县</td><td>373</td><td>19.2</td><td>17.9</td><td>20.1</td></tr>
<tr><td>宁远县</td><td>680</td><td>21.4</td><td>40.8</td><td>17.6</td></tr>
<tr><td>南岳区</td><td>794.98</td><td>12.6</td><td>63.45</td><td>10.7</td></tr>
<tr><td>资兴市</td><td>790.48</td><td>21.08</td><td>49.97</td><td>21.26</td></tr>
<tr><td>宜章县</td><td>488.87</td><td>17.73</td><td>34.86</td><td>15.74</td></tr>
<tr><td>汝城县</td><td>510.3</td><td>20.05</td><td>24.09</td><td>23.06</td></tr>
<tr><td>合　计</td><td>11493.18</td><td>25.95</td><td></td><td></td><td></td><td>774.65</td><td>28.53</td><td></td><td></td><td></td></tr>
</table>

同时，虽然多数文化旅游特色县位于武陵山、罗霄山片区，经济基础较为薄弱，且处在国内外经济下行压力持续增大的大背景下，但是通过建设推动，各县（市、区）的 GDP 增长速度仍基本达到甚至超过全省平均增长水平，2015 年其 GDP 平均增长率达到 9.52%，高出全省平均水平 0.02 个百分点，发展潜力较大。详见表 2-11。

表 2-11 2015 年特色县 GDP 统计表

县（市、区）	GDP（亿元）	较上年增长率（%）	平均增长率（%）	全省增长率（%）	高于全省百分点
新化县	202.5	8.29	9.52	9.5	0.02
凤凰县	69.85	12.7			
新宁县	82.4	10			
韶山市	72.5	12.02			
通道县	33.76	8.5			
炎陵县	61.37	10.1			
永定区	182.72	8.6			
双牌县	49.73	10.51			
宁远县	122.1	10.5			
南岳区	31.58	9.5			
资兴市	301	9			
宜章县	181.68	9			
汝城县	51.2	9.5			
合 计	1442.39	—			

（四）产业带动效应增强，惠民效果较为明显

通过文化旅游业的发展，13 个特色县 2015 年新增就业人员 23.8 万人，为社会就业做出了重要贡献；城镇居民人均收入平均增长 9.82%，高于全省增长水平 1.28 个百分点；农村居民人均收入平均增长 11.08%，高于全省增长水平 1.81 个百分点，产业惠民效果较为明显。详见表 2-12。

表 2-12　2015 年文化旅游特色县新增就业人数、人均收入统计表

重点县	新增就业人员（人）	城镇居民人均收入					农村居民人均收入				
		总数（元）	较上年增长率（%）	平均增长率（%）	全省增长率（%）	高于全省百分点	总数（元）	较上年增长率（%）	平均增长率（%）	全省增长率（%）	高于全省百分点
新化县	142994	16550	9.5				6430	10.5			
凤凰县	2771	19313	10				7184	12			
新宁县	6352	19605	8.5				7172	12.02			
韶山市	1668	32611	9.99				20189	8.61			
通道县	5000	16506	10				5310	11			
炎陵县	1838	23400	11.39				6948	12.88			
永定区	35267	21906	9.3	9.82	8.54	1.28	7370	11	11.08	9.27	1.81
双牌县	8461	20092	11.3				686[illegible]	1[illegible]			
宁远县	6750	20389	10.2				10694	11.57			
南岳区	1226	31369	10				16286	11			
资兴市	9600	27326	10.6				16100	11			
宜章县	12840	23886	7.9				7215	10.4			
汝城县	3332	17087	9				7522	9.9			

三、存在的问题及分析

一是土地供应紧张。文化旅游产业的发展壮大，特别是景区及其配套基础设施建设，需要大量土地作为支撑，目前各特色县均存在土地指标不足和建设用地审批程序过于复杂的问题，成为其发展的瓶颈。例如，新宁县申报特色县的全部项目共需建设用地 2000 多亩，而每年可调剂用于该类项目的建设用地仅为 150~160 亩，土地供应不足问题明显。

二是资金压力较大。特色县的文化旅游产业发展，除政策性资金外，更需要大量金融资本和社会资金的投入，而目前这方面的投资仍然不多，加之部分县市资金拨付较慢，各特色县发展面临的资金压力较大。

四、对策建议

（一）强化规划引领

切实发挥规划的统领作用，由各特色县结合自身实际，科学编制本区域范围内的《文化旅游特色产业发展规划》。对已完成规划的县市区，要强化规划落实，并协调解决好重点项目建设的土地供应等问题；对正在编制或准备编制规划的县市区，要因地制宜，突出特色，结合本地区国民经济和社会发展“十三五”规划，尽快优化确定规划方案，指导实践工作的开展。

（二）抓好项目落地

把项目建设作为推动产业发展的重要抓手，继续抓好重点项目的申报、对接、建设和落地工作，力争在公共文化旅游基础服务设施和服务体系建设、等级旅游景区创建、景区品质提升、地域特色文化旅游产品开发、文化旅游路线开发和整合、特色文化旅游产业发展等方面有较大突破，加快建设一批特点鲜明和主导产业突出的特色文化旅游产业示范乡镇、特色文化旅游街区，带动产业发展和县域经济水平提升。

（三）加大宣传营销

加大宣传营销力度，支持各重点县（市、区）以文化旅游特色县为依托，创新开展各类主题宣传活动，如组织新闻媒体进行专题报道，拍摄专题纪录片，进行各类主题活动，成立重点县发展联盟联合开展特色宣传活动，广泛运用微博、微信等新媒体开展整合营销等，不断扩大各县（市、区）的旅游影响力。

（四）完善投入机制

完善资金支持机制，确保政府导向资金和财政资金按时到位，充分发挥其引导作用。在国家政策允许的前提下，充分调动社会资本进入旅游产业，破解各县发展资金不足的难题，促进产业快速健康发展。

第三章

旅游市场

第一节　国内旅游市场

一、基本情况

“十二五”时期，湖南国内旅游发展状况良好，国内旅游人数以及国内旅游收入均呈稳步增长态势，全省接待国内游客人数从 2011 年的 2.51 亿人次增长到 2015 年的 4.71 亿人次，总增长率达 87.67%，年均增长率达 17.07%；国内旅游收入也从 1718.2 亿元增长到 3659.96 亿元，总增长率达 113%，年均增长率达 21.04%。详见表 3–1。

表 3–1　2011—2015 年湖南省国内旅游收入情况统计表

年份	国内旅游人次		国内旅游收入	
	规模（亿人次）	增长率（%）	规模（亿元）	增长率（%）
2011	2.510	23.28	1718.2	25.83
2012	3.028	20.65	2175.46	26.61
2013	3.583	18.31	2630.92	20.94
2014	4.098	14.39	3001.54	14.09
2015	4.710	14.94	3659.96	21.94

二、发展特征

（一）国内旅游市场稳步增长，增速有所下降

“十二五”期间，湖南省国内旅游市场保持稳定增长，但国内旅游人次增速有所下降，从 2011 年的 23.28% 下降到 2014 年的 14.39%，2015 年增速有所提升，但上升程度不明显，详见图 3–1；国内旅游收入增速也总体有所下降，其中 2012—2014 年呈下降趋势，2014—2015 年有所上升，详见图 3–2。

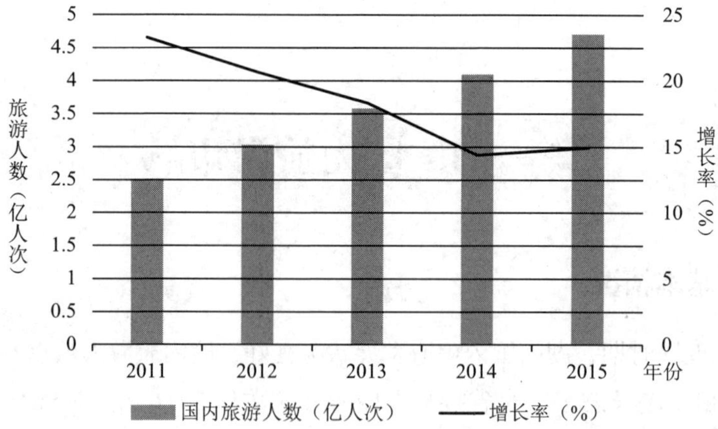

图 3-1 2011—2015 年湖南国内旅游人次

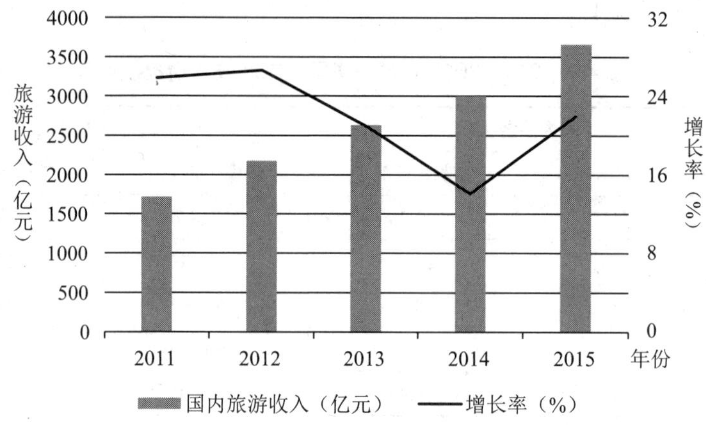

图 3-2 2011—2015 年湖南国内旅游收入

（二）旅游客源结构较为稳定，省内游客的比例有所上升

在国内游客客源结构上，广东省一直都排在首位，来湘游客数明显高于其他省份，湖北、广西、江西、贵州和四川等周边省份次之，是湖南国内旅游人数的主要来源；同时，浙江、江苏、上海等长三角地区也是湖南省国内游客的重要来源地。详见表 3-2。

表 3-2　“十二五”时期湖南国内旅游客源地排名

名次	2011年		2012年		2013年		2014年		2015年	
	地区	游客数占比（%）	地区	游客数占比（%）	地区	游客数占比（%）	地区	游客数占比（%）	地区	游客数占比（%）
1	广东	11.63	广东	12.54	广东	12.73	广东	12.03	广东	13.86
2	湖北	6.25	湖北	7.58	湖北	6.25	湖北	5.51	湖北	5.89
3	广西	3.74	广西	4.55	江西	3.08	江西	4.00	江西	4.25
4	江西	3.11	江西	3.81	广西	3.06	广西	3.11	广西	3.35
5	四川	2.86	四川	3.34	贵州	1.79	贵州	2.65	四川	1.93
6	河南	2.06	河南	2.66	四川	1.66	四川	2.02	贵州	1.87
7	浙江	1.98	贵州	2.26	浙江	1.59	浙江	1.9	重庆	1.61
8	山东	1.96	山东	2.15	河南	1.37	重庆	1.9	江苏	1.60
9	北京	1.73	浙江	1.79	上海	1.31	江苏	1.76	浙江	1.49
10	贵州	1.68	江苏	1.71	江苏	1.24	河南	1.69	河南	1.04

同时，湖南接待国内游客中省内游客的比例较高，且呈略有上升趋势，2015 年湖南省内游客占全省接待国内游客总数的比重达到 52.67%，较 2011 年提升了 4.55 个百分点（详见图 3-3），说明我省居民出游率较高，省内游发展状况良好，但同时也表明，湖南国内旅游的省外客源有待提升。

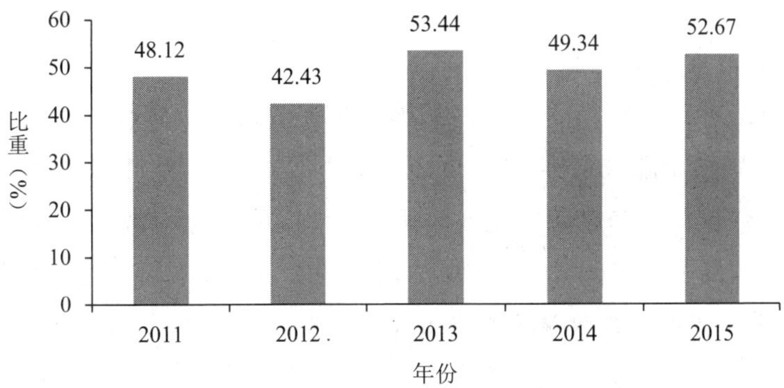

图 3-3　“十二五”时期湖南接待国内游客中省内游客比重状况

（三）旅游消费结构不均衡，购物为主要消费项目

从湖南省国内旅游消费结构来看，购物为主要旅游消费项目，2015 年其消费量占国内旅游总消费的 21.48%；其他旅游消费中长途交通、住宿、餐饮、景区游览等刚性消费的占比也较大。详见表 3-3。

表 3-3　2010—2015 年湖南省国内旅游消费结构统计

单位：%

项目	2010年	2011年	2012年	2013年	2014年	2015年
长途交通	12.87	9.8	10.46	12.57	11.61	10.20
住宿	19.23	17.1	18.22	19.25	18.65	17.56
餐饮	16.66	15.29	16.31	18.4	19.83	18.85
景区游览	12.72	10.73	11.37	12.36	12.45	13.58
娱乐	9.17	16.22	14.75	9.3	8.58	8.63
购物	19.81	17.72	18.9	18.42	20.05	21.48
市内交通	1.45	1.53	1.62	1.52	1.23	1.37
邮电通信	1.09	0.71	0.56	0.57	0.58	0.49
其他	7.11	10.9	7.81	7.61	7.02	7.84
总计	100	100	100	100	100	100

三、问题剖析

（一）旅游市场深度开发不够

主要体现在：游客消费偏低，从国内游客数量和旅游收入的全国排位看，2015 年湖南国内旅游人数排名第 9，国内旅游收入排名第 11，旅游收入位次要低于接待人数排位，与旅游发达地区相比，湖南的旅游购物、娱乐等比例仍不高，消费结构仍不合理；国内旅游收入增速趋缓，市场吸引力也较有限。

（二）旅游产品供需矛盾较为突出

整体上，湖南的旅游产品仍以传统的观光产品为主，多元化的产品结构尚未形成，与大众旅游阶段日益增长的旅游需求不相适应，产品的供需矛盾仍较突出，在一定程度上制约了旅游市场的拓展。在日趋激烈的市场竞争中，全省旅游产品结构转型升级力度需进一步加大，度假休闲产品、特色文化旅游产品

还需要加大培育力度，专项旅游产品还需要进一步做出特色。

（三）游客满意度有待提高

据中国旅游研究院《2014 年全国 60 个样本城市游客满意度调查报告》，湖南有三个城市上榜样本城市，但排名均较后，分别为 21 名、34 名、48 名（详见表 3-4），说明湖南的游客满意度水平仍不高，尚有较大提升空间。

表 3-4　2014 年度全国 60 个样本城市游客满意度调查结果

城市	满意度得分	城市	满意度得分	城市	满意度得分	城市	满意度得分	城市	满意度得分
无锡	78.62	杭州	78.34	青岛	78.13	成都	77.92	宁波	77.8
苏州	77.68	黄山	77.44	重庆	77.23	厦门	77.14	珠海	76.8
上海	76.48	南京	76.12	北京	75.97	烟台	75.77	桂林	75.57
郑州	75.25	大连	75.22	昆明	75.06	洛阳	75.04	哈尔滨	74.84
长沙	74.63	南宁	74.5	太原	74.43	济南	74.42	大同	74.36
武汉	74.29	深圳	74.17	广安	74.12	西安	74.08	广州	73.57
九江	73.18	天津	73.14	温州	73.13	张家界	72.95	遵义	72.89
贵阳	72.8	延安	72.78	福州	72.49	沈阳	72.43	赣州	72.28
承德	72.25	西宁	72.14	长春	71.98	海口	71.8	秦皇岛	71.8
三亚	71.75	北海	71.39	湘潭	71.21	延边	70.85	汕头	70.79
合肥	70.74	丽江	70.48	石家庄	70.36	南昌	70.27	吉林	70.26
呼和浩特	70.02	乌鲁木齐	69.59	拉萨	69.02	银川	67.58	兰州	65.98

四、对策建议

（一）深度开发旅游市场，提高游客消费水平

将旅游市场的挖掘与旅游品牌建设相结合，推动食惠湖南、乐购湖南和畅游湖南的“快乐湖南”旅游品牌内部建设，提高游客消费水平。

食惠湖南方面，要充分挖掘湖南的饮食文化内涵及饮食旅游资源，丰富湘菜与旅游结合的产品，积极支持湖南餐饮老字号、知名特色餐饮机构和特色街巷的发展，建立一批湖南美食地标，使游客易吃、乐吃。

乐购湖南重点是推进湖南旅游购物供给系统建设，建立健全旅游商品系统、

旅游购物环境系统、旅游购物服务系统和旅游购物支持系统。积极发展湖南特色旅游商品（如湖南旅游纪念品）和海外优惠商品（如长沙金霞跨境保税直购中心有三万余种海外商品），营造放心舒适的购物环境，打造高质量的购物服务。加强政府的监督和政策引导，重视旅游购物保障系统的完善，为旅游者营造安全良好的购物氛围，让其真正放心购物。

畅游湖南应重点抓好旅游交通建设、旅游厕所改善和智慧旅游发展三方面工作。旅游交通方面，要加快实现机场、车站、码头到主要旅游景区的无缝对接，打通交通主干线与3A级以上景区和重点乡村旅游区的“最后一公里”；重视车站、码头、机场、高速路口、公交站场等的旅游标识标牌建设；加强旅游交通服务体系建设，完善自驾车服务体系、旅游接待体系、旅游服务导引及救援体系，推动旅游城市的各项设施既体现旅游文化，又兼具旅游服务功能。旅游厕所方面，应按照“便利实用，统一标识”的原则，建设、改造一批旅游厕所，从根本上改变“如厕难”“难如厕”的问题。智慧旅游方面，要积极建设覆盖全省的旅游基础信息数据库和旅游信息资源交换共享平台，构建以手机等智能移动终端应用为核心，以身份认证和信息主动推送为特色的旅游信息服务体系，为游客提供一站式、全方位、个性化旅游信息服务，显著提高信息技术在旅游业应用的广度和深度。

（二）加强与市场对接，完善旅游产品体系

加强旅游产品与市场的对接，针对国内旅游市场，重点开发七种旅游线路：高铁精品旅游线路、大湘西文化生态融合精品旅游线路（12条）、伟人故里“红三角”精品旅游线路、湘东红色文化与休闲精品旅游线路、环洞庭湖生态文化度假精品旅游线路、湘中大梅山文化精品旅游线路和跨省精品旅游线路（5条），打造“快乐湖南”的旅游形象，并强化通过区域合作、平台推广等方式加强营销，提升旅游吸引力。

同时，结合市场需求，加强旅游产品体系建设，完善山水观光旅游产品，发展休闲度假旅游产品，丰富跨区域线路产品，特别是加强高铁沿线旅游产品开发，推进核心景区与高铁沿线景区、城市的串联。积极挖掘特色文化旅游资源，培育特色文化旅游产品，开发以老司城文化遗产为核心的土家文化探秘之旅，以里耶秦简和马王堆汉墓出土文物为核心的秦汉文化体验之旅等特色旅游线路产品。

（三）注重旅游品牌内部建设，全面提升游客满意度

将提升游客满意度与旅游市场开发、旅游品牌建设相结合，全面提升“快乐湖南”的品牌效应。一方面，全面推进湖南省旅游品牌体系建设，提升食惠湖南、乐购湖南和畅游湖南的“快乐湖南”旅游品牌内涵。另一方面，积极推动省委省政府将“锦绣潇湘、快乐湖南”确立为全省统一的对外整体形象口号，打造“快乐湖南”的旅游品牌标识。与此同时，各市州、县（市）都要提炼本地的旅游形象，推出“快乐湖南”系列之独特鲜明的旅游形象标识、口号，构建旅游品牌体系，形成以“快乐湖南”为统领，以全省 14 个地州市旅游目的地旅游形象品牌为支撑，以旅游企业品牌、旅游产品品牌和旅游服务品牌为基础的“快乐湖南”旅游品牌体系。

第二节　入境旅游市场

一、基本情况

2011—2015 年，湖南省接待入境游客人数呈略微缩减态势，由 228.63 万人次减少到 226.05 万人次，减少了约 1%，其中外国游客量从 120.80 万人次降低到 118.19 万人次，呈负增长；港澳同胞从 56.57 万人次增加到 69.96 万人次，增长了 23.7%；台湾同胞从 51.27 万人次降低到 37.90 人次，减少了 26.1%。2011—2015 年全省旅游创汇收入由 10.40 亿美元降低到 8.58 亿美元，降低了 17%，其中 2011—2014 年呈下降趋势，2014—2015 有所上升。详见表 3-5 和表 3-6。

表 3-5　2011—2015 年湖南省入境旅游情况统计表

年份	入境旅游总数		旅游创汇	
	入境人数（万人次）	同比增长（%）	创汇收入（亿美元）	同比增长（%）
2011	228.63	20.41	10.40	17.29
2012	224.55	–1.78	9.29	–10.74

续表

年份	入境旅游总数		旅游创汇	
	入境人数（万人次）	同比增长（%）	创汇收入（亿美元）	同比增长（%）
2013	230.66	2.72	8.23	–11.38
2014	219.55	–4.82	8.00	–2.75
2015	226.05	2.96	8.58	7.21

表 3–6　2011—2015 年湖南接待境外游客情况

年份	外国游客		港澳同胞		台湾同胞	
	人数（万人次）	同比增长（%）	人数（万人次）	同比增长（%）	人数（万人次）	同比增长（%）
2011	120.80	16.95	56.57	14.59	51.27	37.77
2012	90.64	–24.97	79.98	41.39	53.94	5.21
2013	87.71	–3.23	87.20	9.02	55.75	3.37
2014	100.07	14.10	77.77	–10.81	41.70	–25.20
2015	118.19	18.10	69.96	–10.04	37.90	–9.11

二、发展特征

（一）入境旅游市场发展缓慢

从总体上看，“十二五”时期，湖南入境旅游市场发展十分缓慢，入境旅游人次数有增有减，但从增长率看，呈下滑趋势，详见图 3–4；旅游创汇收入也有所下降，从 2012 年开始呈负增长趋势，2015 年有所回升，但幅度较小，详见图 3–5。

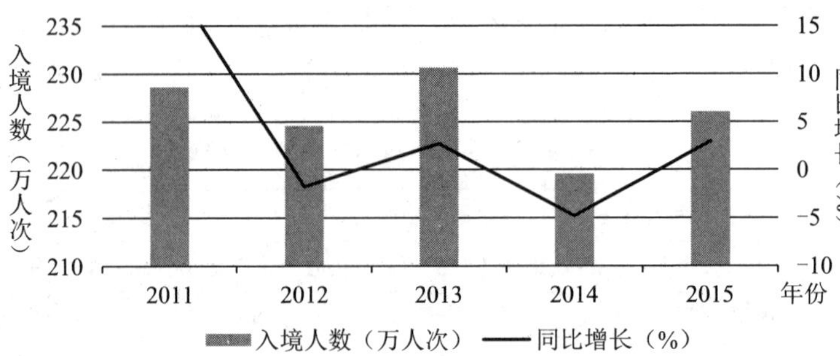

图 3–4　2011—2015 湖南入境旅游人数及其增长情况

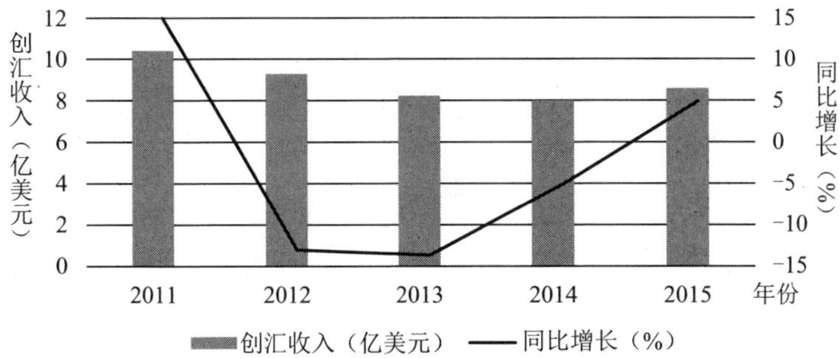

图 3-5 2011—2015 湖南入境旅游创汇收入及其增长情况

（二）入境旅游客源结构基本稳定

总体上，近年湖南省入境游客中，接待的港澳台游客人数和外国游客人数基本相当，详见表 3-7。同时，五年里在所有的外国游客中，韩国游客占据了主导地位，从 44.69 万人次增加到了 50.24 万人次，增加了 12.4%；日本、美国、马来西亚等国家要也是主要的入境旅游客源国，入境旅游客源结构比较稳定，详见表 3-8。

表 3-7 2011—2015 年湖南省接待外国游客和港澳台游客比例

年份	外国游客		港澳台游客	
	人数（万人次）	比例（%）	人数（万人次）	比例（%）
2011	120.8	52.83	107.84	47.17
2012	90.64	40.36	133.92	59.64
2013	87.71	38.03	142.95	61.97
2014	100.07	45.58	119.47	54.42
2015	118.19	52.28	107.86	47.72

表 3-8 2011—2015 年湖南入境旅游客源地前 10 名

单位：万人次

排序	2011年		2012年		2013年		2014年		2015年	
	国别	人数	国别	人数	国别	人数	国别	人数	国别	人数
1	韩国	44.69	韩国	34.06	韩国	34.48	韩国	38.26	韩国	50.24
2	美国	12.58	日本	10.26	美国	9.19	美国	9.73	美国	7.13

续表

排序	2011年		2012年		2013年		2014年		2015年	
	国别	人数	国别	人数	国别	人数	国别	人数	国别	人数
3	日本	9.53	美国	8.87	马来西亚	5.03	日本	7.49	日本	4.33
4	马来西亚	6.84	马来西亚	5.37	英国	4.85	英国	5.79	英国	3.95
6	英国	4.93	英国	4.95	德国	4.63	马来西亚	4.61	马来西亚	3.93
5	德国	4.81	德国	4.78	日本	3.31	新加坡	3.73	法国	3.03
7	新加坡	4.28	新加坡	3.00	法国	2.93	法国	3.36	泰国	2.57
8	泰国	3.52	法国	2.89	印度尼西亚	2.71	印度尼西亚	3.21	德国	2.55
9	法国	3.41	印度尼西亚	2.73	新加坡	2.66	德国	2.86	新加坡	2.49
10	印度尼西亚	3.34	泰国	2.05	泰国	1.65	泰国	2.76	印度尼西亚	2.48

（三）张家界是入境游客的旅游首选地

从入境游客的目的地选择看，44.70% 的游客将张家界作为湖南旅游的第一站，24.69% 的游客将长沙作为湖南旅游的第一站，详见图 3-6。总体上，全省入境旅游游客接待数量排在前几位的城市是长沙、张家界、郴州、岳阳，其中，

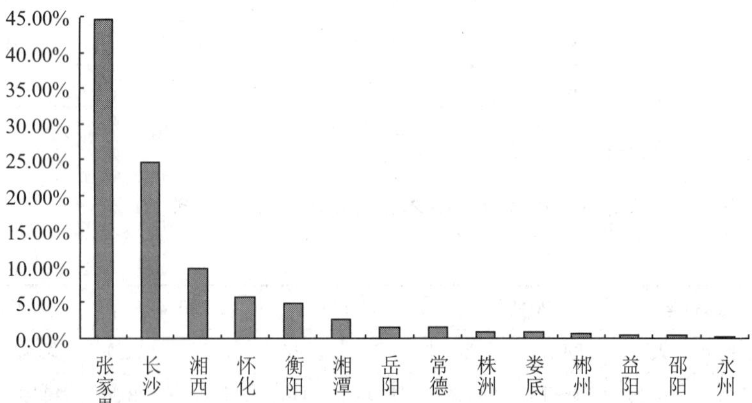

图 3-6 外省游客入湘第一站的地区结构分布

长沙接待的入境游客主要为外国游客，岳阳接待的入境游客主要是欧美游客，张家界接待的入境游客主要是韩国游客，郴州为主的大湘南板块接待的主要是港澳台游客，详见表 3-9。

表 3-9 2015 年各市州接待入境旅游游客情况

单位：万人次、%

市州	合计		台湾游客		澳门游客		香港游客		外国游客	
	人数	比重	人数	比重	人数	比重	人数	比重	人数	比重
长沙	59.52	26.33	9.31	24.56	6.31	27.88	8.02	16.94	35.88	30.36
株洲	9.78	4.33	0.98	2.59	1.01	4.46	2.62	5.54	5.17	4.37
湘潭	7.59	3.36	1.25	3.30	1.26	5.57	1.75	3.70	3.33	2.82
衡阳	4.70	2.08	1.81	4.78	1.74	7.69	1.07	2.26	0.08	0.07
邵阳	2.34	1.04	0.61	1.61	0.48	2.12	0.82	1.73	0.43	0.36
岳阳	27.10	11.99	2.12	5.59	2.55	11.27	3.77	7.97	18.66	15.79
常德	16.49	7.29	5.86	15.46	1.60	7.07	3.87	8.18	5.16	4.37
张家界	46.02	20.36	8.08	21.32	0.16	0.71	2.97	6.28	34.81	29.45
益阳	1.12	0.50	0.25	0.66	0.29	1.28	0.35	0.74	0.23	0.19
郴州	29.57	13.08	3.20	8.44	4.28	18.91	16.93	35.77	5.16	4.37
永州	0.82	0.36	0.21	0.55	0.08	0.35	0.16	0.34	0.37	0.31
怀化	8.05	3.56	1.75	4.62	1.79	7.91	2.91	6.15	1.60	1.35
娄底	4.64	2.05	0.80	2.11	0.49	2.17	1.27	2.68	2.08	1.76
湘西州	8.31	3.68	1.67	4.41	0.59	2.61	0.82	1.73	5.23	4.43

三、问题剖析

（一）旅游产品的竞争力有待进一步加强

第一，旅游产品结构仍较单一。目前，国际上散客式旅游、家庭式旅游、自助式旅游等旅游形式越来越受到游客欢迎，但湖南与之相适应的产品不多，需要加大对旅游需求多样化的研究、对旅游新项目和文化内涵的挖掘和对高端产品的开发。第二，旅游产品价格优势趋减。受大交通等因素的影响，境外旅游市场中湖南主要旅游产品的价格要远高于周边省份的旅游产品价格，且湖南旅游价格中门票价格占比较高。这些因素致使湖南入境旅游规模偏小，特别是高端游客比例较低；且增长速度变缓，进一步挖掘市场空间的难度加大。

（二）旅游知名度有待提升

滞后于市场变化的传统宣传渠道与推广方式，使得目前外国游客对湖南的了解程度低，尤其是除张家界以外的一些新兴旅游目的地和旅游线路在海外的知名度仍然较低。

（三）相关政策性配套仍不到位

高铁枢纽的形成让湖南国内旅游竞争优势明显，但是针对入境旅游市场的国际航线建设、便利化的旅游签证政策和入境旅游退税政策等都需要进一步推动。如国际航线方面，湖南目前仅开通了韩国首尔和济州岛、泰国曼谷、德国法兰克福、美国洛杉矶等 18 条境外直飞航线，而同样位于中部的武汉开通的境外直飞航线达到 35 条，稳居中部第一，位于西部地区的成都至今开通的境外航线已达到 83 条，比较而言，湖南的国际航线数量仍然偏少。

（四）旅游市场推广体制机制有待健全

主要表现在：旅游整体形象塑造、旅游推广网络建设、市场调查研究等工作亟待加强，特别是大数据的收集和分析、舆情的分析和引导工作有必要加强。旅游市场宣传推广的资金投入不足，湖南省年旅游市场宣传推广费用只有 3000 万，而周边主要省份的年旅游宣传推广费用早已破亿。

四、对策建议

（一）开发多种旅游产品，精准对接旅游客源地

针对入境旅游市场，积极开发特色精品旅游线，包括神秘湘西旅游线路、世界遗产旅游线路和历史文化精品旅游线路等重点旅游线路；修学旅游精品旅游线路、特色山岳精品旅游线路、红色旅游精品旅游线路和寻根祭祖旅游线路等专项旅游线路，具体营销策略如表 3-10 所示。

表 3-10 入境旅游客源市场营销重点选择

客源市场	主要产品类型	重点旅游线路	主要对接区域	形象口号	营销手段
韩国和日本市场	山水观光 ☆☆☆☆☆ 世界遗产 ☆☆☆☆☆ 特色文化 ☆☆☆☆☆ 休闲度假 ☆☆☆	特色山岳精品旅游线路 世界遗产精品旅游线路 神秘湘西精品旅游线路 历史文化旅游线路	张家界 长沙 湘西 邵阳 衡阳 怀化	SPLENDID HUNAN/ SPICY HUNAN	"请进来为主"。大型代理商合作、旅游推介会推广、友好城市合作、文化贸易平台活动
美国等北美市场	特色文化 ☆☆☆☆☆ 世界遗产 ☆☆☆☆☆ 休闲度假 ☆☆☆	神秘湘西旅游线路 世界遗产旅游线路 历史文化旅游线路	岳阳 长沙 湘西 张家界 娄底	MYSTERIOUS HUNAN/ MIRACULOUS HUNAN	
德国等欧盟市场	世界遗产 ☆☆☆☆☆ 特色文化 ☆☆☆☆☆	世界遗产旅游线路 神秘湘西旅游线路 历史文化旅游线路	常德 张家界 湘西 益阳	MYSTERIOUS HUNAN/ MIRACULOUS HUNAN	
我国港澳台市场	世界遗产 ☆☆☆☆☆ 特色文化 ☆☆☆☆☆ 休闲度假 ☆☆☆	世界遗产旅游线路 历史文化旅游线路 寻根祭祖旅游线路	郴州 永州 株洲 湘西 邵阳	SPLENDID HUNAN/ SPICY HUNAN	
东盟市场	世界遗产 ☆☆☆☆☆ 特色文化 ☆☆☆☆	世界遗产旅游线路 神秘湘西旅游线路 历史文化旅游线路	邵阳 湘西 张家界	SPICY HUNAN	"请进来为主"。大型代理商合作、旅游推介会推广、友好城市合作、文化贸易平台活动
俄罗斯市场	红色旅游 ☆☆☆☆☆ 世界遗产 ☆☆☆☆☆ 休闲度假 ☆☆☆	红色文化旅游线路 世界遗产旅游线路 历史文化旅游线路	韶山 长沙 张家界	SPICY HUNAN	
澳洲市场	特色文化 ☆☆☆☆☆ 世界遗产 ☆☆☆☆☆	神秘湘西旅游线路 世界遗产旅游线路 历史文化旅游线路	湘西 张家界 邵阳	MYSTERIOUS HUNAN/ MIRACULOUS HUNAN	

（二）以旅游品牌建设为突破点，采用多种宣传推广方式提升湖南旅游知名度

首先，树立入境市场分体形象。在入境市场中，强化“锦绣潇湘”的形象认知，建立针对入境旅游市场的分体形象并进行有效传播，改变海外游客心目中湖南山水观光的单一印象，针对入境一级客源市场的不同地区设置不同旅游形象口号，赋予形象新的内容、新的要素，如增加“热情”“神奇”“神秘”的元素，提高湖南旅游的吸引力，详见表 3–11。

表 3–11　湖南入境旅游市场分体形象思路

重点市场	形象口号	释义	代表元素	游客类型
韩日及我国港澳台	SPLENDID HUNAN SPICY HUNAN	热情的，热心的；刺激性的，辣的，辛辣的；（颜色）给人热感的，暖色的	世界遗产、红色文化、辣文化、高温复合温泉等	观光、休闲、体验等，团队客人为主
欧美	MYSTERIOUS HUNAN MIRACULOUS HUNAN	神奇的；神秘的；难以理解的，不可思议的；玄妙	神秘湘西、世界遗产、大梅山文化、民俗文化、红色文化等	游憩体验、休闲度假；以散客为主

其次，全面提升“快乐湖南”的品牌影响力和国际知名度。把湖南旅游宣传统一纳入湖南整体形象对外宣传的总体战略，根据资源和市场特征制作湖南旅游宣传片、国际旅游形象宣传片和旅游指南；推动全省对外经贸文化重要活动统一使用湖南旅游整体形象标识和口号，湖南所有的党政领导干部都使用印有“快乐湖南”的名片，来广泛推广“快乐湖南”品牌。推动全省各主要对外形象出版物、宣传品统一使用“快乐湖南”品牌标识。推动全省机场、码头、公共汽车站、高速公路收费站等各交通客流集散地统一在醒目位置制作或展示“快乐湖南”旅游品牌标识。实施“快乐湖南”形象宣传进星级饭店、星级餐馆工程，在所有旅游景区、星级饭店，都把“快乐湖南”的标识摆放在显著位置。

（三）积极完善相关配套政策

国际航线的开设、便利化的旅游签证政策和入境旅游退税政策等配套政策对于入境旅游的影响很大，相关部门要积极完善相关配套政策，进一步促进湖南入境旅游的发展。如湖南即将对 51 个国家的人员实行 72 小时过境免签政策，要配套完善相关航线，及时开展针对性促销，提升对境外游客的吸引力。

（四）拓宽旅游市场推广营销渠道

一是扩大同业合作范围。加强和国家旅游局合作，积极参加国家旅游局组织的境外促销活动，邀请旅行商和媒体入湘考察、踩线。借各主要入境一线城市举办大型国际性活动、会展的机会，开展合作，引导旅游企业对接旅游产品，分流入境客源。对接友好城市、国家旅游局驻境外办事处和我国驻外使领馆，开展多种形式的合作宣传推广活动。积极做好境外行业同业推介会，如韩国国际旅游展、北美“长江精品旅游线路”推介活动、“美丽中国之旅”推广活动、国际商旅及会奖旅游展览会 AIBTM、EIBTM、法兰克福国际会议及奖励旅游展 IMEX、IMEX America 等。加强与旅游电商（OTA）及在线旅游的合作，如与境内外知名网站 Expedia、Travelocity 合作，与国家旅游宣传推广海外网站和各驻外办事处网站建立友情链接等。

二是加强跨行业整合营销。与外办、外宣、文化、商务、广电等部门联动对外宣传，共同举办旅游节事活动和境外促销活动，通过跨界、跨境合作和推介会的开展，强化全球性渠道旅游产品推送。

第三节　出境旅游市场

一、基本情况

2011—2015 年，湖南旅行社组织出境旅游人次数由 51.96 万人次增长到 161.03 人次，增长了两倍多，年平均增长 32.02%。详见表 3–12。

表 3–12　2011—2015 年湖南出境旅游人次数

年份	人次数（万人次）	同比增长（%）
2011 年	51.96	27.80
2012 年	74.63	43.64
2013 年	88.11	18.06
2014 年	114.71	30.18
2015 年	161.03	40.39

在出境旅游目的地方面，大部分游客选择亚洲，2011—2015 年选择亚洲的出境游游客数均占全省出境旅游人次数的八成以上，详见图 3-7。在具体出境游国别选择上，“十二五”期间，湖南旅行社组织游客前往泰国的人数累计达 122.8 万人次，居国外旅游目的地首位，在出境旅游目的地中仅次于我国港澳台地区，是湖南游客的主要国外旅游目的地，详见图 3-8。

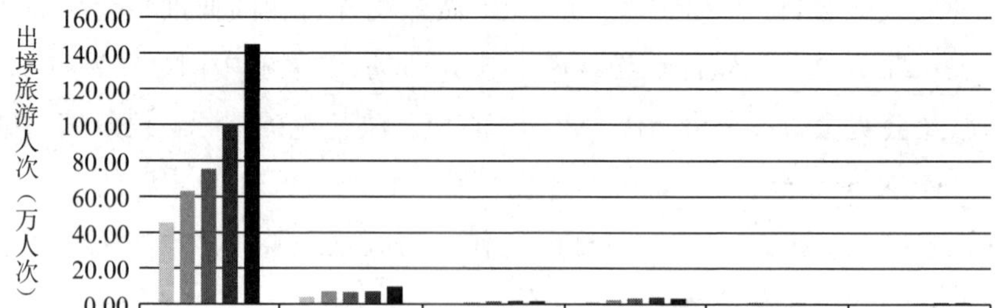

	亚洲	欧洲	美洲	大洋洲	非洲	其他
2011	45.57	4.15	0.63	1.24	0.35	0.02
2012	63.02	7.11	1.13	2.36	0.90	0.11
2013	75.32	6.64	1.59	3.25	0.55	0.76
2014	100.46	7.08	1.77	3.79	0.70	0.91
2015	144.77	9.83	1.61	3.30	0.63	0.90

图 3-7　2011—2015 年湖南出境旅游目的地

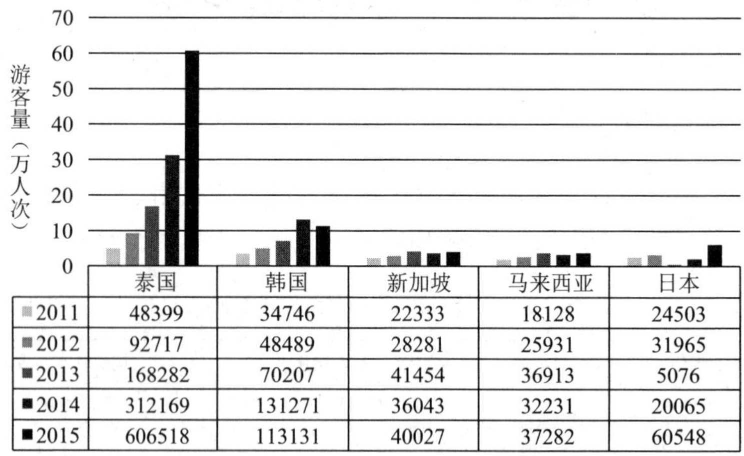

	泰国	韩国	新加坡	马来西亚	日本
2011	48399	34746	22333	18128	24503
2012	92717	48489	28281	25931	31965
2013	168282	70207	41454	36913	5076
2014	312169	131271	36043	32231	20065
2015	606518	113131	40027	37282	60548

图 3-8　2011—2015 年湖南主要国外旅游目的地

二、发展特征

（一）出境旅游市场增长迅猛

“十二五”期间，湖南出境旅游市场持续发展，年平均增速达 32.02%（详见图 3–9），而同期国内旅游年平均增长率为 21.04%，入境旅游更是呈负增长态势，比较而言，出境旅游市场的增长率远远超过了国内旅游和入境旅游，成为全省增长最快的旅游市场。

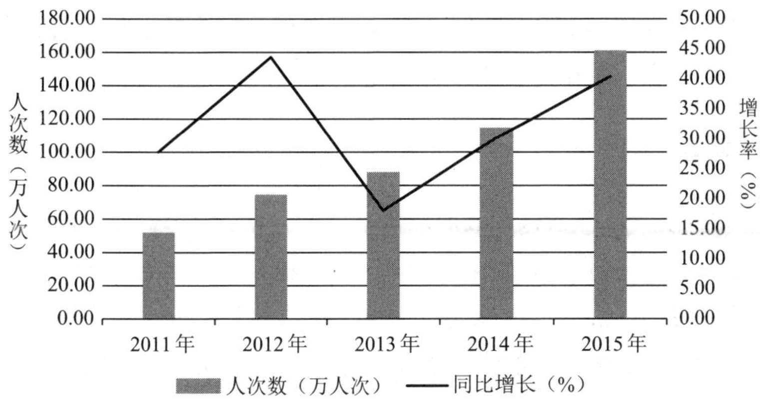

图 3–9　2011—2015 年湖南出境旅游市场变化趋势

（二）我国周边为主要出境旅游目的地

“十二五”期间，湖南出境旅游目的地主要集中在亚洲地区，增长十分迅速，其次是欧洲地区，但增长十分缓慢。在国外旅游目的地中，泰国一直占据首位，累计游客量超过百万，且增速十分迅速，远远高于其他地区；其次是韩国，累计游客量超过 30 万。整体而言，湖南出境旅游目的地比较单一，仍以我国周边国家为主。

三、问题剖析

（一）国际机场及直飞航线数量偏少

目前，湖南只拥有长沙黄花国际机场和张家界荷花国际机场两个国际机场，这对火爆的出境游来说是供不应求的。同时长沙目前仅开通了我国港台、韩国首尔和济州岛、泰国曼谷、德国法兰克福、美国洛杉矶等 18 条境外直飞航线，张家界更只是开通了台北、釜山两条境外直飞航线，而同样位于中部的武汉开通的境外直飞航线达到了35条，稳居中部第一，比较而言，长沙、张家界远不及武汉，发展差距仍较明显。

（二）出境旅游线路产品仍较单一

目前湖南出境旅游的主要目的地集中在亚洲地区，且以我国港澳台和泰国为主，可供选择的路线仍显不足，难以满足游客多样化的市场需求。

（三）影响国家和国民的形象和声誉的现象依然存在

个别游客在旅游过程中不注意个人言行举止，影响国家和国民的形象和声誉的现象依然存在，有待进一步改善和提升。

四、对策建议

（一）增加境外直飞航线数量和班次

进一步优化已开通直飞航线的亚洲、欧洲和美洲地区的航线结构，力争新开通张家界—曼谷、张家界—香港、张家界—高雄等航线。同时，积极开辟大洋洲、南美洲、非洲的直飞航线，在吸引境外游客的同时，促进出境旅游发展。

（二）加大国际交流与合作

积极缔结友好城市，推动双方旅游交流与往来，促进更多国家对中国游客提供便利的签证条件，方便游客出境旅游。

（三）推进出境游客文明旅游

进一步完善出境游的相关政策制度，推动出境旅游进一步法治化，规范出境游个人和团体的行为。加大对旅游者的宣传引导力度，提高游客素质，引导其健康、文明旅游，维护国家和国民形象。

第四章

旅游产业

第一节　住宿接待业

一、发展现状

（一）住宿接待业基本情况

1. 整体结构：住宿业态结构优化调整，经济类住宿机构为主

截至 2015 年底，全省共有星级饭店 498 家，比 2013 年高峰时期减少了 89 家。同时，随着供给侧改革政策的出台，民宿类非标准化住宿产品发展迅速，据《2015 年中国民宿发展研究报告》，我国大陆民宿客栈总数达 42658 家，湖南省以 1615 家民宿客栈居全国第十位。

在具体住宿结构上，以线上酒店数量最多的去哪儿网平台为例，截至 2015 年底，湖南省内各类住宿机构数量共 24961 家，其中五星级 / 豪华 125 家、四星级 / 高档 342 家、三星级 / 舒适 563 家、二星级及以下 / 经济 23931 家。详见图 4–1。

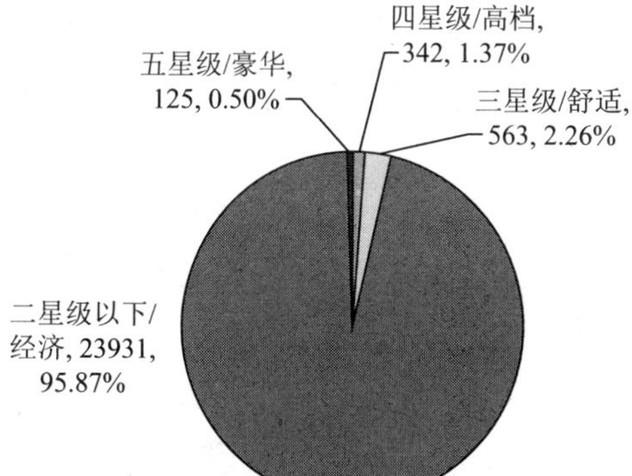

图 4–1　基于去哪儿网大数据的湖南省各类旅游住宿机构数量与比例

2. 床位数规模结构：规模快速增长，旅馆招待所为主

（1）床位数规模：呈现增速由高到缓的趋势

据纳入统计的星级饭店、旅馆招待所、家庭旅馆农家乐以及其他住宿设

施在内的统计数据表明，湖南省住宿接待业 2011—2015 年总体床位数规模持续增加，从 2011 年的 787968 个发展到 2015 年的 1133178 个，年均增长率为 9.78%。从增长情况来看，2012 年增幅最大，年增长率达到 20.80%，此后增幅逐渐减缓，2015 年仅为 0.81%。详见图 4–2。

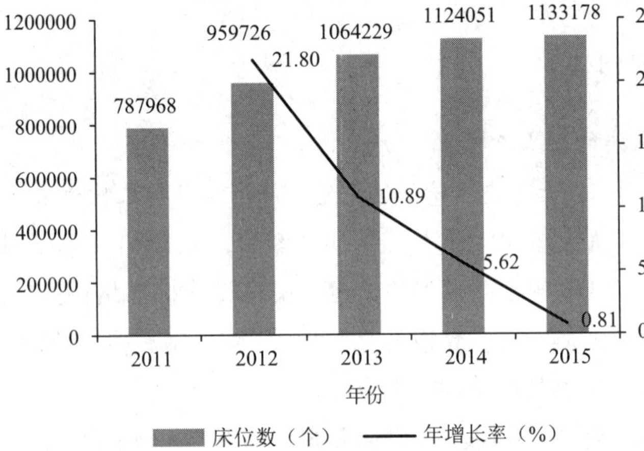

图 4–2 湖南省 2011—2015 年旅游住宿床位数规模比较

（2）床位数结构：非星级宾馆床位数最多

从 2015 年湖南省各类住宿机构的床位数结构来看，非星级宾馆所占比重最高，接近 70%；家庭旅馆农家乐次之，星级饭店及其他占比相对较小。详见图 4–3。

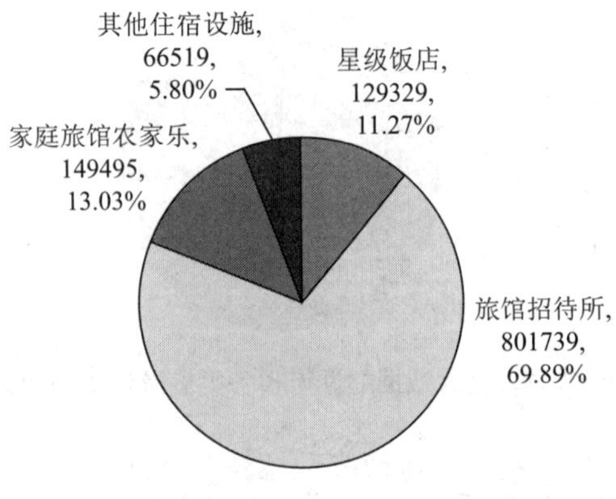

图 4–3 湖南省 2015 年旅游住宿床位数结构比较

3. 区域结构：各地区住宿机构数量与床位数差异较大

（1）区域住宿机构数量：各地区住宿机构数量差异较大

从区域结构来看，去哪儿网平台上湖南省内24961家住宿机构中，长沙以8590家位居全省第一，超过全省总量的1/3。住宿机构数量排名前五的地区依次为：长沙、湘西、张家界、株洲、常德。详见图4–4。

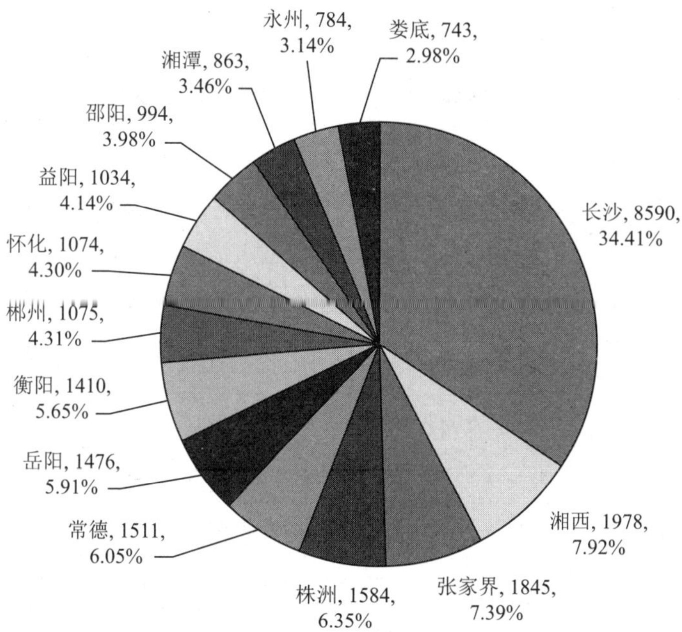

图4–4　湖南省各地区旅游住宿机构数量与比例

（2）区域床位数：长沙数量最多，永州增长最快

从不同地区住宿机构床位数规模和变化来看，2015年床位数数量排名前五的地区依次为长沙（195518个）、怀化（88410个）、郴州（86508个）、株洲（80761个）、常德（77131个）。2011—2015年床位数年均增长率排名前五的地区依次为永州、湘西、郴州、邵阳、湘潭，分别为24.77%、14.57%、14.04%、11.40%、11.27%。详见表4–1。

表 4–1 湖南省 2011—2015 年不同地区住宿接待业床位数规模比较

地区	2011	2012		2013		2014		2015		2011—2015 年均增长率（%）
	床位数（个）	床位数（个）	年增长率（%）	床位数（个）	年增长率（%）	床位数（个）	年增长率（%）	床位数（个）	年增长率（%）	
长沙	141739	183889	29.74	194931	6.00	195518	0.30	195518	0.00	9.01
株洲	56990	64175	12.61	71526	11.45	77054	7.73	80761	4.81	9.15
湘潭	46456	55357	19.16	55444	0.16	69735	25.78	69735	0.00	11.28
衡阳	52938	71663	35.37	76263	6.42	75965	–0.39	75965	0.00	10.35
邵阳	39625	46092	16.32	50571	9.72	55533	9.81	60953	9.76	11.40
岳阳	53897	53897	0.00	75751	40.55	76264	0.68	76264	0.00	10.31
常德	52718	66257	25.68	74034	11.74	77131	4.18	77131	0.00	10.40
张家界	59009	62089	5.22	63647	2.51	71134	11.76	71134	0.00	4.87
益阳	49990	54571	9.16	55400	1.52	55413	0.02	55413	0.00	2.68
郴州	54282	56822	4.68	85220	49.98	86508	1.51	86508	0.00	14.04
永州	32925	61693	87.37	70613	14.46	68672	–2.75	68672	0.00	24.77
怀化	66258	81726	23.35	82094	0.45	88410	7.69	88410	0.00	7.87
娄底	40364	49942	23.73	52910	5.94	57741	9.13	57741	0.00	9.70
湘西	40777	51553	26.43	55825	8.29	68973	23.55	68973	0.00	14.57
合计	787968	959726	21.80	1064229	10.89	1124051	5.62	1133178	0.81	9.78

4. 平均出租率：近两年持续快速增长

从客房出租率情况来看，2011—2013 年出租率变化不大，2014—2015 年出租率持续增长。2015 年出租率增长幅度较大，年增长率 10.22%，出租率达到 72.70%，也是连续五年来全省住宿接待业出租率首次突破 70%。详见图 4–5。

从不同地区的住宿接待业整体客房平均出租率来看，2011—2015 年，永州的出租率连续 5 年稳居全省首位，2015 年达到 82.37%。总的来看，2011—2015 年住宿接待业客房平均出租率排名全省前 5 位的地区如下：永州（连续 5

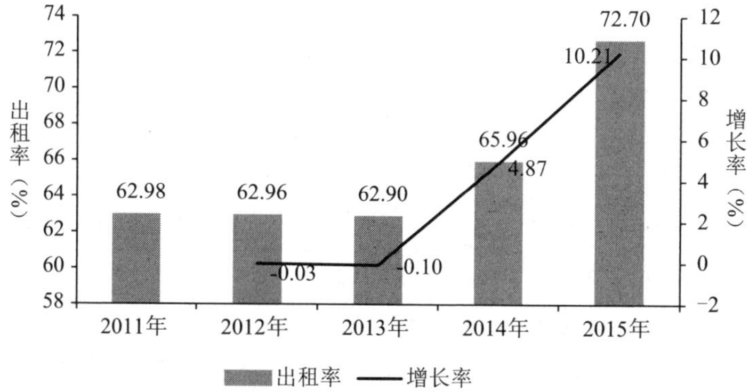

图 4–5　湖南省 2011—2015 年住宿接待业客房平均出租率比较

年）、湘西（连续 5 年）、常德（连续 5 年）、岳阳（连续 4 年）、张家界（连续 3 年）、衡阳（2 年）、怀化（1 年）。娄底、湘潭连续 5 年成为省内住宿接待业客房平均出租率排名最末两位的地区。详见表 4–2。

从各地区 2011—2015 年客房平均出租率的年增长情况来看，年均增长率较高的地区依次为：怀化 6.29%、娄底 4.23%、湘西 2.96%、益阳 2.88%、常德 2.73%。详见表 4–2。

表 4–2　湖南省 2011—2015 年不同地区住宿接待业客房平均出租率比较

地区	2011年	2012年		2013年		2014年		2015年		2011—2015年均增长率（%）
	出租率（%）	出租率（%）	年增长率（%）	出租率（%）	年增长率（%）	出租率（%）	年增长率（%）	出租率（%）	年增长率（%）	
长沙	64.37	63.97	−0.62	64.85	1.38	66.56	2.64	70.22	5.50	2.23
株洲	67.26	62.44	−7.17	62.73	0.46	57.50	−8.34	67.84	17.98	0.73
湘潭	61.25	55.68	−9.09	55.72	0.07	56.01	0.52	66.44	18.62	2.53
衡阳	69.99	68.47	−2.17	69.90	2.09	62.85	−10.09	73.29	16.61	1.61
邵阳	63.60	64.12	0.82	58.54	−8.70	60.75	3.78	68.45	12.67	2.14
岳阳	72.01	72.09	0.11	71.93	−0.22	73.64	2.38	73.27	−0.50	0.44
常德	69.78	71.86	2.98	71.49	−0.51	70.83	−0.92	77.47	9.37	2.73
张家界	69.43	73.31	5.59	73.32	0.01	70.70	−3.57	71.12	0.59	0.66
益阳	65.75	63.71	−3.10	67.14	5.38	68.53	2.07	73.45	7.18	2.88
郴州	67.45	71.20	5.56	66.61	−6.45	69.27	3.99	72.95	5.31	2.10

续表

地区	2011年	2012年		2013年		2014年		2015年		2011—2015年均增长率（%）
	出租率（%）	出租率（%）	年增长率（%）	出租率（%）	年增长率（%）	出租率（%）	年增长率（%）	出租率（%）	年增长率（%）	
永州	79.27	74.65	–5.83	74.56	–0.12	74.36	–0.27	82.37	10.77	1.14
怀化	61.77	66.86	8.24	64.62	–3.35	61.97	–4.10	77.08	24.38	6.29
娄底	56.82	58.50	2.96	57.76	–1.26	55.18	–4.47	66.04	19.68	4.23
湘西	71.54	74.63	4.32	71.15	–4.66	72.16	1.42	79.94	10.78	2.97
合计	62.98	62.96	–0.03	62.90	–0.10	65.96	4.86	72.70	10.22	3.74

（二）星级饭店发展情况

1. 饭店规模

（1）数量规模：星级饭店数量逐年减少，高星级饭店客房数与床位数波动增长

在饭店数量上，据 2010—2014 年湖南省纳入财务经营数据填报统计的星级饭店数据，截至 2014 年底，湖南省内星级饭店数量共计 375 家，与 2013 年相比减少 39 家，年降幅为 9.42%，相较于 2013 年 7.80% 的年降幅来看，数量减少幅度加大。2010—2014 年期间，湖南省星级饭店数量呈现出先增加后减少的趋势，2011 年星级饭店数量达到峰值 454 家，之后逐年减少。详见图 4–6。

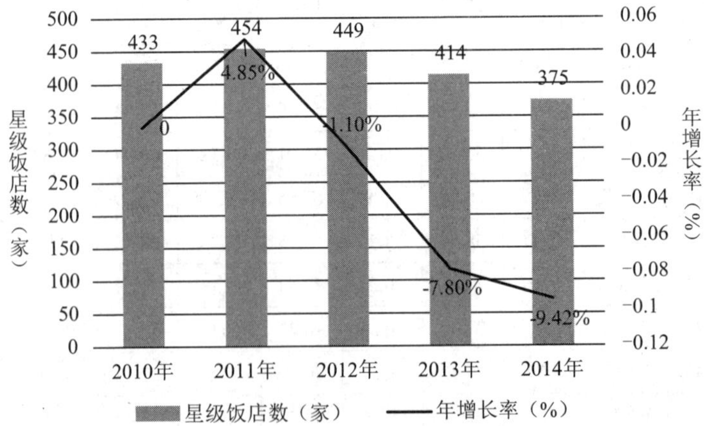

图 4–6 2010—2014 年湖南省星级饭店数变化

从不同等级星级饭店的数量变化来看，五星级饭店数量在 2013 年稍有减少之后 2014 年出现了增长，年增长率达到 33.33%；四星级饭店数量在 2011—2013 年连续 3 年微减之后，于 2014 年出现了大幅增长，年增长率达到 21.43%；三星级、一星级饭店分别在 2011 年达到顶峰 212 家、10 家之后，从 2012 年开始连续 3 年持续负增长；二星级饭店在 2010—2012 年小幅增长，但从 2013 年开始数量迅速减少，2014 年降幅达到 28.31%。总体来看，2011—2015 年湖南省四、五星级饭店数量呈现小幅增加趋势，年均增长率分别为 3.33%、2.13%；而一、二、三星级饭店数量都呈现减少趋势，幅度最大的是一星级和二星级饭店，年均降幅分别达到 15.27%、7.22%。详见图 4-7。

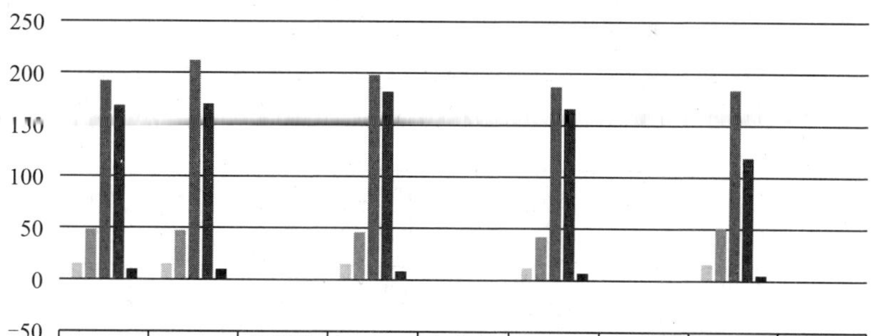

	2010年 饭店数（家）	2011年 饭店数（家）	2011年 年增长率（%）	2012年 饭店数（家）	2012年 年增长率（%）	2013年 饭店数（家）	2013年 年增长率（%）	2014年 饭店数（家）	2014年 年增长率（%）
五星级	15	15	0.00%	15	0%	12	-20%	16	33.33%
四星级	48	47	-2.08%	46	-2.12%	42	-8.70%	51	21.42%
三星级	192	212	10.41%	198	-6.60%	187	-5.56%	184	-1.60%
二星级	168	170	1.19%	182	7.05%	166	-8.79%	119	-28.31%
一星级	10	10	0%	8	-20%	7	-12.50%	5	-28.57%

图 4-7　2010—2014 年湖南省不同等级星级饭店数量比较

在客房数与床位数上，呈现出高星级饭店波动增长，低星级饭店大幅下降的特点。

从星级饭店客房数量的变化来看，2010—2014 年间，湖南省星级饭店客房数量在 2011 年达到顶峰 54756（间 / 套）后，开始出现持续减少，年均降幅为 2.88%，其中 2013 年减少幅度最大，年降幅达到 13.00%。详见图 4-8。

从不同等级星级饭店的客房数量变化来看，2013 年各类星级饭店客房数量都出现了 10% 以上的减少，而 2014 年，呈现出四星级、五星级饭店客房数量大幅增加，一星级到三星级饭店客房数量继续减少的格局，其中二星级、一星级饭店客房数的减少幅度最大，分别为 –31.29%、–24.23%。综合 5 年的发展情况来看，一、二、三星级饭店都呈现负增长态势，二星级饭店尤甚，年均降幅为 10.05%。详见图 4–8。

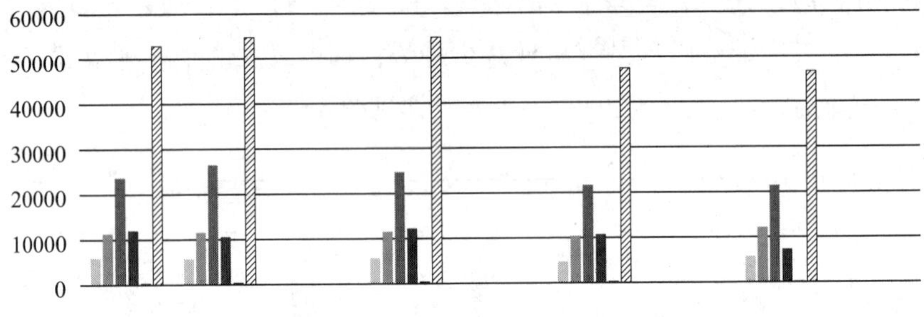

	2010年 房间数（间/套）	2011年 房间数（间/套）	2011年 年增长率（%）	2012年 房间数（间/套）	2012年 年增长率（%）	2013年 房间数（间/套）	2013年 年增长率（%）	2014年 房间数（间/套）	2014年 年增长率（%）
五星级	5814	5662	-2.61	5762	1.13	4664	-18.55	5741	23.09
四星级	11224	11543	2.84	11484	-0.51	10268	-10.59	12091	17.75
三星级	23555	26551	12.72	24772	-6.70	21574	-12.91	21355	-1.02
二星级	11947	10598	-11.29	12222	15.32	10639	-12.95	7310	-31.29
一星级	352	402	14.21	399	-0.75	359	-10.03	272	-24.23
合计	52892	54756	3.52	54603	-0.28	47504	-13.00	46769	-1.55

图 4–8　湖南省星级饭店 2010—2014 年客房数变化

从不同等级饭店的床位数量变化来看，五星级饭店床位数在 2013 年发生大幅下滑，而 2014 年又明显增加；四星级饭店床位数保持稳定；一、二、三星级饭店床位数在 2013 年之后都呈现负增长态势，一、二星级的降幅较大。详见图 4–9。

（2）资产规模：除五星级饭店外，其他星级饭店的资产总额年均增长率均为负值

总体来看，湖南省星级饭店资产总额从 2010 年的 1703507.93 万元增长到 2014 年的 1804266.78 万元，年均增长率为 3.49%。其中，2011—2013 年

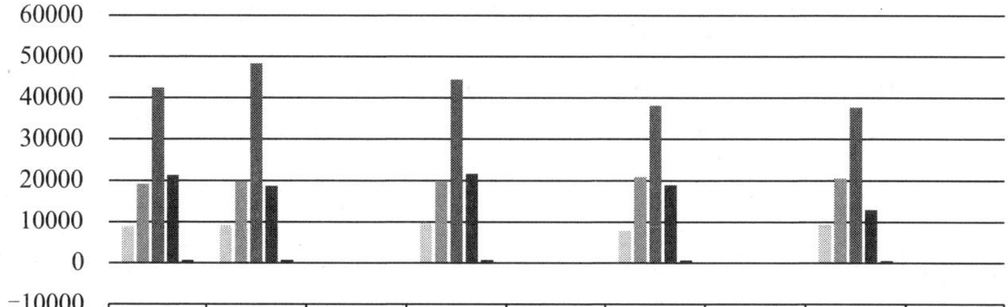

	床位（个）	床位（个）	年增长率(%)	床位（个）	年增长率(%)	床位（个）	年增长率(%)	床位（个）	年增长率(%)
	2010年	2011年		2012年		2013年		2014年	
五星级	8902	9155	2.84	9553	4.35	7832	-18.02	9296	18.69
四星级	19067	19791	3.80	19861	0.35	20875	5.11	20568	-1.47
三星级	42406	48274	13.84	44392	-8.04	38135	-14.09	37722	-1.08
二星级	21267	18680	-12.16	21647	15.88	18955	-12.44	12916	-31.86
一星级	621	724	16.59	707	-2.35	611	-13.58	486	-20.46

图 4-9　湖南省星级饭店 2010—2014 年床位数变化

星级饭店资产总额均为负增长态势，2014 年有较大幅度的增长，年增长率达 41.55%。详见图 4-10。

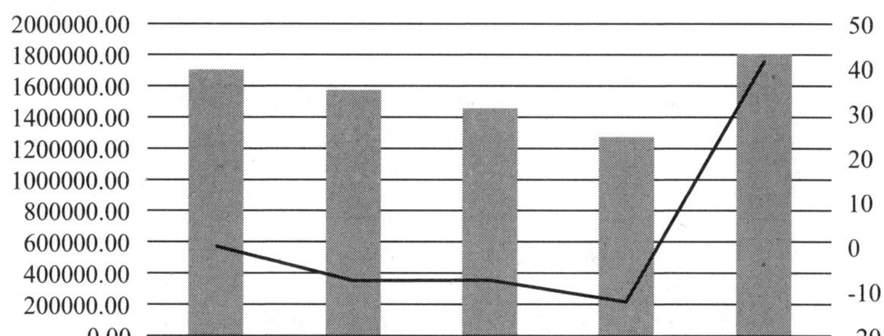

	资产总额（万元）	资产总额（万元）	资产总额（万元）	资产总额（万元）	资产总额（万元）
	2010年	2011年	2012年	2013年	2014年
资产总额（万元）	1703507.93	1573271.63	1454692.59	1274663.69	1804266.78
年增长率（%）	0	-7.65	-7.54	-12.38	41.54846

图 4-10　湖南省 2010—2014 年星级饭店资产规模比较

从不同等级星级饭店的资产规模及其变化来看，省内五星级酒店资产总额在经历了 2011—2013 年的下降之后，在 2014 年有巨幅增加，达到 899334.84 万元，年增长率 174.73%；四星级、三星级饭店资产总额在 2011 年达到顶峰，分别为467947.91万元和510040.13万元，之后四星级饭店在2012—2013年呈下降态势，2014年有8.88%的增长，三星级饭店除了2013年有小幅增长外一直处于下降态势；二星级饭店2012年资产总额最大，达到129712.27万元，之后呈现迅速减少态势；一星级饭店在2014年资产总额减少速度最快，年降幅达37.64%。总体来看，2010—2014年除五星级饭店外，其他等级星级饭店的资产总额年均增长率均为负值。详见表4-3。

表4-3 湖南省2010—2014年不同等级星级饭店资产规模比较

星级	2010年	2011年		2012年		2013年		2014年		2010—2014年年均增长率（%）
	资产总额（万元）	资产总额（万元）	年增长率（%）	资产总额（万元）	年增长率（%）	资产总额（万元）	年增长率（%）	资产总额（万元）	年增长率（%）	
五星级	657228.93	498588.41	-24.14	459526.46	-7.83	327357.11	-28.76	899334.84	174.73	28.50
四星级	458839.33	467947.91	1.99	429066.74	-8.31	393493.52	-8.29	428416.84	8.886	-1.43
三星级	457044.46	510040.13	11.60	431231.25	-15.45	436799.94	1.29	400084.51	-8.41	-2.74
二星级	126226.35	92871.27	-26.42	129712.27	39.67	111358.89	-14.15	72904.39	-34.53	-8.86
一星级	4168.86	3823.90	-8.27	5155.87	34.83	5654.24	9.67	3526.20	-37.64	-0.35
合计	1703507.93	1573271.63	-7.65	1454692.59	-7.54	1274663.69	-12.38	1804266.78	41.55	3.49

（3）人员规模：从业人员总体规模减小，大专以上学历人员比重降中有升

从湖南省星级饭店从业人员总体规模及变化来看，2010—2014年年均增长率为-5.28%，2011年达到最高峰60190人之后，从业人员规模呈现逐渐减少的发展趋势，2014年为47303人。从星级饭店大专以上学历层次人员规模来看，2010—2014年年均增长率为-6.47%，2010年大专以上学历人员达到14825人，之后逐年减少，2014年略有上升，达到10948人，详见图4-11。从全省星级饭店大专以上学历层次人员所占比重来看，2010年为25.11%，之后所占比重逐年下降，2014年略有上升，为23.14%。与全国星级饭店从业人员大专以上学历比重相比，除2013年外，其余年份湖南省星级饭店从业人员大专以上学历人员比重均高于同期全国平均值，详见图4-12。

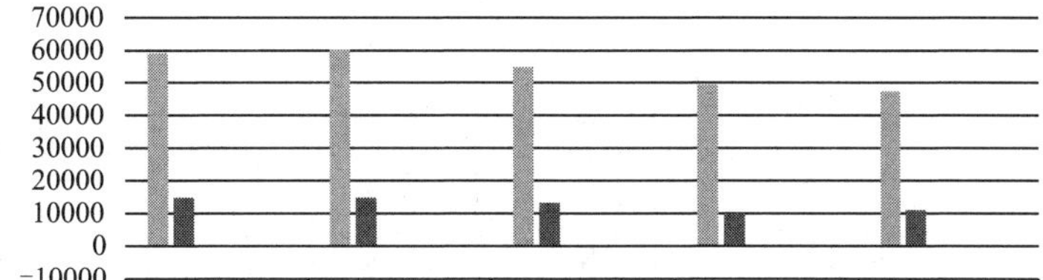

	2010年		2011年		2012年		2013年		2014年	
	人数	增长率（%）	人数	增长率（%）	人数	增长率（%）	人数	增长率（%）	人数	增长率（%）
从业人员年均数（人）	59049	0	60190	1.93	54830	-8.91	49246	-10.18	47303	-3.95
大专以上学历层次人数（人）	14825	0	14815	-0.07	13196	-10.93	10045	-23.88	10948	8.99

图 4-11 湖南省 2010—2014 年星级饭店从业人员规模与学历层次比较

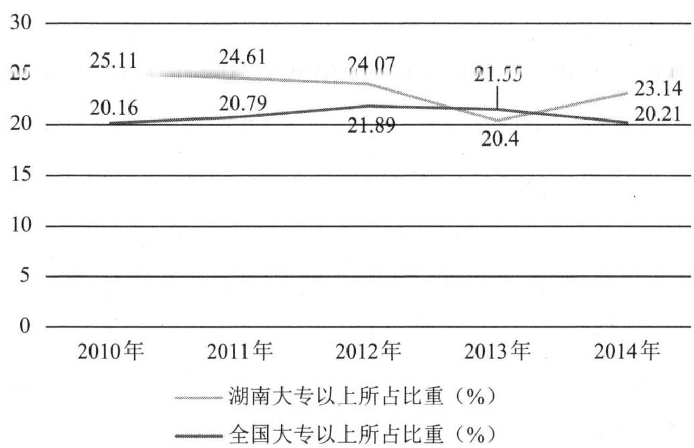

图 4-12 2010—2014 年星级饭店从业人员大专以上学历层次所占比重比较

从不同等级星级饭店从业人员规模及其变化来看，2010—2014 年间，三星级饭店由于数量最多，从业人员规模也相对最多；五星级、四星级饭店人员规模从 2010 的最高峰加速下降，2014 年均略有增加，分别为 7098 人、13219 人，总体年均增长率分别为 –7.06%、–2.76%；三星级、一星级饭店人员规模在 2011 年达到最高峰之后逐年减少；二星级饭店人员规模呈波动发展，2014 年比上一年略有增加。详见图 4–13。

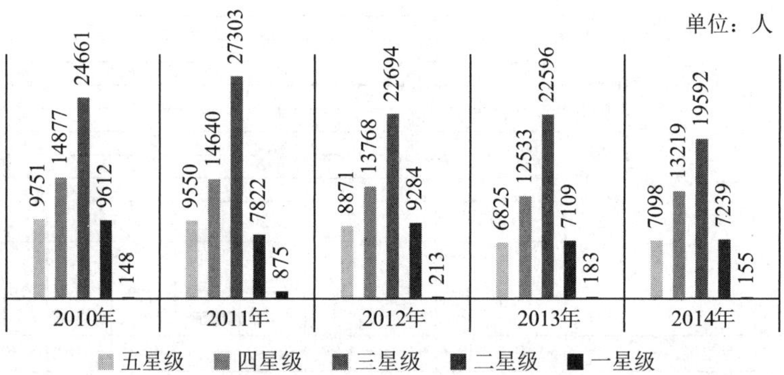

图 4-13　湖南省 2010—2014 年不同等级星级饭店从业人员规模比较

从不同等级星级饭店从业人员大专以上学历层次人员所占比例及其变化来看，2012 年五星级饭店比重达到最高 42.31%，之后逐年下降，2015 年仅为 31.92%；四星级、三星级、一星级在 2012—2013 年逐年下降之后，2014 年略有上升。总体来看，全省星级饭店中，五星级饭店的从业人员大专以上学历层次比重远高于其他星级饭店，一到三星级饭店比重一直低于全省平均水平，呈现出饭店星级越高，从业人员大专以上学历层次比重越高的特点（详见图 4-14），这也表明饭店星级越高，对人才的吸引力越大。但要注意的是，近年高星级饭店的人才吸引力正在下降。

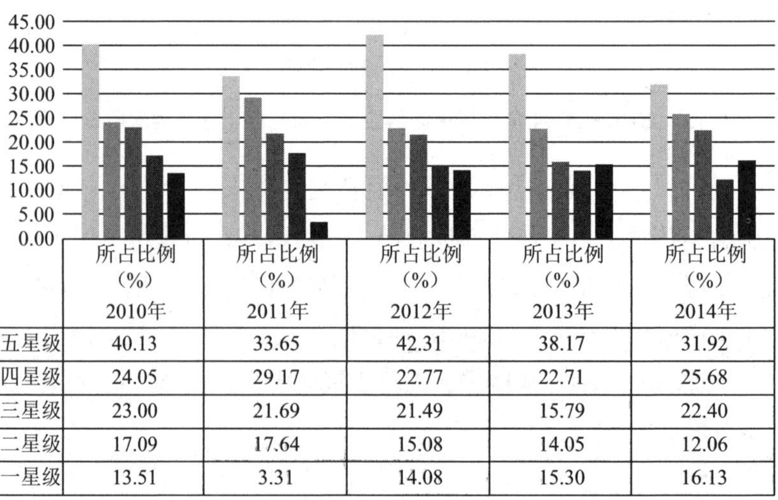

	所占比例（%）2010年	所占比例（%）2011年	所占比例（%）2012年	所占比例（%）2013年	所占比例（%）2014年
五星级	40.13	33.65	42.31	38.17	31.92
四星级	24.05	29.17	22.77	22.71	25.68
三星级	23.00	21.69	21.49	15.79	22.40
二星级	17.09	17.64	15.08	14.05	12.06
一星级	13.51	3.31	14.08	15.30	16.13

图 4-14　湖南省 2010—2014 年不同等级星级饭店大专以上学历层次人员所占比例

2. 星级饭店结构

（1）等级结构：以中档饭店为主体，高档饭店逐渐增加，低档饭店逐渐减少

从不同等级星级饭店占饭店总数的比例结构来看，2010—2013 年间，湖南省五星级饭店数量占饭店总数的比例一直维持在 3% 左右，2014 年有所增长，达到 4.27%；四星级饭店所占比例在 2011—2013 年一直呈略微减少趋势，但基本维持在 10% 左右，2014 年增长到 13.60%；三星级饭店所占比例呈波形发展态势，2013 年开始持续增加，2014 年达到 49.07%；二星级饭店所占比例在 2012 年增加到 40.53% 之后又持续下降，2014 年变化较大，只占到 31.73%；一星级饭店所占比例一直较小，且一直呈下降态势，2014 年仅为 1.33%。详见图 4–15。

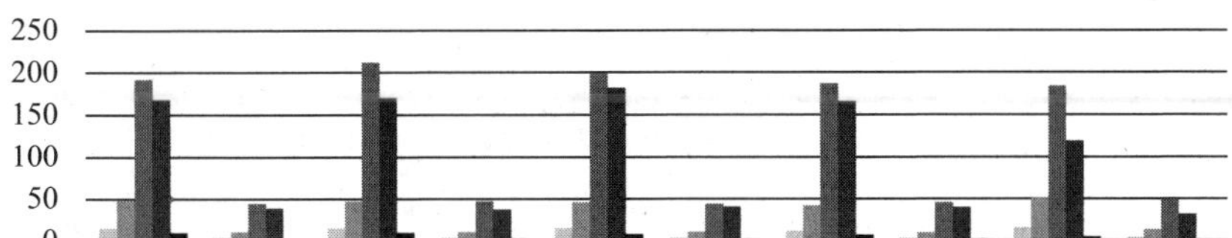

	2010年 饭店（家）	2010年 所占比例（%）	2011年 饭店（家）	2011年 所占比例（%）	2012年 饭店（家）	2012年 所占比例（%）	2013年 饭店（家）	2013年 所占比例（%）	2014年 饭店（家）	2014年 所占比例（%）
五星级	15	3.46	15	3.30	15	3.34	12	2.90	16	4.27
四星级	48	11.09	47	10.35	46	10.24	42	10.14	51	13.60
三星级	192	44.34	212	46.70	198	44.10	187	45.17	184	49.07
二星级	168	38.80	170	37.44	182	40.53	166	40.10	119	31.73
一星级	10	2.31	10	2.20	8	1.78	7	1.69	5	1.33

图 4–15　湖南省 2010—2014 年不同等级星级饭店所占比例比较

总体而言，2010—2014 年，湖南省星级饭店等级结构的发展变化情况与全国星级饭店等级结构发展变化情况大致相仿，即四、五星级饭店比例逐渐增加，三星级饭店比例变化微小，一、二星级饭店比例逐渐减少。详见图 4–16。

与全国 2010—2014 年的星级饭店数据相比，湖南省不同等级星级饭店所占比例中，四星级、五星级等高星级饭店所占比重较小，二者相加所占比重 2014 年仅为 17.87%，远远低于全国同期 27.89% 的平均水平；三星级饭店所占比重与全国数据相比相差不大；二星级、一星级饭店所占比重均大于全国

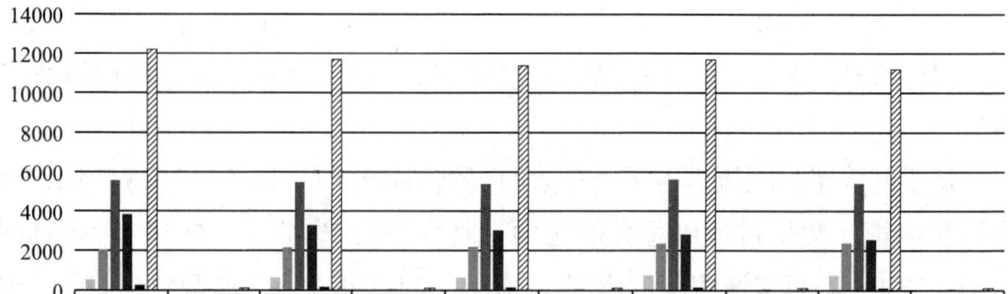

	2010年		2011年		2012年		2013年		2014年	
	饭店(家)	所占比例(%)	饭店(家)	所占比例(%)	饭店(家)	所占比例(%)	饭店(家)	所占比例(%)	饭店(家)	所占比例(%)
五星级	549	4.5	615	5.27	640	5.63	739	6.32	745	6.66
四星级	2034	16.67	2148	18.4	2186	19.23	2361	20.2	2373	21.23
三星级	5550	45.49	5473	46.87	5379	47.32	5631	48.18	5406	48.35
二星级	3833	31.41	3276	28.06	3020	26.57	2831	24.23	2557	22.87
一星级	235	1.93	164	1.4	142	1.25	125	1.07	99	0.89
合计	12201	100	11676	100	11367	100	11687	100	11180	100

图 4-16　2010—2014 年全国不同等级星级饭店所占比例

平均水平。总体来看，与全国星级饭店结构相比，近 5 年湖南省星级饭店结构中的高星级饭店比重偏小，低星级饭店比重偏大。从数据看湖南省高星级饭店在减少，但实际上近年来湖南高端饭店扩展迅速，国际连锁品牌大举进入湖南饭店市场，但由于政策与市场等多种原因，很多新开业的高端饭店都没有参与评星。

（2）所有制结构：以私营和国有为主，“国退民进”趋势加强

从湖南省星级饭店所有制结构来看，2010—2014 年间，私营和国有饭店的比重均在 80% 左右，呈现出以私营和国有饭店为主，集体、联营、股份制、港澳台投资和外商投资饭店为辅的特征，这和全国星级饭店的情况一致。从不同类型所有制饭店的变化趋势来看，5 年间，湖南省私营饭店的比重从 45.73% 持续上升到 56.53%，上升了 10.8 个百分点，而国有饭店的比重从 33.95 持续下降到 22.40%，下降了 11.55 个百分点；港澳台投资饭店的比重从 3.23% 持续下降到 1.60%，下降了 1.63 个百分点，外商投资饭店的比重也从 1.39% 持续下降到 0.80%，下降了 0.59 个百分点；其他类型所有制饭店的变化呈现波动状态。详见表 4-4。

表 4-4　湖南省 2011—2014 年星级饭店不同所有制结构比较（1）

所有制类型	2010年		2012年		2011年		2013年		2014年	
	数量	比例（%）	数量	比例（%）	数量	比例（%）	数量	比例（%）	数量	比例（%）
国有企业	147	33.95	125	27.53	108	24.05	96	23.19	84	22.40
集体企业	5	1.15	7	1.55	8	1.78	6	1.45	5	1.33
私营企业	198	45.73	237	52.20	252	56.13	233	56.28	212	56.53
股份制企业	55	12.70	35	7.71	43	9.58	44	10.63	51	13.6
联营企业	0	0	0	0	1	0.22	0	0	1	0.27
港澳台投资	14	3.23	11	2.42	9	2.00	7	1.69	6	1.60
外商投资	6	1.39	4	0.88	3	0.67	2	0.48	3	0.80
其他内资企业	8	1.85	35	7.71	25	5.57	26	6.28	13	3.47
合计	433	100	454	100	449	100	414	100	375	100

总体而言，湖南省星级饭店所有制结构呈现出国有饭店比重持续下降，私营饭店比重持续上升，港澳台和外商投资饭店比重持续下降的特点。从不同等级星级饭店的所有制结构来看，湖南省五星级、四星级饭店以国有饭店为主，三星级、二星级、一星级饭店以私营饭店为主，详见表 4-5。

表 4-5　湖南省 2011—2014 年星级饭店不同所有制结构比较（2）

所有制类型	2010年					2011年					2012年					2013年					2014年				
	五星级	四星级	三星级	二星级	一星级	五星级	四星级	三星级	二星级	一星级	五星级	四星级	三星级	二星级	一星级	五星级	四星级	三星级	二星级	一星级	五星级	四星级	三星级	二星级	一星级
国有企业	7	27	4	47	2	8	21	60	34	2	8	18	51	31	0	7	14	50	25	0	6	16	42	20	0
集体企业	0	1	2	2	0	0	1	3	3	0	0	1	4	3	0	0	1	2	3	0	0	1	2	2	0
私营企业	3	11	78	98	8	2	12	101	114	8	3	14	102	125	8	2	12	94	118	7	4	16	103	84	5
股份制企业	4	6	33	12	0	2	4	23	6	0	2	4	23	14	0	0	6	25	13	0	5	8	27	11	0

续表

所有制类型	2010年					2011年					2012年					2013年					2014年				
	五星级	四星级	三星级	二星级	一星级	五星级	四星级	三星级	二星级	一星级	五星级	四星级	三星级	二星级	一星级	五星级	四星级	三星级	二星级	一星级	五星级	四星级	三星级	二星级	一星级
联营企业	0	0	0	0	0	0	0	0	0	0	0	1	0	0	0	0	0	0	0	0	0	1	0	0	0
港澳台投资	0	2	7	5	0	0	2	6	3	0	0	2	5	2	0	0	2	4	1	0	0	1	5	0	0
外商投资	1	1	4	0	0	1	1	2	0	0	0	1	2	0	0	0	1	1	0	0	0	2	1	0	0
其他内资企业	0	0	4	4	0	2	6	17	10	0	2	5	11	7	0	3	6	11	6	0	1	6	4	2	0

3. 星级饭店经营状况

（1）整体经营业绩：主要指标均下降，客房、餐饮收入及比重降幅最大

从2010—2014年湖南省星级饭店经营状况主要指标及其变化来看，平均房价持续小幅增长，年均增长率为3.93%，2014年平均房价为257元，远低于同年全国平均房价334.80元；客房出租率、百元固定资产创营业收入、实缴税金、人均利税等指标在2010—2012年间稳步增长，2013—2014年呈现下降态势，2014年客房出租率为68%，但依然高于同期58%的全国平均出租率；营业收入总额、每间客房平摊营业收入、全员劳动生产率等指标在2013年出现大幅下降，2014年有所回升；客房收入、餐饮收入以及餐饮收入所占比重从2013年开始大幅下降，且下降趋势持续至2014年，2013年客房收入比重略有增加是建立在餐饮收入大幅下降的基础上；2014年客房、餐饮收入所占比重分别为38.74%、34.93%，都远低于国内同期水平的43.53%、41.13%。详见表4-6。

表 4-6　湖南省 2010—2014 年星级饭店总体经营状况对比

指　标	2010年	2011年		2012年		2013年		2014年		2010—2014年均增长率（%）
	数据	数据	年增长率（%）	数据	年增长率（%）	数据	年增长率（%）	数据	年增长率（%）	
平均房价（元/间夜）	220.98	228.62	3.46	242.01	5.86	244.74	1.13	257.60	5.25	3.93
客房出租率（%）	71.00	75.00	5.63	76.00	1.33	72.00	-5.26	68.00	-5.56	-0.97
每间可供出租客房收入（元/间夜）	157.73	171.82	8.93	185.99	8.25	178.60	-3.97	175.71	-1.62	2.90
每间客房平摊营业收入（万元/间）	12.52	14.04	12.07	15.78	12.45	14.59	-7.54	15.68	7.42	6.10
百元固定资产创营业收入（元）	45.72	52.17	14.13	63.12	20.99	57.47	-8.95	55.32	-3.74	5.61
营业收入总额（亿元）	66.24	76.86	16.02	86.19	12.14	69.33	-19.56	73.32	5.76	3.59
客房收入（亿元）	28.71	31.82	10.83	34.57	8.64	29.11	-15.79	28.40	-2.45	0.31
餐饮收入（亿元）	29.45	34.80	18.15	39.52	13.58	26.76	-32.30	25.61	-4.29	-1.22
客房占营业收入比重（%）	43.34	41.40	-4.48	40.11	-3.12	41.99	4.69	38.74	-7.76	-2.67
餐饮占营业收入比重（%）	44.46	45.28	1.84	45.86	1.29	38.60	-15.83	34.93	-4.29	-4.25
实缴税金（万元）	44890.07	52751.93	17.51	62146.21	17.81	52569.85	-15.41	37768.23	-28.16	-2.06
全员劳动生产率（万元）	11.22	12.77	13.82	15.72	23.10	14.08	-10.44	15.50	10.10	9.15
人均利税（万元/人）	0.76	0.88	15.29	1.13	29.32	1.07	-5.82	0.80	-25.21	3.40

从饭店营业收入指标变化来看，2011—2015 年营业收入过亿元的星级饭店数量在 2012—2013 年达到最高峰 13 家，之后迅速减少，2015 年仅为 7 家。可以看出，营业收入过亿元的星级饭店数量逐年减少，收入逐年降低。详见表 4-7。

表 4-7　湖南省 2011—2015 年营业收入过亿元的星级饭店情况

年份	2011年	2012年	2013年	2014年	2015年
饭店数（家）	11	13	13	9	7
平均营业收入（万元 / 家）	18448.27	18202.15	14981.85	14403.17	14581.51

2011—2015 年，湖南省内连续五年营业收入排名第一位的星级饭店，在 2012 年营业收入达到 3.1 亿元后，连续三年持续下降，至 2015 年营业收入降为 1.9 亿元，3 年间平均降幅达到 14.53%，但 2014—2015 年相对降幅在逐渐变缓；排名第二、第三的饭店年营业收入变化情况也基本一致，呈逐渐下降趋势。详见图 4-17。

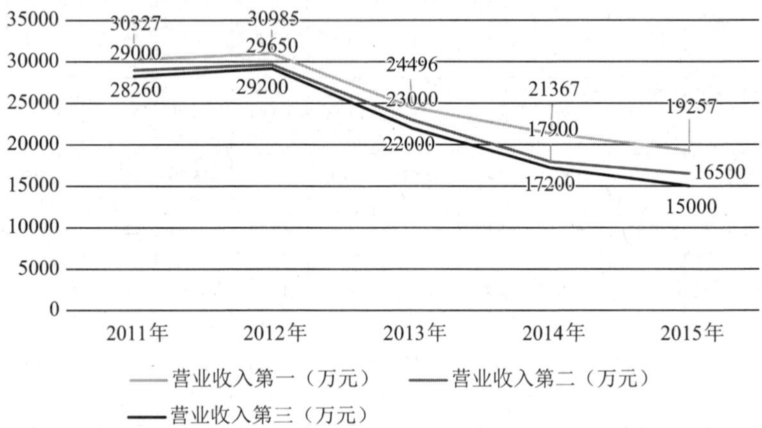

图 4-17　湖南省 2011—2015 年经营收入排名前三的星级饭店收入变化

（2）等级经营差异：二到五星级指标下降明显，不同星级略有差异

从 2010—2014 年湖南省不同等级星级饭店经营状况主要指标及其变化来看：

①五星级饭店近期客房、餐饮收入及所占比重大幅下降，远低于国内同期水平。

五星级饭店 5 年间除了客房收入比、餐饮收入及餐饮收入比、实缴税金等指标的年均增长率为负值外，其余指标均为正值。具体变化情况为：2010—2012 年所有指标都呈稳定增长态势，2013 年所有指标中除了房价、客房收入所占比重、人均利税指标略有增长外，其他指标都下降明显，其中餐饮收入降幅最大，达到 33.33%；2014 年，餐饮收入快速下降趋势一直延续，客房出租率、每间可供出租客房收入、客房收入等也大幅下降，客房与餐饮收入所占比重大幅下降，详见表 4-8。

与全国同期五星级饭店平均指标相比，2014 年省内五星级饭店 65% 的平均客房出租率高于全国 55% 的水平，每间客房平摊营业收入 43.22 万元 / 间、全员劳动生产率 34.96 万元 / 人，均远高于国内同期五星级饭店 29.33 万元 / 间、24.55 万元 / 人的平均值，但平均房价 572.35 元则远低于国内五星级饭店 678.73 元的平均水平，每间可供出租客房收入与国内基本持平；同时客房收入、餐饮收入所占比重分别为 28.83%、29.32%，均远低于国内同期 44.24%、40.05% 的水平。

表 4-8　湖南省 2010—2014 年五星级饭店经营状况对比

指　标	2010年	2011年		2012年		2013年		2014年		2010—2014年均增长率（%）
	数据	数据	年增长率（%）	数据	年增长率（%）	数据	年增长率（%）	数据	年增长率（%）	
平均房价（元 / 间夜）	497.34	520.86	4.73	596.88	14.59	605.09	1.38	572.35	−5.41	3.82
客房出租率（%）	66.00	76.00	15.15	81.00	6.58	77.00	−4.94	65.00	−15.58	0.30
每间可供出租客房收入（元 / 间夜）	329.37	397.68	20.74	489.16	23.00	468.01	−4.32	377.59	−19.32	5.03
每间客房平摊营业收入（万元 / 间）	34.10	37.89	11.11	45.22	19.35	40.38	−10.70	43.22	7.03	6.70
百元固定资产创营业收入（元）	40.82	44.08	8.00	56.38	27.90	43.01	−23.72	51.05	18.70	7.72
平均营业收入总额（万元）	13218.05	14302.70	8.21	17262.72	20.70	15695.01	−9.08	15507.35	−1.20	4.66
平均客房收入（万元）	4267.45	4758.53	11.51	5834.92	22.62	5558.53	−4.74	4471.47	−19.56	2.46
客房占营业收入比重（%）	32.29	33.27	3.05	33.80	1.59	35.42	4.78	28.83	−18.58	−2.29
平均餐饮收入（万元）	6454.53	7259.44	12.47	8825.40	21.57	5883.66	−33.33	4547.34	−22.71	−5.50

续表

指标	2010年	2011年		2012年		2013年		2014年		2010—2014年均增长率（%）
	数据	数据	年增长率（%）	数据	年增长率（%）	数据	年增长率（%）	数据	年增长率（%）	
餐饮占营业收入比重（%）	48.83	50.76	3.94	51.12	0.73	37.49	-26.67	29.32	-21.78	-10.95
平均实缴税金（万元/家）	929.50	1038.03	11.68	1075.28	3.59	1179.58	9.70	753.02	-36.16	-2.80
全员劳动生产率（万元/人）	20.33	22.46	10.48	29.19	29.93	27.60	-5.46	34.96	26.67	15.41
人均利税（万元/人）	1.43	1.63	14.03	1.82	11.52	2.07	14.07	1.70	-18.16	5.37

②四星级饭店近期整体指标下降明显，客房、餐饮所占比重低于国内同期水平。

四星级饭店5年间除了客房出租率、客房收入比、餐饮收入等指标的年均增长率为负值外，其余指标均为正值。具体变化情况为：2013年，除房价、百元固定资产创营业收入、实缴税金等指标有增长外，其他指标都明显下降，其中餐饮收入以及所占比重的降幅尤为明显；2014年，除全员劳动生产率略有增长外，其他所有指标持续下降，实缴税金降幅最大，详见表4–9。

与全国同期四星级饭店平均指标相比，2014年，湖南省四星级饭店的平均出租率为66%，远高于全国54%的水平；全员劳动生产率16.32万元/人，远高于国内同期15.64万元/人的平均值；每间客房平摊营业收入17.85万元/间，高于国内同期15.61万元/间的平均值；每间可供出租客房收入215.3元/间夜，高于国内194.3元/间夜的平均水平。但平均房价只有323.79元/间夜，低于国内354.86元/间夜的平均水平；同时客房收入、餐饮收入所占比重分别为40.89%、35.12%，均低于国内同期42.68%、40.78%的水平。

③三星级饭店近期整体指标下降明显。

三星级饭店5年间除了客房出租率、客房收入比、餐饮收入、实缴税金等指标的年均增长率为负值外，其余指标均为正值。具体变化情况为：三星级饭店在 2011—2012 年客房收入比重出现大幅持续下降，2013 年之后又开始缓慢上升；2013 年除了房价、每间可供出租客房收入、客房收入比、餐饮收入比等指标有增长外，其他指标都明显下降，其中实缴税金、全员劳动生产率、营业收入、餐饮收入的降幅尤为明显。2014 年，除了客房收入比和全员劳动生产率略有增长外，其他所有指标持续下降，百元固定资产创营业收入降幅最大，详见表 4–10。

与全国同期三星级饭店平均指标相比，2014 年省内三星级饭店平均出租率为 69%，远高于全国 53% 的水平，每间可供出租客房收入、每间客房平摊营业收入、百元固定资产创营业收入也均高于国内同期水平，但平均房价 190.67 元 / 间夜则低于国内 213.60 元 / 间夜的平均水平，客房收入所占比重也低于国内同期 42.83% 的平均值。

表 4–9　湖南省 2010—2014 年四星级饭店总体经营状况对比

指　标	2010年	2011年		2012年		2013年		2014年		2010—2014年均增长率（%）
	数据	数据	年增长率（%）	数据	年增长率（%）	数据	年增长率（%）	数据	年增长率（%）	
平均房价（元/间夜）	287.57	302.58	5.22	316.45	4.58	329.60	4.16	323.79	–1.76	3.05
客房出租率（%）	74.00	78.00	5.41	77.00	–1.28	72.00	–6.49	66.00	–8.33	–2.67
每间可供出租客房收入(元/间夜)	214.87	237.05	10.32	246.08	3.81	238.55	–3.06	215.30	–9.75	0.33
每间客房平摊营业收入(万元/间)	16.14	18.35	13.71	20.04	9.18	19.13	–4.56	17.85	–6.70	2.91
百元固定资产创营业收入（元）	40.17	46.98	16.96	57.18	21.72	58.86	2.94	53.98	–8.30	8.33
平均营业收入总额（万元）	3774.38	4507.85	19.43	5003.10	10.99	4676.19	–6.53	4231.05	–9.52	3.59
平均客房收入(万元)	1697.79	1953.99	15.09	2139.78	9.51	1972.46	–7.82	1730.01	–12.29	1.12
客房占营业收入比重（%）	44.98	43.35	–3.64	42.77	–1.33	42.18	–1.37	40.89	–3.06	–2.35
平均餐饮收入(万元)	1608.76	2110.56	31.19	2308.09	9.36	1660.27	–28.07	1485.99	–10.50	0.50

续表

指　标	2010年	2011年		2012年		2013年		2014年		2010—2014年均增长率（%）
	数据	数据	年增长率（%）	数据	年增长率（%）	数据	年增长率（%）	数据	年增长率（%）	
餐饮占营业收入比重（%）	42.62	46.82	9.85	46.13	-1.47	35.50	-23.04	35.12	-1.08	-3.94
平均实缴税金(万元/家）	266.90	328.82	23.20	376.43	14.48	469.17	24.64	224.22	-52.21	2.53
全员劳动生产率（万元/人）	12.18	14.47	18.84	16.72	15.50	15.67	-6.25	16.32	4.17	8.07
人均利税（万元/人）	0.86	1.06	22.59	1.26	19.14	1.57	25.01	0.87	-44.98	5.44

表 4-10　湖南省 2010—2014 年三星级饭店总体经营状况比较

指　标	2010年	2011年		2012年		2013年		2014年		2010—2014年均增长率（%）
	数据	数据	年增长率（%）	数据	年增长率（%）	数据	年增长率（%）	数据	年增长率（%）	
平均房价（元/间夜）	177.47	182.12	2.62	181.53	-0.33	191.49	5.49	190.67	-0.43	1.84
客房出租率(%）	70.00	73.00	4.29	76.00	4.11	73.00	-3.95	69.00	-5.48	-0.26
每间可供出租客房收入（元/间夜）	125.09	134.67	7.66	139.17	3.34	141.12	1.40	132.02	-6.45	1.49
每间客房平摊营业收入（万元/间）	8.93	10.43	16.79	11.98	14.96	11.28	-5.85	10.45	-7.40	4.63
百元固定资产创营业收入（元）	53.01	62.43	17.76	77.68	24.43	74.33	-4.32	62.14	-16.39	5.37
平均营业收入总额（万元）	1095.11	1305.64	19.22	1499.40	14.84	1301.75	-13.18	1212.68	-6.84	3.51
平均客房收入（万元）	531.81	563.12	5.89	594.06	5.49	567.90	-4.40	539.46	-5.01	0.49

续表

指　标	2010年	2011年		2012年		2013年		2014年		2010—2014年均增长率（%）
	数据	数据	年增长率（%）	数据	年增长率（%）	数据	年增长率（%）	数据	年增长率（%）	
客房占营业收入比重（%）	48.56	43.13	–11.19	39.62	–8.14	43.63	10.11	44.48	1.97	–1.81
平均餐饮收入（万元）	472.31	538.11	13.93	628.33	16.77	555.36	–11.61	494.01	–11.05	2.01
餐饮占营业收入比重（%）	43.13	41.21	–4.44	41.91	1.68	42.66	1.81	40.74	–4.51	–1.37
平均实缴税金（万元/家）	68.17	82.84	21.52	102.46	23.68	68.88	–32.77	60.53	–12.12	0.08
全员劳动生产率（万元/人）	8.53	10.14	18.91	13.08	29.04	10.77	–17.65	11.39	5.72	9.01
人均利税（万元/人）	0.53	0.64	21.20	1.26	19.14	0.57	–36.23	0.57	–0.28	0.96

④二星级饭店整体经营表现不佳。

二星级饭店5年间除平均房价、每间可供出租客房收入、每间客房平摊营业收入、平均营业收入、实缴税金等指标的年均增长率为正值外，其余指标均为负值，整体表现不佳。具体变化情况为：二星级饭店在2010—2012年大部分指标均平稳增长，2013年除了全员劳动生产率外，其他指标都明显下降，其中实缴税金、餐饮收入及所占比重的降幅尤为明显。2014年，除平均房价、每间可供出租客房收入、每间客房平摊营业收入、餐饮收入所占比重略有增长外，其他所有指标持续下降，尤其是实缴税金、全员劳动生产率降幅巨大，详见表4–11。

与全国同期二星级饭店平均指标相比，2014年湖南省二星级饭店69%的平均出租率远高于全国53%的水平，每间可供出租客房收入、百元固定资产创营业收入、客房收入所占比重也均高于国内同期水平；但全员劳动生产率6.14万元/人远低于国内二星级饭店10.98万元/人的水平，平均房价135.73元/间夜低于国内160.89元/间夜的平均水平，同时餐饮收入所占比重也低于国内同期水平。

表 4-11　湖南省 2010—2014 年二星级饭店总体经营状况比较

指　标	2010年	2011年		2012年		2013年		2014年		2010—2014年均增长率（%）
	数据	数据	年增长率（%）	数据	年增长率（%）	数据	年增长率（%）	数据	年增长率（%）	
平均房价（元/间夜）	127.57	120.79	–5.31	130.89	8.36	129.84	–0.80	135.73	4.54	1.70
客房出租率（%）	72.00	73.00	1.39	73.00	0.00	70.00	–4.11	69.00	–1.43	–1.04
每间可供出租客房收入（元/间夜）	92.31	89.37	–3.19	96.61	8.10	90.89	–5.92	93.77	3.17	0.54
每间客房平摊营业收入（万元/间）	5.98	6.01	0.41	6.01	0.10	5.93	–1.40	6.08	2.63	0.44
百元固定资产创营业收入（元）	63.75	72.20	13.26	63.03	–12.70	61.73	–2.06	57.49	–6.86	–2.09
平均营业收入总额（万元）	425.30	374.37	–0.12	403.67	7.83	379.84	–5.90	373.66	–1.63	0.05
平均客房收入（万元）	229.67	202.66	–11.76	222.88	9.98	205.17	–7.95	201.12	–1.97	–2.93
客房占营业收入比重（%）	54.00	54.13	0.24	55.21	2.00	54.01	–2.17	53.82	–0.35	–0.07
平均餐饮收入（万元）	175.68	149.22	–15.06	173.36	16.18	137.78	–20.52	136.05	–1.26	–5.17
餐饮占营业收入比重（%）	41.31	39.86	–3.51	42.95	7.75	36.27	–15.53	36.41	0.38	–2.73
平均实缴税金（万元）	29.61	23.78	–19.69	43.99	84.99	34.55	–21.46	25.94	–24.92	4.73
全员劳动生产率（万元）	7.43	8.14	9.46	7.91	–2.74	8.87	12.08	6.14	–30.75	–2.99
人均利税（万元/人）	0.52	0.52	–0.17	0.86	66.90	0.81	–6.44	0.43	–47.16	3.28

⑤一星级饭店近期指标高于全国同期平均水平。

湖南省一星级饭店数量不多，5 年间除客房收入比重外，其他指标的年均增长率均为正值。具体变化情况为：一星级饭店在 2010—2012 年除客房收入比重外，大部分指标均平稳增长，2013 年除客房收入比重外，其他指标都明显下降。2014 年，除出租率、客房收入所占比重、实缴税金、全员劳动生产率指标下降外，其他所有指标都出现增长态势，其中餐饮收入及所占比重、百元固定资产创营业收入、平均营业收入等指标增长迅速，详见表 4-12。

与全国同期一星级饭店平均指标相比，2014 年湖南省一星级饭店 81% 的平均出租率远高于全国 49% 的水平，平均房价、每间可供出租客房收入、每间客房平摊营业收入、百元固定资产创营业收入、客房收入所占比重、全员劳动生产率等指标均大大高于国内同期水平；餐饮收入所占比重则远低于国内一星级饭店的水平。

表 4-12　湖南省 2010—2014 年一星级饭店总体经营状况比较

指　标	2010年	2011年		2012年		2013年		2014年		2010—2014年均增长率（%）
	数据	数据	年增长率（%）	数据	年增长率（%）	数据	年增长率（%）	数据	年增长率（%）	
平均房价（元/间夜）	97.99	109.94	12.19	121.84	10.83	119.89	−1.6	127.35	6.22	6.91
客房出租率（%）	75	80	6.67	87	8.75	85	−2.3	81	−4.71	2.1
每间可供出租客房收入（元/间夜）	74.28	88.66	19.36	107.01	20.69	102.34	−4.36	104.11	1.73	9.36
每间客房平摊营业收入（万元/间）	3.68	4.31	17.09	6.13	42.1	5.67	−7.49	6.09	7.33	14.76
百元固定资产创营业收入（元）	36.38	43.85	20.54	49.48	12.82	41.06	−17	55.04	34.05	12.6
平均营业收入总额（万元）	129.69	173.42	33.72	305.73	76.29	290.81	−4.88	331.07	13.84	29.74
平均客房收入（万元）	92.12	116.41	26.37	197.35	69.53	190.1	−3.67	206.22	8.48	25.18
客房占营业收入比重（%）	71.03	67.13	−5.5	64.55	−3.84	65.37	1.27	62.29	−4.71	−3.2
平均餐饮收入（万元）	28.72	44.67	55.55	90.36	102.28	75.25	−16.72	95.06	26.33	41.86

续表

指　标	2010年	2011年		2012年		2013年		2014年		2010—2014年均增长率（%）
	数据	数据	年增长率（%）	数据	年增长率（%）	数据	年增长率（%）	数据	年增长率（%）	
餐饮占营业收入比重（%）	22.15	25.76	16.33	29.56	14.74	25.88	−12.45	28.71	10.96	7.4
平均实缴税金（万元）	7.26	12.24	68.52	51.06	317.16	13.28	−73.99	12.32	−7.23	76.12
全员劳动生产率（万元）	8.76	1.98	−77.38	11.48	479.37	11.12	−3.12	10.68	−3.99	98.72
人均利税（万元/人）	0.49	0.14	−71.5	1.92	1271.36	0.51	−73.52	0.4	−21.71	276.16

（3）区域经营差异：长沙、株洲收入指标领先，其他地区差距较大

以分地区纳入财务统计的数据来看，湖南省不同地区星级饭店经营状况表现为：2010—2012 年，各地区星级饭店营业收入稳步增长，2013 年之后，除个别地区外，营业收入总额均明显下降。从营业收入总额来看，2010—2014 年排名前五位的地区为：长沙（连续 5 年排名第一）、株洲（连续 5 年排名第二）、岳阳（连续 5 年）、邵阳（4 年）、衡阳（连续 3 年）、常德（连续 2 年）、娄底（1 年）。详见表 4–13。

从每间客房平摊营业收入指标值可看出，长沙、株洲 5 年间指标值均高于全省平均水平，其他地区与二者差距较大。2010—2014 年每间客房平摊营业收入排名前五位的地区为：长沙（连续 5 年）、株洲（连续 5 年）、湘潭（4 年）、岳阳（连续 3 年）、永州（连续 3 年）、衡阳（连续 2 年）、邵阳（2 年）、郴州（1 年）。详见表 4–13。

从平均客房出租率来看，2010—2012 年各地区出租率在稳步上升，2013 年开始，出租率逐渐下降。从地区来看，长沙的出租率相对稳定，连续 5 年均高于全省平均水平，其次为常德。2010—2014 年出租率排名前五位的地区为：长沙（连续 5 年）、常德（连续 5 年）、衡阳（3 年）、湘潭（连续 3 年）、株洲（连续 3 年）、益阳（连续 2 年）、湘西（2 年）、永州（1 年）、郴州（1 年）。详见表 4–13。

表 4-13　湖南省 2010—2014 年不同地区星级饭店经营状况比较

地区	2010年			2011年			2012年			2013年			2014年		
	营业收入总额（万元）	每间客房平摊营业收入（万元）	平均客房出租率（%）	营业收入总额（万元）	每间客房平摊营业收入（万元）	平均客房出租率（%）	营业收入总额（万元）	每间客房平摊营业收入（万元）	平均客房出租率（%）	营业收入总额（万元）	每间客房平摊营业收入（万元）	平均客房出租率（%）	营业收入总额（万元）	每间客房平摊营业收入（万元）	平均客房出租率（%）
长沙	324128.4	21.84	77.52	361566.8	24.73	83.28	431874.7	29.22	86.7	334592.9	25.52	84.53	271037.3	23.36	78.45
株洲	49326.33	14.65	70.89	63330.42	17.29	74.23	69546.85	18.12	78.6	60784.93	16.76	72.3	133883.3	40.18	73.97
湘潭	19034.46	13.45	67.32	17309.86	16.24	70.8	15621.8	13.16	62.4	1275.86	3.39	73.99	20944.53	15.77	70.82
衡阳	38464.5	10.55	77.31	36410.63	12.17	78.43	35615.15	11.81	77.63	23988.49	11.77	68.94	19346.67	12.46	71.38
邵阳	46016.03	10.4	66.55	50238.08	12.05	66.95	34197.05	12.15	71.12	57204.42	15.06	71.81	46192.5	12.57	67.38
岳阳	31822.08	9.46	63.76	59855.31	12.68	74.16	63856.83	14.22	71.64	60733.46	12.01	70.72	56148.8	12.01	66.27
常德	24569.28	8.12	78	33670.35	7.09	79.83	38690.35	9.58	79.67	38896.53	8.76	71.97	32602.71	8.53	69.66
张家界	14392.51	8.44	66.53	14602.05	9.54	73.8	16237.03	9.23	68.25	17576.18	8.28	63.58	16205.81	9.23	63.74
益阳	21770.57	9.07	77.49	20259.11	9.37	81.78	24337.85	10.07	78.51	21283.25	8.87	70.57	14453.16	8.48	63.26
郴州	23449.78	8.03	61.73	21345.04	12.05	70.31	144.2	1.24	96.22	—	—	—	5434.72	19.34	58.23
永州	—	—	—	7155.61	17.98	83.63	19241.35	13.18	73.93	14589.02	12.37	53.07	26960.57	13.76	53.78
怀化	24198.41	6.02	69.49	28160.43	6.83	70.68	32319.5	6.63	69.55	28186.02	6.32	64.93	22399.59	7.2	64.99
娄底	23089.74	5.31	56.82	27955.68	5.09	59.32	39335.3	6.28	67.24	4911.3	3.8	42.11	39258.8	8.98	44.28
湘西	22186.91	6.5	74.7	26724.27	8.12	75.8	40860.82	11.52	80.41	29233.86	8.12	76.32	28286.71	7.87	74.74
合计	662449	12.52	71.38	768583.6	14.04	75.15	861878.7	15.78	76.85	693256.2	14.59	72.98	733155.2	15.68	68.21

4. 星级饭店盈利水平

（1）在整体盈利情况上：近期盈利状况下降明显，整体亏损

从湖南省星级饭店整体盈利情况来看，2010—2013 年利润总额、每家饭店的平均利润、从业人员人均实现利润等指标都呈现增长态势，2011 年三个指标均以翻一番以上的速度增长，之后增长速度逐渐减缓；2014 年省内星级饭店出现整体亏损状态，三个指标同比降幅分别达到 115.58%、112.95%、116.22%，总体亏损额达到 7088.97 万元。详见表 4–14。

表 4–14　湖南省 2010—2014 年星级饭店盈利水平比较

指　标	2010年	2011年		2012年		2013年		2014年		2010—2014年均增长率（%）
	数据	数据	年增长率（%）	数据	年增长率（%）	数据	年增长率（%）	数据	年增长率（%）	
利润总额（万元）	12236.59	25592.92	109.15	41514.21	62.21	45493.67	9.59	–7088.97	–115.58	16.34
平均利润（万元/家）	28.26	56.37	199.47	92.46	64.02	109.89	18.85	–14.23	–112.95	42.35
人均实现利润（万元）	0.21	0.43	105.19	0.76	78.07	0.92	22.01	–0.15	–116.22	22.26

（2）在等级盈利水平差异上：不同星级整体盈利状况变化各不相同

从省内星级饭店的盈利情况来看，五星级饭店 2010—2013 年一直持续增长，其中 2012 年以翻一番以上的速度增长，2013 年增长减缓，2014 年出现严重亏损，三个指标同比降幅分别达 157.65%、143.24%、155.44%，总体亏损额达 15949.67 万元。详见表 4–15。

四星级饭店从 2010—2012 年一直持续增长，其中 2012 年三个指标的增长率均在 80% 以上，2013 年出现严重亏损，三个指标同比降幅分别达 143.07%、147.18%、147.32%，总体亏损额达 4787.20 万元；2014 年四星级饭店状况迅速扭转，三个指标同比增幅分别达到 171.80%、62.71%、168.07%，总体盈利额达到 3437.05 万元，但与盈利状况最好的 2012 年相比，每家饭店平均盈利额只相当于当年的 27.9%。详见表 4–15。

三星级饭店盈利状况波动较大，2010 年总体出现亏损，2011 年则飞速增长，三个指标都增长迅速，2012 年依然处于盈利状态，但指标均出现负增长。

2013年三星级饭店出现亏损，三个指标同比降幅分别达112.53%、113.28%、112.59%，总体亏损额为171.80万元。2014年三星级饭店状况迅速扭转，三个指标同比增幅分别达到449.80%、455.62%、503.44%，总体盈利额达到2058.81万元，但与盈利状况最好的2011年相比，每家饭店平均盈利额不足当年一半。详见表4–15。

二星级饭店在2010—2014年间，没有出现整体亏损状况。其中，2010—2013年，除人均实现利润指标在2012年出现小的降幅外，所有指标都呈现良好的增长态势；到2014年，整体盈利3172.87万元，但三个指标都出现下降，降幅分别达86.16%、80.70%、86.41%。详见表4–15。

一星级饭店在2010—2014年间，没有出现整体亏损状况。其中，2010—2012年，除人均实现利润指标在2011年出现较大降幅外，所有指标都呈现良好的增长态势；2013—2014年所有指标都出现负增长，2014年整体盈利额降至191.96万元。详见表4–15。

总体来看，五星级饭店亏损出现时间最晚，但亏损最大；四星级饭店在前期增长速度没有五星级快，但亏损比五星级饭店早一年出现；三星级饭店盈利状况波动较大，2012年首先出现指标的负增长，2013年三星级、四星级饭店整体出现亏损，第二年二者盈利状况迅速好转，但都远不及之前最好的状态。一星级、二星级饭店虽然没有出现整体亏损，但到2014年，一星级饭店已连续两年处于负增长，二星级饭店也出现了负增长态势。

（3）在区域盈利水平差异上：近期大部分地区呈下降趋势，长沙亏损严重

如表4–16所示，从纳入财务统计的不同地区星级饭店整体盈利情况来看，2010—2014年间，株洲、怀化、湘西州、邵阳等地区一直保持盈利状况，没有出现亏损，但在2013—2014年都出现了下降趋势；长沙的盈利状况在2013年之前都稳步上升，但2014年亏损严重；张家界星级饭店则盈利状况一直不佳。2010—2014年利润总额排名全省前五位的地区如下：株洲（连续5年）、长沙（连续4年）、邵阳（4年）、湘西（3年）、岳阳（连续2年）、永州（2年）、娄底（连续2年）、湘潭（1年）、怀化（1年）、常德（1年）。2010—2014年人均实现利润排名全省前五位的地区如下：长沙（连续4次）、邵阳（4年）、株洲（3年）、岳阳（3年）、湘西（3年）、永州（连续3年）、湘潭（连续2年）、

表 4-15　湖南省 2010—2014 年不同星级饭店盈利水平比较

星级	指标	2010年	2011年		2012年		2013年		2014年		2010—2014年均增长率（%）
		数据	数据	年增长率（%）	数据	年增长率（%）	数据	年增长率（%）	数据	年增长率（%）	
五星级	利润总额（万元）	7111.26	9489.7	33.45	20816.39	119.36	27664.34	32.9	-15949.7	-157.65	7.02
	平均利润（万元/家）	474.08	632.65	33.45	1387.76	119.36	2305.36	66.12	-996.85	-143.24	18.92
	人均实现利润(万元）	0.73	0.99	36.25	2.35	136.15	4.05	72.74	-2.25	-155.44	22.43
四星级	利润总额（万元）	4363.34	6119.8	40.25	11113.79	81.6	-171.8	-143.07	3437.05	171.8	37.65
	平均利润（万元/家）	90.9	130.21	43.24	241.6	85.55	-4.09	-101.69	67.39	62.71	22.45
	人均实现利润(万元）	0.29	0.42	42.53	0.81	93.11	-0.38	-147.32	0.26	168.07	39.1
三星级	利润总额（万元）	-302.21	5650.53	1969.71	4696.85	-16.88	-588.56	-112.53	2058.81	449.8	572.53
	平均利润（万元/家）	-1.57	26.65	1793.1	23.72	-10.99	-3.15	-113.28	11.19	455.62	531.11
	人均实现利润(万元）	-0.01	0.21	1788.79	0.21	0	-0.03	-112.59	0.11	503.44	544.91
二星级	利润总额（万元）	874.2	4109.46	370.08	4535.23	10.36	22932.67	405.66	3172.87	-86.16	174.99
	平均利润（万元/家）	5.2	24.17	364.49	24.92	3.1	138.15	454.37	26.66	-80.7	185.32
	人均实现利润(万元）	0.09	0.53	477.66	0.49	-7.02	3.23	560.36	0.44	-86.41	236.15
一星级	利润总额（万元）	190.02	223.45	17.59	351.94	57.5	272.42	-22.6	191.96	-29.54	5.74
	平均利润（万元/家）	19	22.35	17.62	43.99	96.82	38.92	-11.53	38.39	-1.36	25.39
	人均实现利润(万元）	1.28	0.26	-80.11	1.65	547.02	1.49	-9.91	1.24	-16.81	110.05

表 4-16 湖南省 2010—2014 年不同地区饭店盈利水平比较

地区	指标	2010年	2011年		2012年		2013年		2014年		2010—2014年均增长率（%）
		数据	数据	年增长率（%）	数据	年增长率（%）	数据	年增长率（%）	数据	年增长率（%）	
长沙	利润总额（万元）	11000.10	11230.91	2.10	22990.86	104.71	32755.39	42.47	-12474.48	-138.08	2.80
	人均实现利润（万元）	0.56	0.62	10.71	1.27	104.84	2.29	80.31	-0.96	-141.92	13.49
株洲	利润总额（万元）	1658.56	3432.39	106.95	4431.07	29.10	2340.23	-47.19	1006.67	-56.98	7.97
	人均实现利润（万元）	0.36	0.73	102.78	0.87	19.18	0.50	-42.53	0.25	-50.00	7.36
湘潭	利润总额（万元）	-5041.43	1751.50	134.74	1150.41	-34.32	-114.88	-109.99	-1371.56	1093.91	271.09
	人均实现利润（万元）	-2.79	1.37	149.10	0.75	-45.26	-0.53	-170.67	-0.81	52.83	-3.50
衡阳	利润总额（万元）	267.10	1003.33	275.64	-499.44	-149.78	-638.85	-27.91	-154.99	75.74	19.51
	人均实现利润（万元）	0.05	0.23	360.00	-0.11	-147.83	-0.25	127.27	-0.09	-64.00	68.86
岳阳	利润总额（万元）	1059.81	5892.42	455.99	3231.98	-45.15	—	—	2.60	—	—
	人均实现利润（万元）	0.23	1.22	430.43	1.01	-17.21	—	—	0.00	—	—
常德	利润总额（万元）	1520.35	1950.58	28.30	2020.17	3.57	-1831.08	-190.64	-3382.94	84.75	-18.51
	人均实现利润（万元）	0.43	0.33	-23.26	0.42	27.27	-0.31	-173.81	-0.68	119.35	-12.61
邵阳	利润总额（万元）	2703.73	1629.49	-39.73	3968.80	143.56	2400.32	-39.52	608.59	-74.65	-2.59
	人均实现利润（万元）	0.85	0.44	-48.24	0.97	120.45	0.55	-43.30	0.18	-67.27	-9.59
益阳	利润总额（万元）	488.73	538.59	10.20	223.24	-58.55	-1548.55	-793.67	-1372.75	11.35	-213.34
	人均实现利润（万元）	0.26	0.35	34.62	0.12	-65.71	-0.86	-816.67	-0.80	-6.98	-213.69

续表

地区	指标	2010年	2011年		2012年		2013年		2014年		2010—2014年均增长率（%）
		数据	数据	年增长率（%）	数据	年增长率（%）	数据	年增长率（%）	数据	年增长率（%）	
娄底	利润总额（万元）	86.40	−314.37	−463.85	−136.95	56.44	7942.94	5899.88	86.80	−98.91	−1629.77
	人均实现利润（万元）	0.03	−0.14	−566.67	−0.05	64.29	3.30	6700.00	0.05	−98.48	−1857.36
郴州	利润总额（万元）	−1442.85	703.03	148.73	253.40	−136.04	—	—	−673.79	—	—
	人均实现利润（万元）	−0.47	0.26	155.32	−1.75	−773.08	—	—	−1.73	—	—
永州	利润总额（万元）	—	197.77	—	2420.29	1123.79	1523.75	−37.04	9990.35	555.64	—
	人均实现利润（万元）	—	0.22	—	1.39	531.82	1.19	−14.39	4.10	244.54	—
湘西	利润总额（万元/家）	1527.34	587.25	−61.55	1749.32	197.88	3863.10	120.83	554.44	−85.65	42.88
	人均实现利润（万元）	0.59	0.17	−71.19	0.52	205.88	1.57	201.92	0.13	−91.72	61.22
张家界	利润总额（万元）	−2910.49	−3949.63	35.70	—	—	−1618.68	—	−29.90	−98.15	—
	人均实现利润（万元）	−1.11	−1.44	29.73	—	—	−2.61	—	−0.61	−76.63	—
怀化	利润总额（万元）	13970.08	939.67	−93.27	217.85	−76.82	419.98	92.78	121.97	−70.96	−37.07
	人均实现利润（万元）	4.35	0.26	−94.02	0.06	−76.92	0.13	116.67	0.04	−69.23	−30.88
全省	利润总额（万元）	12236.59	25592.92	109.15	41514.21	62.21	45493.67	9.59	−7088.97	−115.58	16.34
	人均实现利润（万元）	0.21	0.43	104.76	0.76	76.74	0.92	21.05	−0.15	−116.30	21.56

怀化（1年）、常德（1年）、娄底（1年）。详见表4–16。

（三）旅游住宿新业态发展情况

1. 从经济型到中档品牌的发展转变

2005—2015年，中国经济型饭店以惊人的速度从500家发展到1.6万家，2014年末客房数达到150万间。但2011年起，经济型连锁饭店单纯依靠直营店规模扩张的发展模式已显现不可持续性，原因在于物业、人工等成本的上升。其发展只有两条道路，一是继续大力拓展加盟店；二是进入中高端市场，提升品牌价值。近年来，国内以经济型饭店起家的饭店集团开始走多品牌战略，填补断档。华住集团自汉庭后陆续推出了四个新的品牌，目前均已经超过了100家店，分别是全季165家、星程101家、怡莱116家、海友267家；如家也从2015年开始不断收购或上线新品牌；铂涛旗下的酒店品牌如今已多达16个，门店总数超3000家，从经济型至中端直至高端酒店全覆盖。

目前发展的“多品牌”多集中在中端市场，而中端品牌是投资者、加盟商眼下最关注的领域，回报也最优。中端酒店投资成本与经济型酒店相比略高30%左右，但售价往往可以高于经济型酒店50%。以“民生消费”为核心的中端酒店市场，呈现出更加丰富的“多元化”发展业态，艺术设计型、社交娱乐型、智能科技型以及农家乐升级版的清新休闲型都将如雨后春笋般迅速在湖南省内出现并发展。目前湖南除了华天、通程、和一等资深的酒店集团之外，一些新兴的酒店集团和品牌也相继出现，如今天、觅你、梦来乡情、莫林风尚等。

在迈点旅游研究院发布的《2015年度中国酒店品牌300强榜单》中，湖南今天酒店有限公司的今天品牌名列第55位，品牌指数①158.03；湖南华天国际酒店管理有限公司的华天品牌名列第57位，品牌指数153.61；湖南和一酒店连锁有限公司的和一品牌名列第149位，品牌指数83.19，和一商务品牌名列第224名，品牌指数58.22；湖南觅你时空酒店集团有限公司的觅你品牌排名第292位，品牌指数44.77。在迈点网《2016年1月中国酒店业经济型品牌发展报告》中，今天品牌名列第9位；《2016年2月中国住宿业国内高端酒店品牌发展

① 是迈点网从搜索指数、舆情指数、运营指数、媒体指数4个维度分析一段时期内酒店品牌在互联网和移动互联网的影响力的评价指标。

报告》中，华天品牌名列第 15 位。

2. 非标准住宿发展迅速

非标准住宿，就是有别于传统酒店，由个人业主、房源承租者或商业机构为旅游度假、商务出行及其他居住需求消费者提供的除床、卫浴外，更多个性化设施及服务的住宿选择，其业态包括客栈、民宿、公寓、精品酒店、度假别墅、小木屋、帐篷、房车、集装箱等。非标准住宿产品具有房源更分散、单点房源量较少、单个房间产品更个性化、经营主体多元化、提供个性化设施及服务、相对依赖“互联网 +”的特征。

（1）乡村旅游与非标准住宿

湖南省旅游局在 2009 年发布了《乡村旅游服务　经营基本条件》《乡村旅游服务　星级评定准则》的地方标准，要求三星级以上的乡村旅游服务点应提供住宿服务，并有具体的客房及设施要求。2011 年，为进一步深入推进“3521 旅游创建工程”，湖南省旅游局修订完善了新的《湖南省旅游强县创建标准》《湖南省特色旅游名镇创建标准》《湖南省特色旅游名村创建标准》。2015 年 7 月，结合全省乡村旅游和休闲农业发展实际，提出《湖南省乡村旅游提质升级计划（2015—2017 年）》，计划从 2015 年开始，通过三年努力，到 2017 年全省乡村旅游经营户达 14000 家，创建 12 个国家级乡村旅游和休闲农业示范县，30 个乡村旅游和休闲农业示范点；培育和提升 40 个旅游强县、80 个旅游小镇、300 个美丽乡村；新增星级乡村旅游区点 2000 家，其中五星级 150 家；培育创建省级乡村旅游休闲度假区 30 家。从 2010—2014 年，湖南省五星级乡村旅游区点已经达到 254 家（详见表 4-17），随着湖南省乡村旅游提质升级计划的深入，乡村旅游民宿产品将会迎来极具活力的发展和提升期。

表 4-17　2010—2014 年湖南省五星级乡村旅游区点新增数量

地区	2010年	2011年	2012年	2013年	2014年	合计
长沙	18	11	12	7	14	62
株洲	1	1	8	4	5	19
湘潭	2	6	4	6	0	18
衡阳	4	2	1	4	2	13
岳阳	3	3	3	2	1	12

续表

地区	2010年	2011年	2012年	2013年	2014年	合计
常德	3	4	6	7	9	29
邵阳	5	2	0	1	0	8
益阳	6	2	2		0	10
娄底	3	3	3	5	1	15
郴州	3	4	4	5	6	22
永州	1	1	1	6	0	9
湘西	0	1	0	1	0	2
张家界	4	3	3	1	0	11
怀化	6	3	4	8	3	24
全省	59	46	51	57	41	254

（2）民宿

传统经济型酒店已经供大于求，业绩下降和成本上升的趋势明显，而民宿则方兴未艾。2015 年 11 月，国务院办公厅发布《关于加快发展生活性服务业促进消费结构升级的指导意见》，2015 年 10 月和 2016 年 2 月，浙江和北京分别出台了《浙江省旅游条例》和《北京市人民政府关于促进旅游业改革发展的实施意见》，都提出支持城乡居民利用自有住宅依法从事旅游经营活动。2016 年 3 月 1 日，由国家发展改革委等 10 部门制定的《关于促进绿色消费的指导意见》正式公布，其中明确提到，政府要支持发展共享经济，鼓励个人闲置资源有效利用，有序发展民宿出租等。这些意见是在大力发展消费经济、大众创业、万众创新以及广大游客对非标准住宿体现出了相应的消费诉求的背景下出台的，反映出了这类新业态在中国市场已经处于爆发式增长的前期，将迎来一个黄金发展期。

国家关注和市场利好状态下，民宿类非标准化住宿的产品正在兴起，各路资本开始纷纷进入民宿这片蓝海领域。美国非标住宿巨头 Airbnb 进入中国市场，国内掀起以 Airbnb 为模板的非标准住宿平台创业潮，如途家、小猪短租、蚂蚁短租等为代表的垂直类非标准住宿平台，也有 OTA 巨头的加入，如去哪儿推出的住宿平台“去呼呼”、驴妈妈旗下的度假住宿品牌“帐篷客”等。随之国内三大经济型连锁酒店集团华住、如家、铂涛也已开始做自己的长租公寓城家、逗号、窝趣。2016 年，如家集团表示，将于 3 月正式启动民宿项目，以免费加盟的合作形式将符合条件的民宿业主纳入旗下品牌“云上四季民宿”。截至目前，如家已在全国 8 个城市签约了 33 家民宿作为样板店，试点系统运作和管理模拟，3 月开始正式运营并开放合作。同时，首旅酒店旗下首旅寒舍计划在 2016 年底签约 60 个古村落资源，并与宁波高远文旅投资管理有限公司合作布局长三角民宿市场；众安集团旗下香港主板上市企业中国新城市也转战民宿市场，推出提供在线预订与自有民宿管理运营结合的经营模式；连靠餐饮起家的外婆家也跨界投资 6000 万元发力高端民宿。

以途家公寓民宿预订平台来看，截至 2015 年底，湖南省内可以搜索预定房源的地区有长沙、湘西凤凰、郴州、常德 4 地，其中长沙地区公寓民宿房源信息达到 4000 套以上，包括公寓、别墅、复式、客栈、房车营地、帐篷营地、游艇七个类型，价格 800 元以上的房源达到 100 多套。详见表 4–18。

表 4–18　2015 年底途家公寓民宿预定平台湖南省房源情况

地 区	公寓民宿房源信息量	房源类型
长沙	4000 套以上	公寓、别墅、复式、客栈、房车营地、帐篷营地、游艇
湘西凤凰	700 套以上	四合院、吊脚楼、客栈
郴州	100 套以上	公寓、别墅
常德	20 套	公寓

二、发展特征

（一）星级饭店处于下行调整期

2014 年《中央和国家机关会议费管理办法》明确规定“二、三、四类会议应当在四星级以下（含四星级）定点饭店召开”，对政府采购的会议定点场所提出明确的“限星”规定。“八项规定”和“六项禁令”的强力推进，使高星级饭店持续遭遇“寒冬”。为了规避“八规六禁”以求生存，高星级饭店纷纷要求“降星”和“摘星”，一些已经建成的高档饭店也暂缓评星。与此同时，由于经济型饭店持续多年的迅速发展，使得低星级饭店的竞争压力加剧，一些低星级饭店干脆转型，跻身于经济型饭店之列。

2015年底发布的《北京商业发展蓝皮书》显示，2015年一季度全国停业星级饭店数达994家，二季度停业星级饭店数达881家，三季度停业星级饭店数达964家，而2014年全国星级饭店停业数达3468家。2015年饭店业并没有如期转暖，受经济增长放缓及供给持续过度增长造成的供给过剩等多重叠加因素的影响，饭店市场缺乏收入增长的动力。2015年对中国饭店业来说依然是举步维艰的一年，五星级饭店平均房价及单房收益大幅下挫已成不争的事实，客房毛利率已降至近十年的最低值。

就湖南省而言，湖南省星级饭店复核统计数据显示，截至2015年底，湖南省星级饭店比高峰时期的2013年减少了89家。2015年复核检查结果显示，包括湖南金辉大酒店在内的4家四星级饭店，自愿取消了星级。湖南省旅游饭店协会2015年发布的《湖南酒店经营数据统计》数据显示，虽然饭店总营收出现了小幅增长，但湖南多数高星级饭店的收入延续了2014年的下滑趋势。饭店的平均出租率微量上升，平均房价、平均单房收益及经营毛利水平面临持续下行的压力，成本指标则继续上扬。湖南旅游饭店市场仍面临行业性经营下行压力，且短期内尚不能完全摆脱下降的趋势。

同时，由于经营每况愈下，整体效益出现断崖式下降，巨额亏损的出现，使得星级饭店遭受着抛售热潮。2016年3月，在酒店产权网上，全国415家饭店资产项目正处于出售状态，其中四星级、五星级饭店的数量279家，占到总量的67.23%。415家待出售饭店资产项目中，湖南省有9家饭店正在出售，其中6家为五星级饭店。大规模、高档次的高星级饭店被大量抛售反映了市场需求的变化，在经历盲目扩张投资建设周期之后，高星级饭店迎来不可避免的新一轮洗牌，遭遇着被出售、调整甚至改建的命运。

客观地说，星级饭店从原来的积极“创星”“升星”到“摘星”“降星”，正是市场回归理性的表现，“回归本位、回归常态、回归主流”是当前星级饭店的转型趋势。高星级饭店在经历阵痛之后必须重新定位，从超常规、非常态发展回归行业本质，将目标聚焦于正在蓬勃发展的旅游需求，重新赢回市场。

（二）旅游住宿业态的结构正在优化调整

湖南省旅游饭店协会的饭店经营数据统计分析报告表明，2014—2015年，湖南省旅游饭店业客房总量继续攀升，接待能力持续增长，饭店产品不断丰富，品质稳步提高。然而，饭店行业在维系发展的同时，市场竞争也日益加剧，尤其是经济型酒店、精品特色酒店、酒店式公寓等各种新型住宿产品的成长，既丰富了业态，也分解了传统星级饭店的客源市场。需求与供给状况的变化，使饭店企业的经营压力不断增加，各项成本的持续走高，也让饭店管理者肩上的压力日益加重。

随着国内旅游的快速发展，国内游客成为旅游住宿业的主力军，以旅游度假、旅游观光为主要目的的休闲出行游持续增长，而以城市为中心的休闲生活方式也在逐渐形成。以品质生活为导向的休闲度假类需求正在旅游度假区快速形成消费格局，并将逐步渗透进以城市为中心的休闲生活方式。对于城市商务会议为主导的、以客房和餐饮为主打产品的城市中心饭店将因无法提供组合型更强、休闲型更广、品质型更高的生活型生态产品而遭遇消费结构转型的冲击。旅游住宿业的关注焦点也经历了从星级标准饭店到品牌标准饭店，再到最近的非标准住宿业态的过程。

目前旅游住宿业已经形成了星级标准、品牌标准和非标住宿三种形式并存的住宿业格局，即广义的旅游住宿业态已经形成。旅游住宿业发展进入新常态，新兴旅游住宿业态的支配性力量正日益凸显，亟须借机加快转型与创新，谋求更大发展。旅游住宿业投资近年来增速放缓，结构得到优化，质量得到提升，实现了用质量换取速度的效果。随着高端饭店投资降温，中端饭店和民宿等非标住宿业态得到极大发展，即使在高端饭店领域，投资重心也由以前的商务饭店转向了度假饭店、精品饭店等领域。随着新建旅游住宿单位的减少，更多投资用于改造、装修和品质优化提升，符合市场需求的多元化、多样化、个性化、特色化和细分化的住宿产品在未来会有更大的发展空间。

（三）互联网正在改变住宿接待业的商业模式

在国家“互联网+”战略的浪潮下，“互联网+”热浪也迅速波及旅游住宿业，互联网正从多方面改变着住宿接待业。互联网对于旅游住宿企业不仅是一个技术工具，更是一种思维方式，正深刻地影响住宿业的发展创新。互联网对住宿业的影响从开发建设、市场营销、运营管理到商业模式创新，涉及多个层面和环节。当前业界仍然过多关注互联网营销对住宿企业的价值和影响，但应该认识到，营销只是住宿价值链的重要一环，“打铁还需自身硬”，住宿企业最终还得自力更生，用互联网来变革和优化其产品链、价值链的各个环节，构筑和巩固其核心竞争力。

艾瑞监测数据显示，2014 年中国在线住宿市场规模达 632.5 亿元，同上一年相比，增长 28.0%。在线住宿市场发展已经较为成熟，未来市场增长幅度较为稳定。湖南省旅游饭店协会发布的《2015 年湖南省各地区酒店网络口碑报告》数据显示，截至目前，湖南省各地区在全网所有点评网站上共上线 563 家饭店，其中 40% 在长沙，其次是张家界和湘西，其他地区的饭店还未充分利用网络分销渠道来扩大知名度，提高收益。

目前，国内大众消费群体在整体需求中所占比重持续增加，随着大众旅游和出行频率的提升、消费者年龄结构的转换及互联网特别是移动互联网技术的运用，在线预订将加快向在线移动端转移。随着旅游服务线上加线下一体化趋势的快速推进，分销商和资源方将从对立、隔阂逐渐走向互补性的竞合。线上、线下的合作也会更加深入，基于客户端的线上平台 +PMS+ 延伸消费端的直连将会是大势所趋。

三、问题剖析

（一）星级饭店经营业绩整体下降

近两年湖南省内星级饭店业绩普遍下滑，有的饭店年平均开房率不到 40%，少量饭店亏本经营。湖南省旅游饭店协会提供的一组数据显示，全省 2015 年度参与统计的酒店平均营业总收入为 4274 万元，低于全国 5170 万元的平均水平；客房平均出租率则为 61.76%，高于全国 58.65% 的平均水平；每间可供出租客房的平均实际营收是 193 元，而全国平均水平是 223 元。很明显，湖南饭店市场是以价换量，“卖得多，赚得有点少”。

由于高端饭店新增供应继续增加，将对五星级饭店形成压力，竞争加剧、转型调整滞后将迫使一些饭店的经营成本持续增加，客房出租率不足也将进一步倒逼平均房价的进一步下行。随着客房出租率和平均房价的双双下降和经营成本的不断上涨，饭店的利润空间将被进一步压缩，而越来越多的知名连锁商务饭店进驻后，给全省中低星级饭店带来了重大冲击。高星级饭店降价销售，通过市场营销挤占低星级饭店客源，并逐级竞争，低星级饭店面临“雪上加霜”

的压力，经营效益下滑严重。

同时，人力资源短缺，一线员工人难控、流动大是全省饭店行业面临的共同难题。部分饭店由于在工资待遇、晋升空间、精神需求等方面不能满足员工需求，甚至管理上滞后，致使员工流失率非常大，服务质量也大打折扣。此外，由于饭店管理水平不高，设施设备管理制度不完善、维护保养不到位，以及客人素质不高等原因，低星级饭店设施设备损坏率高，县市星级饭店比市城区损坏更为严重。这些问题，使得星级饭店想要在短期内改善经营业绩不佳的状况困难重重。

（二）星级饭店急需转型求变

目前住宿业存在的问题很多，如过度投资的高星级饭店，空间定位不清晰；大量雷同的产品，缺乏差异性；过度供给的市场环境，陷入价格战；运营团队的经营压力巨大、士气不足、恶性循环；人力资源短缺，服务质量难以保证……饭店营业总收入、利润持续走低，特别是高端餐饮消费需求锐减，导致了餐饮收入大幅下降，对高端政务消费依赖程度较高的饭店，其经营情况堪忧。

湖南省旅游饭店协会提供的一组数据显示，以五星级饭店的平均值为例，2015 年湖南省五星级饭店的平均总营收为 9044 万元，其中客房收入占 38.2%，餐饮占 45.5%。客房平均出租率 52.72%，平均房价 497 元，每间可供出租客房收入为 268 元。乍看营收可观，但成本极高——相当于每收入 10 块钱，就要拿出 4 块多支付人力和能耗，这还不包括税收、房租、佣金等开支。但在这一组数据中，张家界、湘西等旅游景点的中、高端饭店总营收较上年同比均有较大幅提升，休闲旅游市场需求不断扩大，中产阶层更愿意为优质优价的生活方式买单。同时，国内与四星级相匹配的中端、精品、特色、民宿、公寓等版块也同样呈增长态势。

总体来看，饭店业高端产品因供过于求而保持激烈的竞争态势，中端产品快速进入红海，其产品差异性、文化历史的有效植入和功能的高匹配性将决定竞争的主动权，低端产品已遭遇发展瓶颈，转型与突围势在必行。随着非标准住宿的快速增长，可以预期，非标住宿将抢走传统酒店一部分客源，特别是中低端酒店的存量市场将受到冲击，使得竞争更加激烈。在经济发展新常态下，星级饭店转型势在必行，只有向高、中、低品牌的全方位发展，向多元化、特色化转型，饭店市场才能更加健康地发展。

（三）饭店利润受 OTA 挤压

随着互联网经济的发展，人们运用互联网预订旅行住宿产品成为趋势，OTA 网站成为不少游客的选择，住宿网络预订业务主要依赖 OTA 网站。同时 2015 年也是 OTA 混战之年，为了争夺客源及市场份额，OTA 采用向顾客低价倾销的营销手段，对饭店则收取高额佣金，把价格战、广告战等成本都转嫁到供应商上，饭店的利润也在被不断地压缩。至此，传统住宿行业在盈利能力与改善经营绩效方面，均面临着前所未有的挑战。

2015 年 4 月 23 日，中国 17 家旅游企业共同抵制途牛旅游网的不合理低价行为；4 月 28 日，华住酒店集团发布通知，称因为去哪儿、艺龙、携程三家擅自违规促销，宣布取消在携程、艺龙和同程三大平台的客房分销；4 月 30 日，湖南省旅游饭店协会携手省内 19 家饭店就去哪儿网单方面客房五折促销发布联合声明，要求其立即停止相关违约行为。这些看似平台方与供货方的利益关系，牵扯的却是整个行业的乱象。在 OTA 和共享经济短租房的包围下，传统饭店如何转型，如何突围成为备受关注的问题。

四、对策建议

（一）推进星级饭店转型与创新发展

随着高端公款消费的有效遏制，高星级饭店消费市场转型战役悄悄打响，回归大众消费、回归理性消费、走亲民化道路成了高星级饭店经营的主旋律，调整客源结构、调整产品定位、调整渠道策略成为高星级饭店新的发展方向。星级饭店的创新发展体现在观念的创新、产品与客源结构的优化、经营特色的培育、技术和管理的创新、新媒体营销平台的建立与维护等方面。

面对住宿行业市场发展的日新月异，传统星级饭店能否突破观念约束成为决定企业兴衰的重要因素之一。近两年来，我省饭店行业均在积极转型发展调结构，以期快速适应行业发展新形势，部分星级饭店发展多种经营自救已初见成效，成为新的经济增长点。如长沙通程国际酒店设了外卖点卖盒饭馒头包子，湖南圣爵菲斯酒店出租场地办食堂，华天酒店推出低价包时段棋牌室，同升湖通程山庄酒店研发炭烤香猪，长沙北辰洲际酒店引进婚纱秀……这些高端饭店放下身段和价位的努力，消费者颇为买账。数据显示，2015年，湖南五星级饭店在客房、餐饮之外的其他收入平均为1474万元，同比增幅为7.66%；四星级饭店平均其他收入566万元，增幅19.4%；三星级平均其他收入368万元，增幅达153.8%，逐渐赶超全国平均水平。

（二）加强住宿业智慧化、数据化、品牌化管理与建设

随着智慧城市、智慧旅游在中国的逐步兴起，中国饭店业也将越来越“智慧化”。越来越多的新技术、新材料将被运用到饭店的设计当中，在提升饭店功能的同时，减少人工成本和能耗成本、提升劳动生产率、优化服务模式将是其核心目的。如今，通过智能系统的应用，饭店可以监测到节能产品在各个领域所消耗的能量，所节省的价值；通过客户的行为分析，饭店可以分析客人的喜好与需求。大数据不再仅仅是趋势，智慧已经与生活，与中国饭店业息息相关。接下来，“智能化、智慧化、物联化”将成为中国饭店业、特别是高星级饭店转型升级的主要依托。

随着大数据的发展，利用多种数据来源，辅助饭店智慧化、品牌化管理也成为饭店转型升级的重要武器。饭店可以利用的绝不仅仅是点评数据，饭店产业链本身形成了一个可以被利用的数据链，它们之间可以串联起来形成信息互补，能够辅助做出更好的营销策略和运营抓手。除了点评这种用户体验数据，还有饭店出现过的媒体平台透露出的品牌数据，庞大的日常运营数据，用户在搜索预订平台上留下的消费偏好数据、会员数据库等，这些都可以帮饭店针对性地做出更好的产品和运营体系，开拓更广泛的市场，培养更多的忠诚会员，逐渐使得饭店形成智慧化、品牌化管理意识，以助形成更高的服务质量和管理水平，最终构成可持续竞争力。

（三）鼓励多业态融合创新与多元发展

2015年住宿行业的关键词中，合并与收购、跨界合作、“互联网+”、战略联盟、酒店众筹、酒店+等都体现了住宿行业多业态融合创新与多元发展的新常态，旅游住宿业的发展模式更加多元。主题精品饭店是饭店与文化创意产业的结合，度假租赁业是住宿业与互联网和分享经济的结合，民宿是旅游住宿与家庭住宅的结合，房车、邮轮和豪华游船则是旅游住宿与交通的融合，健康养

生饭店则是住宿与医疗、健康产业的融汇。以精品饭店为例，随着消费能力提升，消费意识觉醒，消费观念更新，消费需求分化，消费品位提高，消费层次升级，饭店不仅是一个住宿空间，也成为一个文化创意的展示空间，一个时尚生活的体验空间。精品饭店因其文化创意、个性特色，符合潮流，顺应需求，得到各类资金的关注。

住宿接待业正成为一个越来越“轻盈”的行业，大型饭店集团已停止或降低资本密集的地产投入，转而与地产商和业主合作，提供饭店授权、管理、托管和出租服务。品牌塑造正成为饭店集团的商业模式核心，兼并收购和联盟等外延式扩张模式正得到更多运用。高端饭店采用管理合同模式的占比较大，其次为自营和租赁经营。特许经营在中低端酒店中越来越广泛，第三方饭店管理模式接受度还不高，但已开始有部分企业采用。度假租赁、短租等住宿资源整合和分享平台已成为非标住宿单位的福音，也成为互联网+和分享经济的热点，风险资金正蜂拥而入。分时度假模式、分权度假模式、不动产投资基金（REITs）、商业信托（BT）、众筹和融资租赁等住宿业金融模式也开始得到更多尝试。

在这场随着互联网技术而来的住宿接待业商业模式的变革中，鼓励省内住宿业态创新发展，培育优秀的住宿业品牌，形成有湖南特色的住宿服务产品，鼓励合纵连横、品牌创新、集团联盟、跨界合作，将成为湖南省住宿接待业探索与创新的重要指向和企业转型的重要推动力。

第二节　旅游景区（点）

湖南省旅游资源丰富，景区（点）数量众多，且类型多样。截至 2015 年年底，全省共有 3 处世界自然文化遗产、12 个中国优秀旅游城市、3 个国家历史文化名城、292 家 A 级景区、162 处工农业旅游示范点（其中国家级工农业旅游示范点 15 处）、20 个国家级风景名胜区、23 个国家级自然保护区、54 个国家级森林公园、13 个国家地质公园、33 个国家水利风景区、60 个国家湿地公园、1 个国家级旅游度假区、183 处全国重点文物保护单位、7 处国家大遗址、4 处国家考古遗址公园[①]。

当前，A 级旅游景区的数量和品质已成为区域旅游景区发展水平的重要指标。为充分了解湖南省旅游景区的发展现状、特征及存在问题，本课题主要对湖南省 A 级旅游景区进行分析。

一、发展现状

（一）旅游景区数量与类型

1. 景区数量：数量持续增加，年均增速超 10%

2011 年，湖南省共有 A 级旅游景区 179 处，截至 2015 年年底，湖南省 A 级旅游景区数量发展到 292 家，较 2011 年增长了 63.1%，年平均增速达 13.39%，且增速波动较小，发展较为平稳。详见图 4-18。

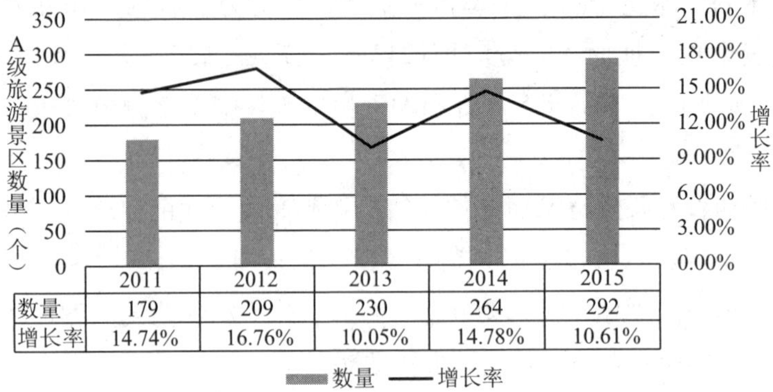

	2011	2012	2013	2014	2015
数量	179	209	230	264	292
增长率	14.74%	16.76%	10.05%	14.78%	10.61%

图 4-18　2011—2015 年湖南省 A 级旅游景区数量变化图

2. 等级分布：3A 级景区过半，高等级景区占 1/3

从旅游景区等级分布来看，2015 年湖南省 292 家等级旅游景区中，3A 级旅游景区数量达 156 家，占 A 级旅游景区总数的 53.42%；其次是 4A 级（92 家）、5A 级旅游景区（8 家），分别占总数的 31.51% 和 2.74%，高等级景区（4A、5A）数量超过总数的 1/3。2A 级和 A 级景区数量较少，分别仅占总数的 11.64% 和 0.68%。详见图 4-19。

① 由于当前我国很多景区同时具有多个“国字号”品牌，故本部分数据有重复计算。如武陵源景区既是国家级风景名胜区、国家地质公园，同时也是国家级森林公园、国家级自然保护区。

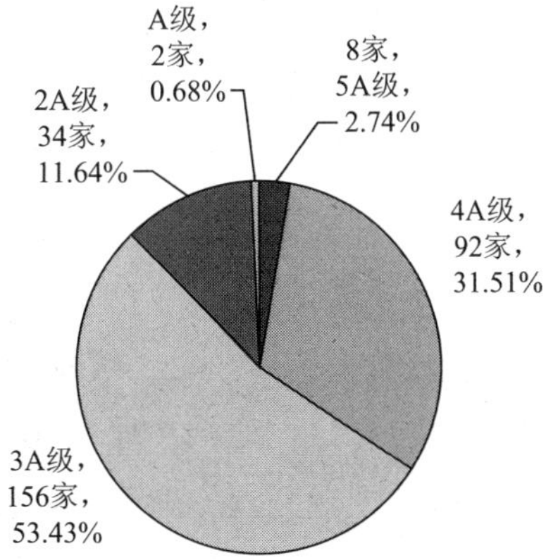

图 4-19　2015 年湖南省 A 级旅游景区等级分布图

3. 地市差异：地区分布较为均衡，但各地级市差异较大

从湖南四大旅游板块（长株潭、环洞庭湖、大湘西、大湘南）来看，等级旅游景区数量分布较为均衡，地区总体差异不大。但从湖南省 14 个地州市来看，长沙市的 A 级旅游景区数量最多，达到 39 家，遥遥领先于其他地州市；其次分别为怀化市、郴州市、岳阳市、常德市、永州市；此外，益阳市、衡阳市、株洲市、邵阳市、张家界市、湘西州的 A 级旅游景区数量均超过 15 家，娄底市 A 级景区数量较少，仅 11 家。详见图 4-20。

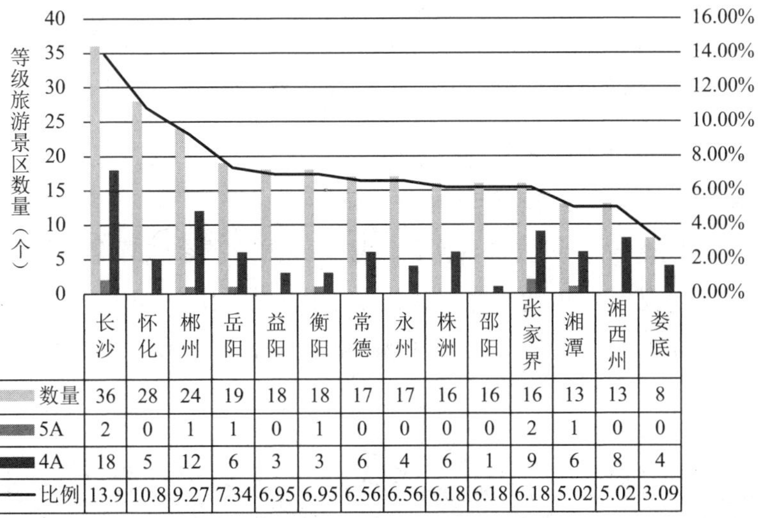

	长沙	怀化	郴州	岳阳	益阳	衡阳	常德	永州	株洲	邵阳	张家界	湘潭	湘西州	娄底
数量	36	28	24	19	18	18	17	17	16	16	16	13	13	8
5A	2	0	1	1	0	1	0	0	0	0	2	1	0	0
4A	18	5	12	6	3	3	6	4	6	1	9	6	8	4
比例	13.9	10.8	9.27	7.34	6.95	6.95	6.56	6.56	6.18	6.18	6.18	5.02	5.02	3.09

图 4-20　2015 年湖南省各地级市 A 级旅游景区数量分布图

4. 类型结构：人文类景区最多，主题公园最少

从 A 级旅游景区类型来看，到 2015 年，湖南省人文类景区、自然类景区、主题公园分别有 161 家、94 家、4 家，分别占 A 级旅游景区总数的 62.16%、36.29% 和 1.55%。可见，人文类景区占主体，自然类景区数量超 1/3，主题公园数量最少。

从高等级旅游景区的类型分布来看，8 家 5A 级景区中有 5 家为自然类景区，占总数的 62.50%，其余 3 家为人文类景区。在 91 家 4A 级景区中，人文类景区占总数的 61.53%，自然类景区、主题公园（湖南省 4 家主题公园均为 4A 级景区）分别占 34.07% 和 4.40%。详见图 4–21。

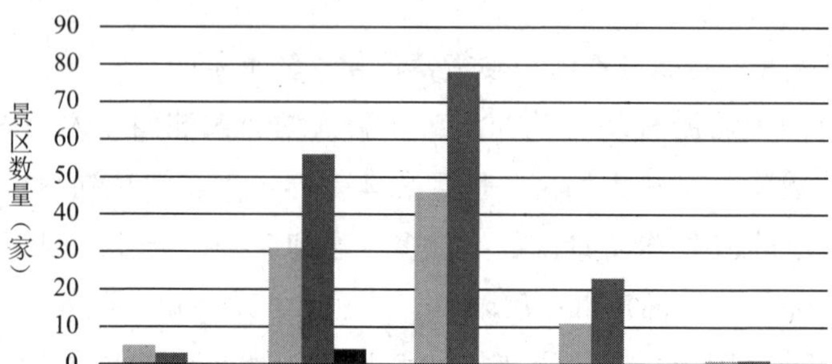

	5A	4A	3A	2A	A
自然景区	5	31	46	11	1
人文景区	3	56	78	23	1
主题公园	0	4	0	0	0

图 4–21　2015 年湖南省 A 级旅游景区类型分布图

（二）旅游景区接待规模

1. 总体状况：各项经济指标实现快速增长

2015 年，湖南省 A 级旅游景区累计接待国内外游客 5.69 亿人次，实现旅游总收入 216.73 亿元，创造就业人数达 41.32 万人，比 2014 年分别增长 26%、265.96% 和 86.02%[①]，各项经济指标呈现出快速增长的态势。详见图 4–22。

① 2015 年湖南省共创建成功 40 家 A 级旅游景区（1 家 5A 级、9 家 4A 级、30 家 3A 级及以下），其中大部分景区为新增 A 级景区（即之前未参与景区等级评定），这部分新增 A 级景区在 2014 年无数据统计。

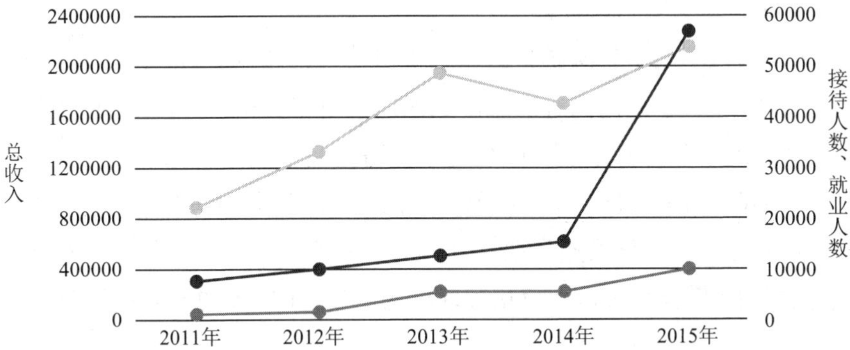

	2011年	2012年	2013年	2014年	2015年
总收入（万元）	898975.81	1339031.525	1962236.133	1720125.883	2167320.705
就业人数（人）	47288	59424	225065	222129	413215
接待人数（万人次）	7982.7781	10340.3084	12583.3999	15554.5281	56923.5702

图 4–22　2011—2015 年湖南省 A 级旅游景区主要经济指标变化图

2. 等级差异：核心景区的龙头效应日益凸显

从不同等级旅游景区接待规模来看，2015 年湖南省 8 家 5A 级旅游景区总收入 130.52 亿元，占 259 家 A 级旅游景区总收入的 60.22%，4A、3A 及以下级景区仅占总收入的 23.44% 和 16.43%，详见图 4–23。在创造旅游就业人数方面，5A 级旅游景区吸纳就业人数 266199 人，占 A 级旅游景区就业总人数的 64.42%，龙头效应十分凸显。

但旅游接待人数方面，4A 级景区接待人数最多，达 4.73 亿人次，占 A 级旅游景区接待总人数的 83.12%，5A、3A 及以下级景区占总人数的 7.55% 和 9.33%。详见图 4–23。

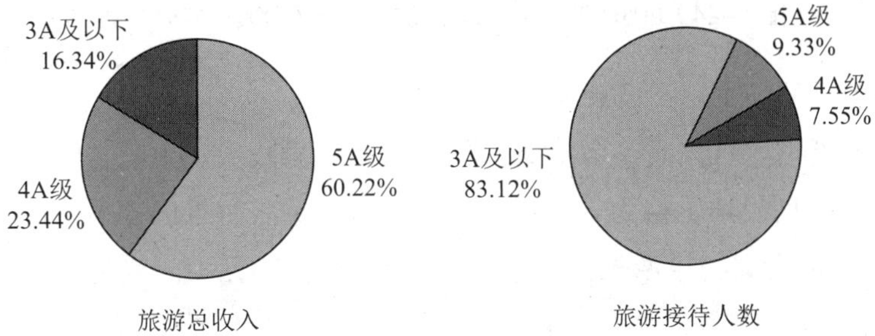

图 4–23　2015 年湖南省不同等级旅游景区总收入和接待人数分布图

（三）旅游景区门票价格[①]

为全面梳理湖南省旅游景区门票价格信息，课题组通过网络查询、电话咨询等方式，收集了湖南高等级旅游景区门票价格数据，并按照如下原则进行整理：第一，由于湖南省分淡旺季门票价格的高等级旅游景区较少（仅 3 家），故仅采用旺季门票价格。第二，所有的门票价格均为面向散客的门市价。第三，若同时存在联票和分景点售票（即不强制联票），则以子景点平均价格为准；对于强制购买联票的景区，价格以联票为准。第四，以 2015 年执行的门票价格为准。

1. 总体情况：近八成景区门票价格在 100 元以下

湖南省 5A 级景区平均门票价格为 102.25 元（2 家景区不收门票），4A 级景区平均门票价格为 64.22 元。其中价格在 50~100 元的景区比重最大，占总数的 30.30%；其次是门票价格在 0~50 元和不收门票的景区，均为 23 家，占总数的 23.23%；而门票价格超过 200 元的景区最少，仅有 4 家，仅占景区总数的 4.04%。详见图 4–24。

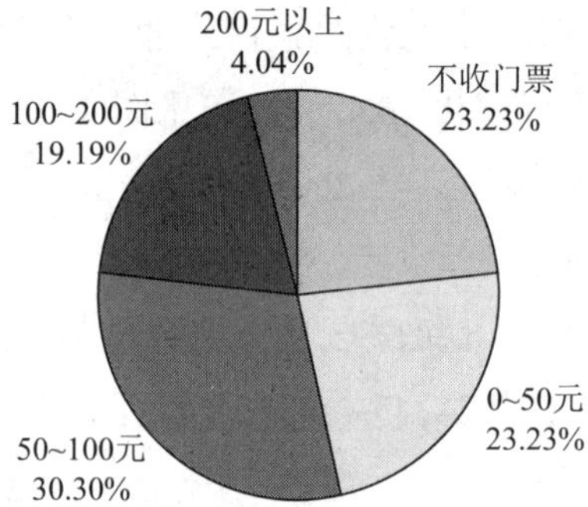

图 4–24　2015 年湖南省高等级旅游景区门票价格分布图

2. 类型差异：主题公园最高，人文类景区最低

从不同类型景区来看，各类景区门票价格差异较大。主题公园类景区门票价格最高，平均门票价格为 125 元；其次是自然类旅游景区，平均门票价格为 87 元；最后是人文类旅游景区，平均门票价格为 51 元。门票价格最高的是长

① 湖南高等级旅游景区（5A 级、4A 级）接待人数占湖南 A 级旅游景区总人数的约 70%，故本部分内容只对湖南高等级旅游景区的门票价格进行分析。

沙宁乡紫龙湾旅游区（288 元），其次分别为张家界天门山旅游区、张家界市武陵源旅游区、株洲方特欢乐世界、常德清水湖旅游区、郴州汝城福泉山庄、湘西州猛洞河漂流景区、长沙世界之窗、湘西州红石林景区、湘西州凤凰古城旅游区（详见图 4–25）。

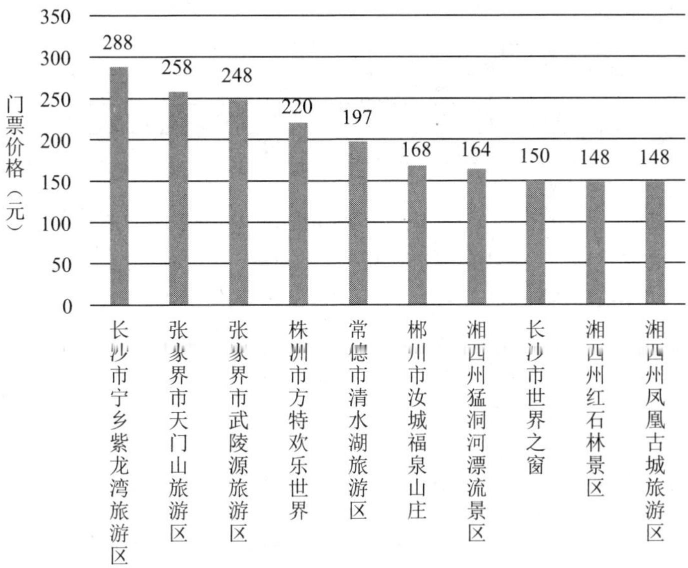

图 4–25　2015 年湖南省门票价格排名前十的旅游景区

（四）旅游景区网络关注度

百度指数是用以反映某关键词在一定时间内的网络曝光率及用户关注度的指标，其中用户关注度以网民在百度的搜索量为数据基础。本研究以百度指数搜索平台为基础，以湖南省高等级旅游景区名称为关键词进行搜索，统计各个景区的百度指数日平均值，并以其来反映各高等级旅游景区的网络关注度。

1. 总体状况：网络关注度总体不高，景区间差异较大

调查显示，湖南省高等级旅游景区网络关注度的平均值仅为 551。其中，有 55 个旅游景区尚没有百度指数相关数据，占高等级旅游景区总数的 55.56%。在有百度指数相关数据的景区中，张家界天门山旅游区的网络关注度最高，达 14422；其次，张家界武陵源旅游区、凤凰古城旅游区的网络关注度超过 5000，属于第二层次；南岳衡山旅游区、岳麓山—橘子洲旅游区等六个景区的网络关

注度大于 1000，处于第三层次；其余景区的网络关注度低于 1000，处于第四层次（详见图 4–26）。

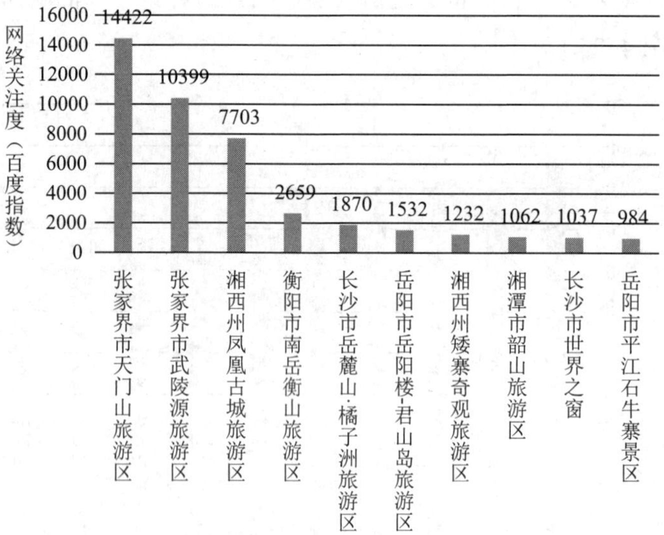

图 4–26　2015 年湖南省网络关注度前 10 名的旅游景区

2. 区域差异：长株潭和大湘西旅游景区网络关注度较高

从湖南省四大旅游圈来看，对有百度关注度的 54 个高等级旅游景区进行分析可知，位于长株潭旅游圈的旅游景区最多，达 17 家，所占比例为 39%；其次是大湘西旅游圈，占比 34%；大湘南和环洞庭湖旅游圈景区数量较少，分别仅占总数的 18% 和 9%。详见图 4–27。

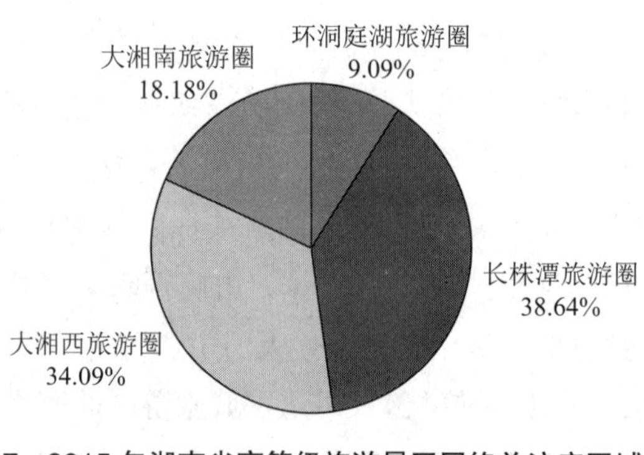

图 4–27　2015 年湖南省高等级旅游景区网络关注度区域分布图

二、发展特征

（一）旅游景区整体进入平稳发展期

如前所述，近五年湖南省A级旅游景区的数量保持10%以上的年增长率，且增长幅度年均差异不大，这表明湖南省旅游景区已经进入平稳发展期。但考虑具备旅游开发价值的景区大部分已被等级评定，今后会在一定程度上降低旅游景区总量的增幅。此外，由于高等级旅游景区的品牌影响力日益凸显，各地通过升级创建4A、5A级旅游景区的热情十分高涨，2015年湖南5A、4A级旅游景区数量分别是2010年的4倍和2.19倍，高等级景区创建工作进展顺利。

（二）景区管理模式多样化，参与主体多元化

长期以来，湖南省旅游景区管理模式多样化，但以地方政府主导型管理模式为主，即政府行政管理为主导。近年来，随着旅游投资主体的逐渐多元化，民间资本纷纷进军旅游业，湖南旅游景区管理的参与主体除了涉及当地政府有关部门、国有企业之外，还有非国有性质企业以及当地社区居民等共同参与，参与主体多元化。

（三）景区管理和服务质量正进一步提升

近年来，湖南省通过开展规范旅游市场秩序的“两打击、一整治”专项行动，增强了对全省旅游景区的惩罚力度，进一步提升了景区管理和服务水平。2016年1月，4家4A级景区被严重警告，4家4A级、2家3A级景区被警告，5家3A级景区被摘牌，改变了现有“终身制”的评级制度。同时，各级旅游主管部门通过组织召开景区管理工作会议，开展景区最大承载量核定、景区管理操作系统培训和管理创新等专题讲座，进一步提升了全省旅游景区的管理服务水平。

（四）两型景区建设成效日益显著

五年来，湖南省旅游局联合省长株潭两型社会试验区建设管理委员会，通过编制、推广和实施《两型旅游景区》地方标准，使全省旅游景区在规划建设和经营管理过程中的“两型”意识得到显著提升。目前，已有20家旅游景区被纳入湖南省两型示范创建单位，7家旅游景区成功通过了首批两型旅游景区认证，这些景区的两型性、示范性、推广性强，为其他景区树立了样板，示范引领作用不断凸显。

（五）景区数字化建设内容不断丰富

随着“互联网+”浪潮的来临，湖南旅游景区数字化建设步伐加快。2013年4月，省旅游局联合省经济和信息化委员会开展了湖南省“数字景区”试点示范工作，景区的数字化项目建设取得诸多成效。目前，共有17家景区被评为“数字景区”试点示范单位，在智慧服务体系、智慧营销体系、智慧管理体系建设方面成果显著。同时，湖南省景区动态监测系统项目已正式启动建设，将通过对系统数据的统计分析为旅游资源的管理与营销提供科学准确的决策依据。

（六）旅游景区的网络关注度正逐步提升

如前所述，湖南省旅游景区的网络关注度呈现出不断提升的局面，2015年湖南省高等级旅游景区网络关注度的平均值为551，较2014年增长了18.64%，增幅较2014年增加了7.23%。这既表明湖南省旅游景区受到旅游消费者或潜在消费者越来越多的关注，也表明居民对湖南省旅游景区的消费需求日益增长。

三、问题剖析

（一）产品转型升级力度需进一步加大

当前，湖南旅游景区发展面临的主要矛盾仍然是旅游产品供给总量尚不能满足大众化、多元化、个性化的消费需求，表现为景区产品开发不深，产业链不长，产品结构不合理，盈利模式单一，综合消费水平不高，接待人次和旅游收入呈现不对称性发展。今后需加大度假休闲产品的培育力度，进一步做强专项旅游产品。

（二）景区品牌化建设仍需加强

如前所述，2015年湖南省8家5A级景区的旅游收入占259家A级景区旅游总收入的60.22%，5A级、4A级景区接待人数占景区接待总人数的90.67%。这表明当前湖南省旅游景区建设发展不均衡，两极分化现象严重，原因在于大部分旅游景区资源深度开发不够，基础设施和服务设施不健全，精品、名牌旅游景区不多，地区差异较为明显。

（三）景区配套设施有待完善

随着旅游景区转型升级步伐的不断加快，景区配套不足的问题开始凸显。一些老景区发展遭遇瓶颈，在扩大景区规模、丰富景区游览内容、创新景区营销模式及景区联合上有待突破。而一些新景区普遍存在配套服务设施不完善，文化内涵挖掘不足，信息化程度不高，经营管理较弱等问题。此外，高级管理人员、金牌导游等人才短缺的问题依然存在，也在一定程度上制约着景区的长远发展。

（四）行业市场秩序欠规范

当前，湖南旅游景区的服务质量与人民群众的期待有较大差距。零负团费、欺客宰客、强迫消费等问题和违法行为时有发生，个别地方市场行为失范、市场秩序混乱，游客意见较大。现行多头管理、行政执法手段分割的景区管理体制不适应旅游市场综合执法和旅游综合产业发展的需要。

四、对策建议

（一）以景区评定和复核为抓手，进一步提升景区管理水平

一方面，继续推动和强化重点旅游景区的5A创建和辅导工作，组织召开景区标准培训会，建立完善评定人员队伍，不断提升景区专业化管理水平。另一方面，持续开展“全省等级旅游景区环境整治和质量提升专项行动”，不定期组织复核，进一步强化等级景区动态管理，切实落实好《湖南省实施〈中华人民共和国旅游法〉办法》中关于旅游景区最大承载量、景区门票价格、应急预案等方面的相关要求。

（二）以基础和配套建设为支撑，逐步完善景区服务设施

一是围绕《湖南省旅游厕所建设管理三年行动计划》工作目标，积极探索旅游厕所建设管理方式，持续推进“旅游厕所革命”。二是继续加强景区游客中心、停车场、标识标牌等配套设施和垃圾、污水处理设施建设，改善景区生态环境、游览环境和接待环境。三是进一步加强数字化景区建设，充分运用现代科学技术和创新成果来加强景区的管理、服务和保护。同时启动湖南省景区动态监测系统项目建设，为景区管理、决策提供科学依据。

（三）以度假区创建为手段，加快旅游产品转型升级

大力开展和推进省级旅游度假区的创建工作，重点加强对“十三五”规划中确定的长株潭都市休闲旅游区、大张家界国际生态旅游度假区、环洞庭湖湖泊旅游度假区、大东江湖休闲度假旅游区等旅游功能区内重点度假区的指导，加快度假旅游项目建设和服务设施的完善，提高全省度假区的数量和建设标准，实现全省旅游供给由单一观光型向观光、休闲、度假复合型转变。

（四）以景区创建为平台，促进贫困地区旅游精准扶贫

依托武陵源、崀山和老司城三大世界遗产资源和张吉怀精品生态文化旅游经济带建设，深入实施乡村旅游富民工程，推进“旅游+扶贫”工作。以武陵山、罗霄山连片特困地区为重点，以景区创建为平台推进精准扶贫，进一步发挥旅游业在促进扶贫中的引领带动作用。同时，继续加强与省交通厅对接，共同研究制定《湖南省旅游道路建设标准》，加大对武陵山、罗霄山贫困片区内重点景区通景公路建设的协调和支持力度。

（五）以两型景区建设为抓手，进一步促进景区可持续发展

一方面，继续鼓励和支持全省旅游景区参与两型旅游景区认证工作，在全省旅游景区中贯彻和传播两型理念、执行两型规划、推广两型技术、开发两型产品、使用两型能源，不断增强景区的持续发展能力。另一方面，积极协同省两型办、省质监局等部门，争取将《两型旅游景区》上升为国家标准，为全国旅游景区可持续发展提供参考。

（六）以成立旅游景区协会为契机，加强行业自律管理

尽快启动组织成立湖南省旅游景区协会的相关工作，充分发挥协会对景区行业的管理和协调职能，通过开展业内经验交流、订立行规行约、规范市场行为、组织员工培训、提供政策建议、推进客源互动等措施，进一步加强景区间的交流与合作，促进全省景区向行业化、规模化、规范化方向发展。

第三节　旅行社业

一、发展现状

（一）行业规模

1. 数量规模：总量波动增长，增幅略有上升

从全省旅行社数量看，“十二五”时期呈持续增长态势，但增速先缓后急，

波幅较大。纳入统计口径的旅行社数量表显示，截至 2015 年底，全省旅行社总数为 850 家，与 2014 年年末的 752 家相比，新增了 98 家。近五年来，全省旅行社数量逐年增加，其中，2015 年旅行社数量年增长率最高（13.03%），2013 年年增长率最低（4.87%）。详见图 4–28。

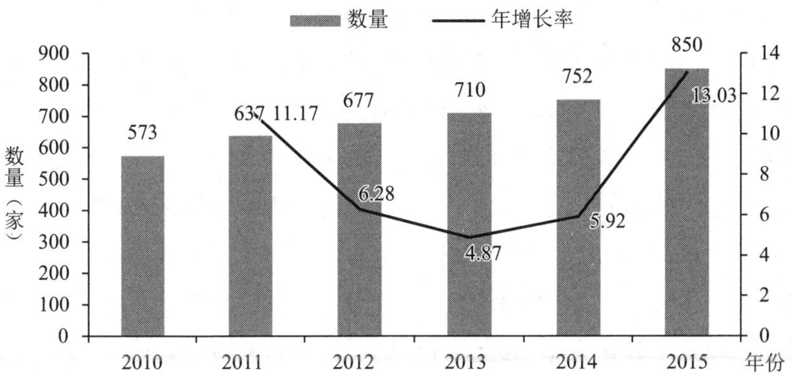

图 4–28　2010—2015 年全省旅行社数量及年增长率

从各地州市的旅行社数量来看，纳入统计口径的旅行社数量表显示，排名前 7 位地州市较为稳定，7 市集中度为六成且不断增长。2015 年，旅行社数量排前 7 位的地州市为：长沙市（278 家）、张家界市（72 家）、衡阳市（56 家）、株洲市（51 家）、常德市（49 家）、岳阳市（46 家）、怀化市（46 家）。与 2010 年相比，旅行社数量排前 7 位的地州市及其排名未发生变化；从 2010—2015 年，长沙市、张家界市、衡阳市、株洲市和常德市的名次未发生变化；与 2014 年相比，岳阳市、怀化市、邵阳市和郴州市的排名略有变动，岳阳市从 2014 年的第 10 位（37 家）上升至第 6 位（46 家），怀化市从 2014 年的第 8 位（39 家）上升至第 6 位（46 家），邵阳市从 2014 年的第 7 位（40 家）下降至第 10 位（37 家），郴州市从 2014 年的第 6 位（41 家）下降至第 9 位（38 家）。2015 年排名前 7 位的地州市拥有的旅行社合计为 598 家，占全省旅行社总数的比例为 68.58%（定义为“7 市集中度”，下同），较 2010 年增加了 8.7%，较 2014 年增加了 0.06%。在这 7 个地州市中，截至 2015 年底，长沙市新增旅行社的数量最多，比 2010 年增加了 110 家，年平均增长率最高（10.60%）；岳阳市比 2014 年增加了 9 家，年增长率最高

（24.32%）。

从各地州市旅行社数量的年增长率来看，除郴州市（-7.32%%）和邵阳市（-7.5%）外，各地州市均有不同程度的增长，2015 年增幅最大的是娄底市，达 25.93%。2015 年增幅排名前 10 的地州市分别为娄底市、岳阳市、张家界市、怀化市、益阳市、湘潭市、长沙市、常德市、株洲市、永州市，年增幅均超过 5%。由此可见，湘中、湘东地区的旅行社绝对数量依然在全省占主导地位，湘西地区具有良好资源，旅行社发展也较迅速。

2. 资产规模：总体规模增长明显，但增幅逐年降低

从全省旅行社资产规模来看，“十二五”期间总体规模增长明显，但增幅逐年降低，2014 年呈负增长。截至 2014 年底，全省旅行社资产合计达 154.07 亿元，较 2013 年年末的 157.32 亿元减少了 3.25 亿元，年增长率为 -2.07%。2010—2014 年，全省旅行社资产以年平均增长率 16.82% 的速度增加，其中 2011 年，全省旅行社资产年增长率最高，达到 40% 以上。详见图 4-29。

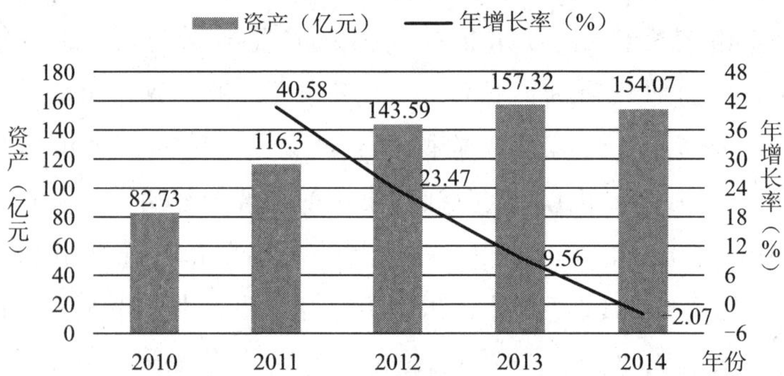

图 4-29　2010—2014 年全省旅行社总资产及年增长率

从各地州市旅行社的资产规模来看，旅行社资产规模排名前 4 位的地州市稳定，排名 6~10 位的地州市变化较大，详见图 4-30。截至 2014 年底，长沙市旅行社的资产总值为 98.76 亿元，占全省总量的 64.34%，较 2013 年的 62.67% 增长了 1.67%，在全省排名第 1 且遥遥领先于其他地州市；排名第 2 位的是张家界市，其资产总额为 16.79 亿元，所占比例为 10.9%，较 2013 年降

低了 0.16%；排名第 3 位的是湘潭市，其资产总额为 6.74 亿元，所占比例为 4.37%，较 2013 年降低了 0.13%。永州市旅行社的资产总额为 3.16 亿元，所占比重为 2.05%，较 2013 年增长了 0.92%，前进 7 位，位列第 7，年增长率全省最高（75.56%）；湘西自治州旅行社的资产总额为 3.27 亿元，所占比重为 2.13%，较 2013 年增长了 0.35%，前进 7 位，位列第 5，年增长率居全省第二位（16.79%）；益阳市旅行社的资产总额为 2.79 亿元，所占比重为 1.81%，较 2013 年增长了 0.11%，前进 2 位，位列第 9，年增长率居全省第三位（4.49%）。

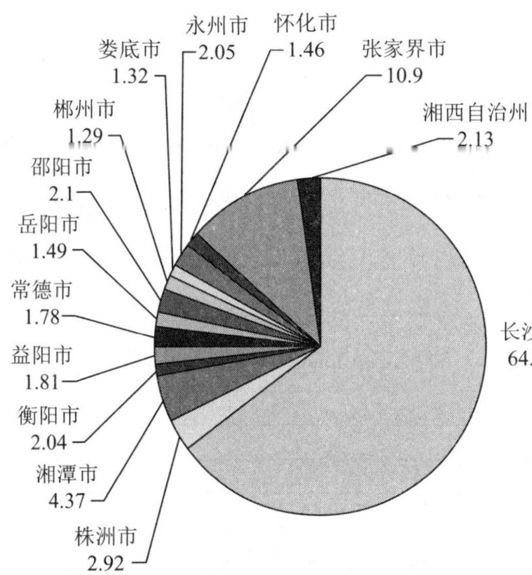

图 4-30　2014 年全省各地州市的旅行社资产额比重

（二）行业结构

1. 业务结构：经营入境旅游业务的旅行社相对较多，经营出境旅游业务的旅行社相对较少

从业务经营范围来看，2014 年，全省经营入境旅游业务的旅行社有 80 家，经营出境旅游业务的旅行社有 62 家，经营入境旅游业务的旅行社数量多于经营出境旅游业务的旅行社。详见图 4-31。

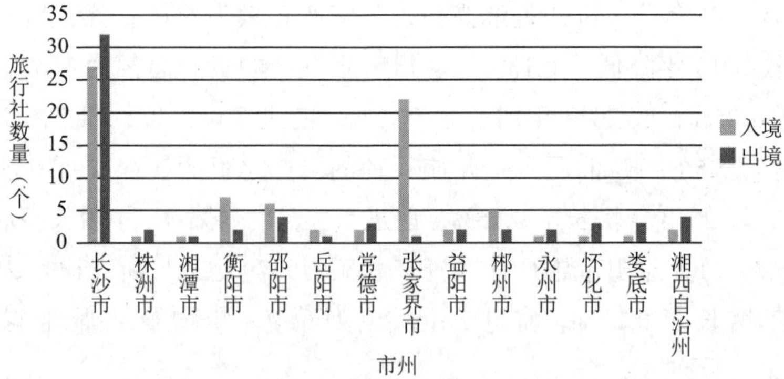

图 4-31　2014 年全省分地区经营入境和出境旅游业务的旅行社数量

从赴台资质来看，截至 2015 年底，全省具备经营赴台旅游业务资质的旅行社有 10 家，较 2010 年增加 5 家。其中，2012 年新增 2 家，2013 年新增 2 家，2015 年新增 1 家。

2. 地域结构：长沙数量优势明显，其他地区明显少于长沙

2015 年，全省共有旅行社 850 家，其中长沙 278 家，占全省的 32.71%，其他地区则明显少于长沙，且数量差异不大。详见图 4-32。

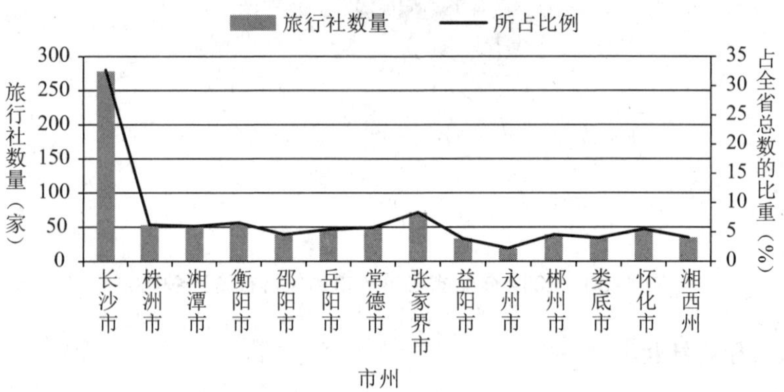

图 4-32　2015 年湖南省旅行社地域分布状况

3. 等级结构：以三星、四星级旅行社为主，五星级较少

截至 2015 年底，湖南省共有五星级旅行社 11 家（其中：长沙市 9 家，占比 81.8%；张家界市 1 家，占比 9.1%；株洲市 1 家，占比 9.1%），与 2014 年持平；四星级旅行社 59 家（其中：常德市 5 家，占比 8.47%；郴州市 1 家，占

比 1.69%；衡阳市 2 家，占比 3.39%；怀化市 4 家，占比 6.78%；邵阳市 4 家，占比 6.78%；湘潭市 6 家，占比 10.17%；益阳市 2 家，占比 3.39%；岳阳市 2 家，占比 3.39%；张家界市 3 家，占比 5.08%；长沙市 26 家，占比 44.07%；株洲市 4 家，占比 6.78%），较 2014 年增加 1 家（株洲市 1 家）；三星级旅行社 69 家（其中：常德市 5 家，占比 7.25%；郴州市 4 家，占比 5.8%；衡阳市 2 家，占比 2.9%；怀化市 1 家，占比 1.45%；娄底市 6 家，占比 8.7%；邵阳市 4 家，占比 5.8%；湘潭市 9 家，占比 13.04%；湘西自治州 2 家，占比 2.9%；益阳市 5 家，占比 7.25%；永州市 1 家，占比 1.45%；岳阳市 3 家，占比 4.35%；张家界市 6 家，占比 8.7%；长沙市 13 家，占比 18.83%；株洲市 8 家，占比 11.58%），较 2014 年增加 3 家（郴州 2 家，湘潭 1 家），年增长率为 4.55%。详见表 4-19。

表 4-19 截至 2015 年底湖南省星级旅行社等级状况及地区分布

地州市	五星级	四星级	三星级	地州市	五星级	四星级	三星级
长沙	9	26	13	邵阳		4	4
株洲	1	4	8	永州			1
湘潭		6	9	郴州		1	4
衡阳		2	2	怀化		4	1
益阳		2	5	张家界	1	3	6
岳阳		2	3	湘西州			2
常德		5	5	总计	11	59	69
娄底			6				

（三）经营绩效

1. 组团、地接情况

（1）国内旅游方面：组接均有增长，组团增幅大于地接；湘中和湘东地区地市增幅最大

从全省范围来看，“十二五”期间湖南省旅行社国内旅游组团人次、人天数均呈波动增长的态势。“十二五”开局良好，2011 年全省旅行社国内组团人次和人天数分别达到 12.31% 和 4.58% 的增幅，虽然在 2013 年度出现了较明显的负增长（–10.21% 和 –9.94%），但 2014 年站稳脚跟，缓步回升，2015 年更是出现了大幅提升，组团人次和人天数增长率分别达到了 17.91% 和 10.64%。总

的来说，“十二五”期间湖南省旅行社国内旅游发展较好，不论是组织还是接待的各项指标均有较大幅度的回升，在接待人天数上更是达到了 11.13% 的增长。详见图 4-33、图 4-34。

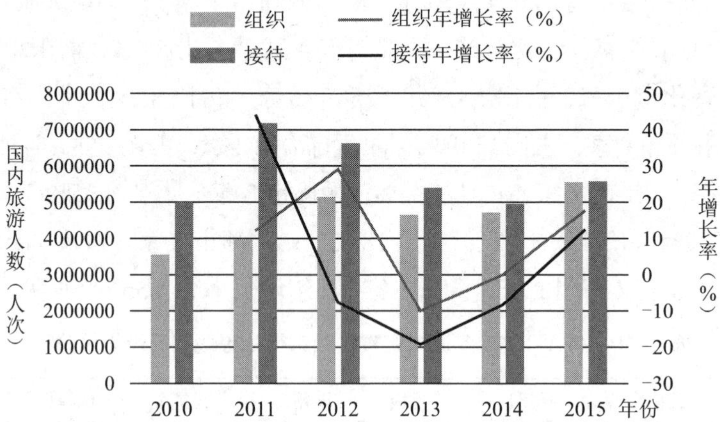

图 4-33　2010—2015 年湖南旅行社组织、接待国内旅游人次情况对比

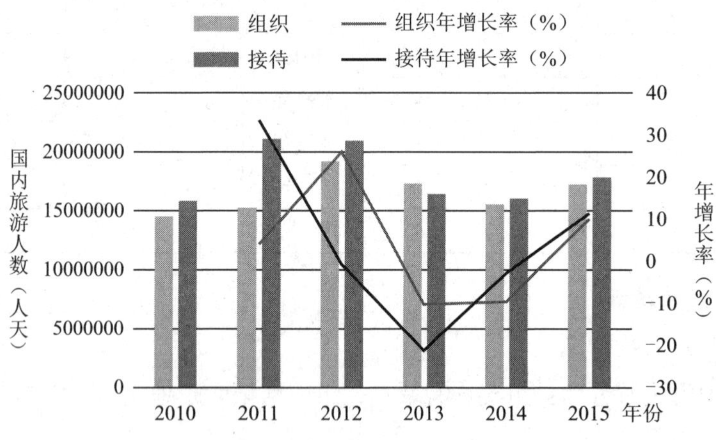

图 4-34　2010—2015 年湖南旅行社组织、接待国内旅游人天数情况对比

从国内旅游组团人次的区域发展格局来看，“十二五”期间，湘西自治州年平均增长率最高，达到 61.99%，但 2015 年其总量仅占全省总量的 2.18%。长沙市年平均增长率为 18.22%，2015 年其组团人次占全省国内旅游组织总人次的 68.94%；株洲市年平均增长率为 6%，2015 年其组团人次占全省国内旅游组织

总人次的 8.37%；湘潭市年平均增长率为 18.68%，2015 年其组团人次占全省国内旅游组织总人次的 3.65%。在全省旅行社国内旅游组织人次大幅上升的背景下，各地州市中长沙市、株洲市、湘潭市、衡阳市、张家界市、益阳市、郴州市和怀化市也呈上升态势，其中以株洲市上升较多。从国内旅游组织的区域分布看，株洲市、衡阳市和张家界市旅行社国内旅游组织人次占全省的比重上升，其余地州市旅行社国内旅游组织人次所占比重下降。详见表 4-20。

表 4-20　2010—2015 年各地州市旅行社国内旅游组团人数对比

单位：人次

地州市	2010年	2011年	2012年	2013年	2014年	2015年	年平均增长率（%）
长沙	1804788	1975721	3199613	2968841	3280538	3.82E+11	18.22
株洲	178681	186696	247605	387770	130855	463730	6
湘潭	138057	291877	153938	182069	199709	202271	18.68
衡阳	—	127410	158106	95962	76011	95495	–7.04
邵阳	153223	230756	209045	163660	110735	110407	–2.63
岳阳	163304	162590	—	—	153039	32566	–23.57
常德	103870	126513	143901	115089	152862	134779	7.3
张家界	141031	75298	32309	30851	36059	63027	–3.3
益阳	115139	85859	117692	83059	72325	84600	–2.74
郴州	157071	171877	235259	202885	225050	235678	9.63
永州	105216	111981	31404	58943	52929	33421	–4.98
怀化	110130	122436	142580	114079	83417	88700	–2.58
娄底	197529	188231	226967	70172	70110	54784	–15.03
湘西州	52501	134210	113265	39643	137742	120487	61.99

从国内旅游地接人次的区域发展格局来看，2015 年，长沙市旅行社实现国内旅游接待 2429485 人次，相比 2014 年增长 3.11%，占全省国内旅游接待人次的 43.50%；株洲市旅行社实现国内旅游接待 303162 人次，相比 2014 年增加 496.98%，占全省国内旅游接待人次的 5.43%；湘潭市旅行社实现国内旅游接待 337758 人次，相比 2014 年减少 12.57%，占全省国内旅游接待人次的 6.05%；张家界市旅行社实现国内旅游接待 1720784 人次，相比 2014 年增

长 23.13%，占全省国内旅游接待人次的 30.81%。不难看出，在国内旅游接待规模上，长沙市仍占主导地位，张家界市、湘潭市、株洲市次之。在国内旅游接待总体上呈上升趋势的背景下，株洲市、张家界市、常德市、邵阳市和湘西自治州旅行社国内旅游接待人数占全省的比例有所上升，反映出这几个市州对游客的吸引力大，而其余地州市对游客的吸引力都有所减弱。详见表 4-21。

表 4-21　2010—2015 年各地州市旅行社国内旅游地接人数对比

地州市	2010年	2011年	2012年	2013年	2014年	2015年	年平均增长率（%）
长沙	1930558	2316810	2707799	2743406	2356107	2429485	5.43
株洲	61083	32888	62598	54754	50783	303162	5.87
湘潭	331671	1349518	391890	294050	386313	337758	40.03
衡阳	—	298123	349518	222835	162967	119480	–4.08
邵阳	83335	97454	52376	64515	50771	58962	–2.26
岳阳	112680	85587	—	—	127045	63747	–20.86
常德	24304	34782	52877	23704	15694	93169	99.96
张家界	1697316	2504158	2406787	1365129	1397541	1720784	5.17
益阳	7498	14536	12777	3618	4342	4579	7.11
郴州	178061	170528	265744	254896	197986	211978	6.45
永州	59823	25183	5467	51356	13151	4710	112.92
怀化	40292	79668	88452	48329	54168	51951	66.75
娄底	89058	57882	2387	3346	11129	6807	23.61
湘西州	153582	253594	206387	158728	141139	178660	7.78

从各地州市接待国内游客的来源情况看，2014 年，接待国内游客的来源排名前十的省份依次为：湖南、广东、广西、云南、福建、江西、湖北、贵州、浙江、山西。与 2013 年相比，排名并无变化。其中，接待来自湖南省内的旅游人次占接待人次总量的 40%；而接待来自山西的旅游人次仅占接待人次总量的 0.59%，两者差距非常大。总的来说，全省旅行社接待国内游客的来源主要以湖南、广东、广西和云南为主。详见图 4-35。

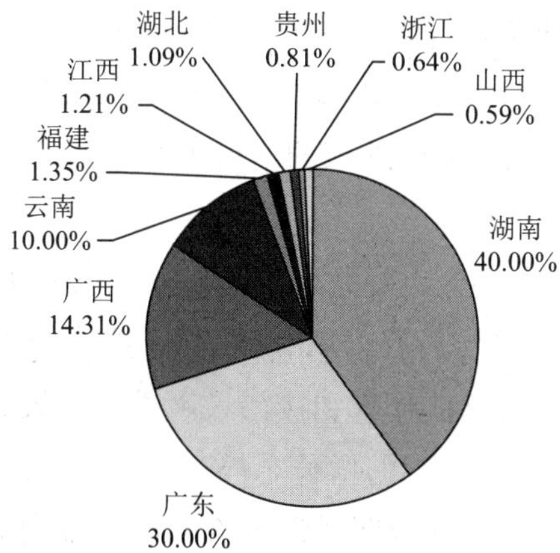

图 4–35　2014 年全省旅行社接待国内游客来源排名前 10 的省份

（2）出境旅游方面：增幅很大，泰国、中国香港、中国台湾为出境游目的地前三名

“十二五”期间，湖南省出境旅游在整体旅游遇冷状况下依然稳步增长，以 2015 年为例，全年全省旅行社累计组织出境旅游 1610303 人次，较 2014 年的 1147058 人次增长了 40.39%。

“十二五”期间全省旅行社组织出境旅游人次排名前十的目的地依次为：泰国、中国香港、韩国、中国台湾、中国澳门、新加坡、马来西亚、澳大利亚、日本、菲律宾（详见图 4–36）。中国台湾超越韩国跻身出境旅游目的地前三，

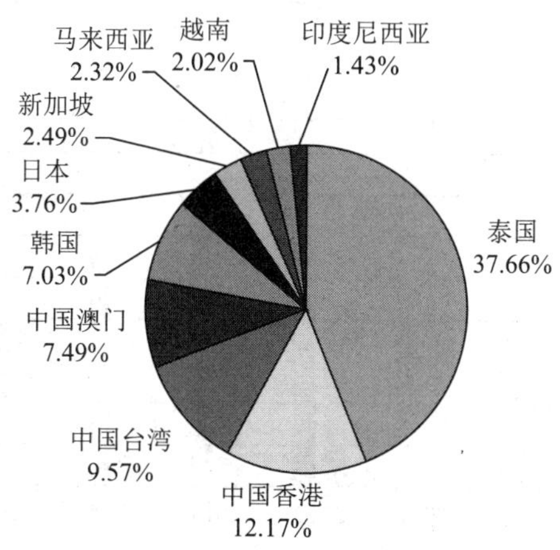

图 4–36　2015 年度全省旅行社出境旅游组织人次排名前 10 的目的地

而泰国依旧稳居第一的位置，中国香港虽然依旧稳居第二，但比例有所下降。总的来看，“十二五”期间湖南省出境旅游仍然是以东亚、东南亚等周边地区为主，但出境游局限于我国港澳台地区的格局正在被打破，更多的游客转向更丰富的旅游目的地。

(3) 入境旅游方面：接待人次数呈小幅波动态势，接待天数保持稳步增长趋势

“十二五”期间，全省旅行社外联和接待入境游客人次数呈小幅波动态势，总量略微下降，但全省旅行社外联和接待入境游客人天数保持稳步增长趋势。2015 年入境旅游延续了 2014 年的增长态势，不仅在人次数量上小幅回升，而且在人天数量上增幅明显，这说明入境游客在我省境内的停留时间明显延长。详见图 4–37、图 4–38。

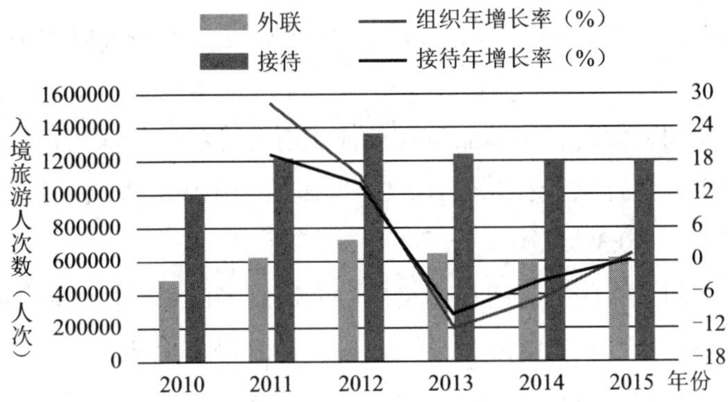

图 4–37 2010—2015 年全省旅行社外联、接待入境旅游人次数情况对比

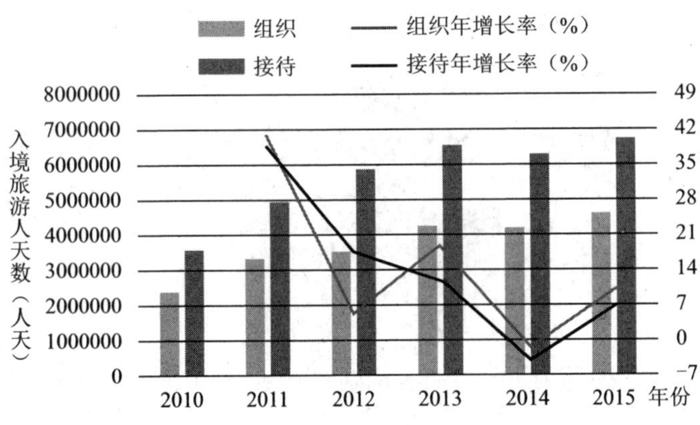

图 4–38 2010—2015 年全省旅行社外联、接待入境旅游人天数情况对比

从全省旅行社不同洲外联的入境旅客来看，以 2015 年为例，外联入境游客最多来自亚洲、欧洲、大洋洲，分别为 555976 人次、17575 人次、15212 人次，分别占全省外联入境旅游市场的 90.81%、2.87%、2.84%，其市场份额分别较 2014 年下降了 2.07%、1.17%、0.81%。这三大洲外联入境游客人数合计为 588763 人次，占外联入境旅客总数的 96.16%，较 2014 年略有增长，仍是全省外联入境旅游的主要阵地。而来自美洲、非洲和其他地区的外联入境游客人次较少，分别只有 11782 人次、4167 人次和 7528 人次，年增长率分别为 –39.60%、43.20% 和 –7.62%，所占市场份额分别只有 1.92%、0.68% 和 1.23%，与 2014 年相比，美洲和其他地区所占市场份额分别下降了 1.32、0.13 个百分点，但大洋洲所占市场份额上涨了 0.2 个百分点。详见图 4–39。

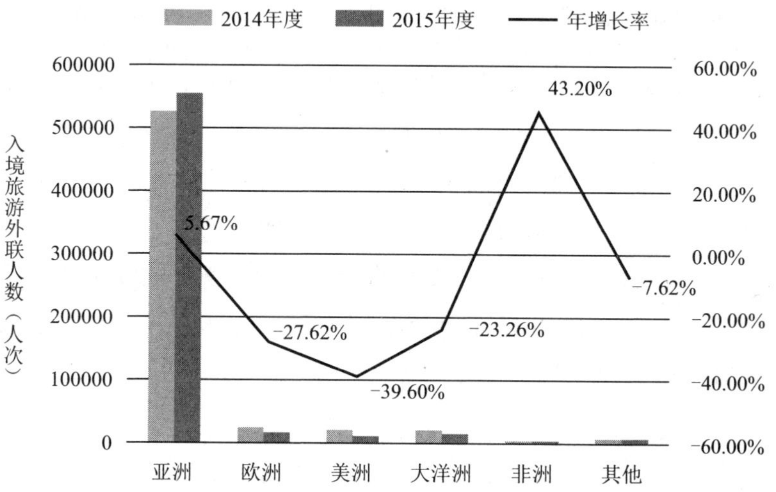

图 4–39　2014 及 2015 年全省旅行社从不同洲外联入境游客的情况

从全省旅行社外联入境游客的客源国 / 地区来看，“十二五”期间，外联入境游客人数排名前 10 的客源国 / 地区依次是中国台湾、中国香港、韩国、中国澳门、马来西亚、新加坡、泰国、印度尼西亚、日本、澳大利亚。以 2015 年为例，来自这 10 个客源国 / 地区的外联入境游客达到了 541515 人次，较 2014 年上升了 8.11%，占外联入境游客总数的 88.45%，较 2014 年增长了 5.08%。另外，与 2014 年相比，排名前 10 的客源国 / 地区及其第 3~7 位的排名都没有变化，其余的排名变化也不大。详见图 4–40。

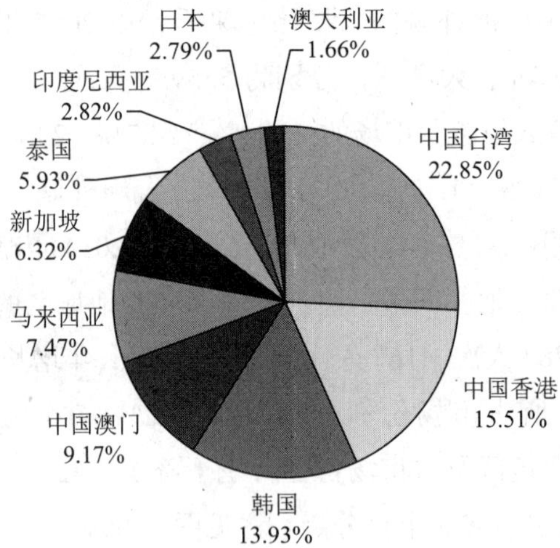

图 4-40　2015 年全省旅行社入境旅游外联人次排名前 10 的国家 / 地区

从全省旅行社接待的不同洲的入境游客来看，2015 年，全省旅行社接待的入境游客来自亚洲、欧洲和美洲的仍然最多，分别达到了 1113711 人次、30624 人次和 42220 人次，其中亚洲和美洲较 2014 年分别上升了 1.27%、5.49%，但欧洲下降了 5.35%，它们分别占接待入境游客总数的 92.39%、2.67% 和 2.54%，亚洲所占市场份额较 2014 年上升 0.82 个百分点，而美洲、欧洲所占市场份额分别较 2014 年下降了 0.66、0.15 个百分点，三者合计占接待入境游客总人次的 97.61%，较 2014 年上升了 0.01 个百分点。详见图 4-41。

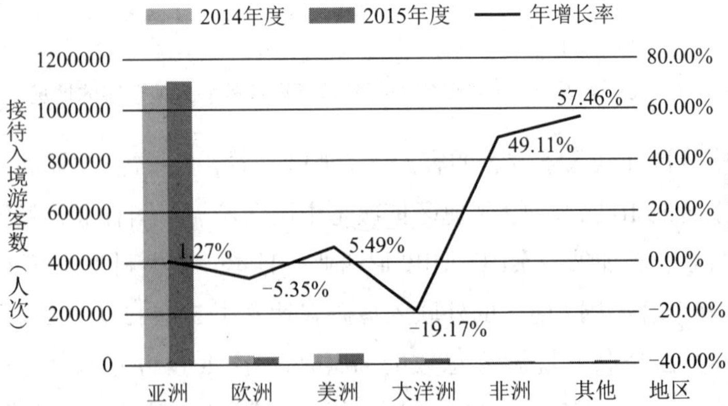

图 4-41　2014 及 2015 年度全省旅行社从不同洲接待入境游客的情况

从全省旅行社接待入境游客的客源地 / 地区来看，2015 年旅行社接待入境旅游人次排名前 10 的客源国 / 地区为：韩国、中国台湾、中国香港、中国澳门、马来西亚、泰国、新加坡、日本、印度尼西亚、美国，与 2014 年保持一致，只是在排名上有较少变化；这 10 个客源国 / 地区接待的入境游客达到 1096220 人，较 2014 年增长了 3.3%，其占接待入境游客总数的比重达 90.94%，较 2014 年增长了 2.70 个百分点。同时，2015 年接待入境游客人次排名前 10 的客源国 / 地区变化不大，中国台湾从第三上升到第二，美国从第十上升至第九。详见图 4-42。

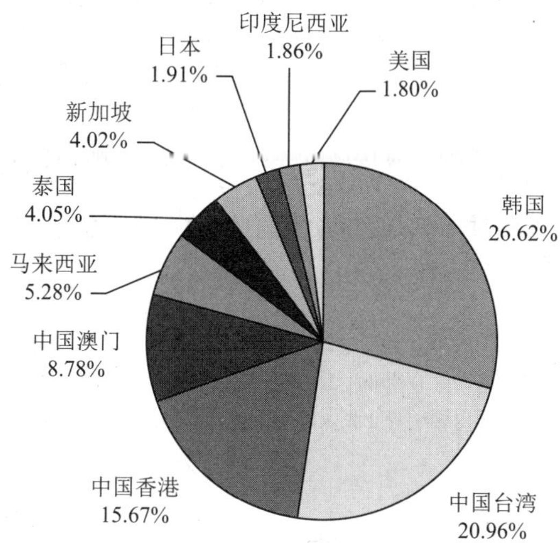

图 4-42　2015 年全省旅行社入境旅游接待人次排名前 10 的国家 / 地区

2. 营业收入

（1）营业总收入：呈下降态势

从全省总体来看，2014 年，全省旅行社共实现营业收入 11309988 元，比上一年降低了 5.75 个百分点，虽然呈下降态势，但相比 2013 年的降幅 -14.56% 有所减缓。详见图 4-43。

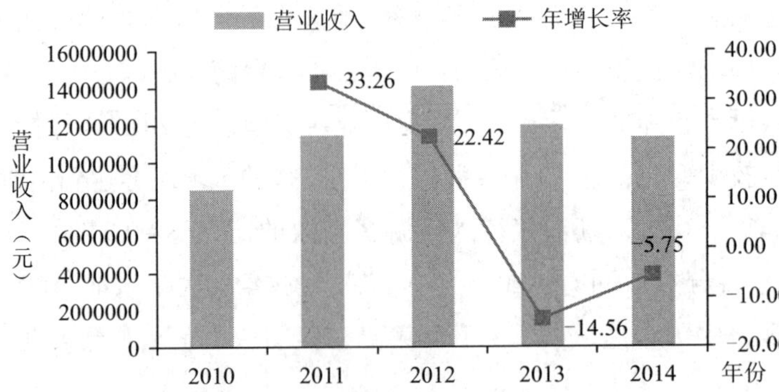

图 4-43　2010—2014 年全省旅行社旅游业务营业收入变化情况

（2）营业收入构成：国内旅游收入占主导，入境旅游收入下降，出境旅游收入、国内旅游收入波动增长

从全省旅行社营业收入的构成来看，仍延续国内旅游收入占主导的格局，但呈现入境旅游收入整体下降，出境旅游收入、国内旅游收入波动增长的变化态势。详见图 4-44。

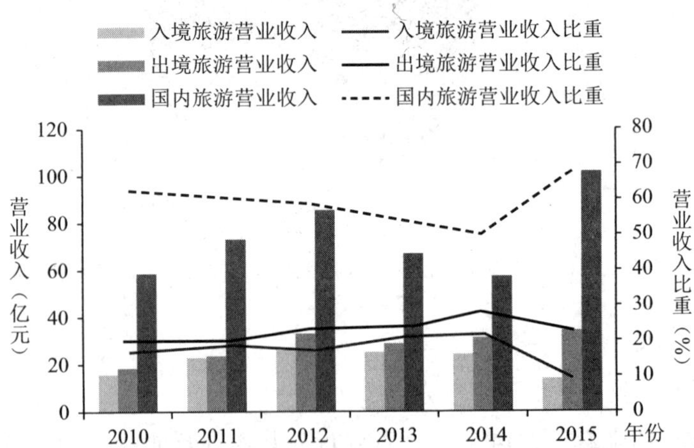

图 4-44　2010—2015 年旅行社三大业务营业收入对比

从各地州市的旅行社营业收入看，“十二五”期间各地市旅行社基本上都以 2012 年为转折点，呈先扬后抑的发展曲线。以 2014 年度为例，除衡阳市外，各地州市几乎都有所下降。2014 年，衡阳市旅行社实现营业收入 152018.9 万

元，相比 2013 年增长了 25.46%，占全省旅行社总营业收入的 1.34%，较 2013 年增长 0.33%；长沙市旅行社实现营业收入 9211576.7 万元，相比 2013 年降低了 0.96%，占全省旅行社总营业收入的 81.45%，较 2013 年升高 3.94%；株洲市旅行社实现营业收入 285063.1 万元，相比 2013 年降低了 37.38%，占全省旅行社总营业收入的 2.52%，较 2013 年降低 1.27%；湘潭市旅行社实现营业收入 109553 万元，相比 2013 年降低了 33.24%，占全省旅行社总营业收入的 0.97%，较 2013 年降低 0.40%。详见表 4–22。

可见，各地州市旅行社在营业收入方面存在较大差异，长沙市旅行社营业收入不仅总量大，所占份额也大，占全省总量的 81.45%。虽然呈微量下降趋势，但年平均增长率仍达到 12.76%。而其余地州市旅行社不仅总量小，所占份额也小，且年增长率较小。

表 4–22　2010—2014 各地州市旅行社营业收入对比

单位：万元

地州市	2010年	2011年	2012年	2013年	2014年	年均增长率（%）	占总市场份额比例（%）
长沙	5943671	7950108	9832199	9301123	9211577	12.76	81.45
株洲	235047.6	334691	442708.8	455218.9	285063.1	10.02	2.52
湘潭	161258.1	229397.5	196533.9	164098.3	109553	–5.45	0.97
衡阳	207399.9	182975.1	229719.9	121170.3	152018.9	–8.02	1.34
邵阳	165682.9	226808.8	319969.8	198288.3	155371.8	4.57	1.37
岳阳	241398.1	246178.5	228936.8	174384.2	79002.62	–24.32	0.7
常德	161498.7	180033.7	323537.4	165458.8	69490.89	–3.91	0.61
张家界	771603.7	1239142	1471732	785499.7	777482.1	107.92	6.87
益阳	102485.9	150547.9	131599.2	100893.6	91202.48	100.34	0.81
郴州	174808.6	201109.4	354072.3	217115.7	169021.7	7.57	1.49
永州	30455.08	6189	43191.73	52863.25	35875.15	127.11	0.32
怀化	132780.6	192446.6	176732.8	107079.4	79762.38	–14.07	0.71
娄底	153396.8	157121.2	180663.6	105012.4	67634.22	–15.01	0.6
湘西州	127406.8	129820.8	112780.9	51778.51	27384.74	–28.11	0.24

3. 盈利水平：总体有所下降，在结构上以国内旅游业务利润为主

从全省旅行社的旅游业务利润来看，2014 年，全省旅行社实现旅游业务利润 567676.56 万元，相比 2013 年降低了 0.23%。详见图 4–45。

2014 年全省旅行社旅游业务利润构成为：入境旅游业务利润 302927.05 万元，同比增长 7.55%，占全省旅行社旅游业务利润总量的 17.05%，较 2013 年增长了 1.23 个百分点；出境旅游业务利润 192202.88 万元，同比增长 9.19%，占全省旅行社旅游业务利润总量的 33.85%，较 2013 年增长了 2.91 个百分点；国内旅游业务利润 278764.45 万元，同比降低 7.98%，占全省旅行社旅游业务利润总量的 49.1%，较 2013 年降低了 4.14 个百分点。详见图 4–46。

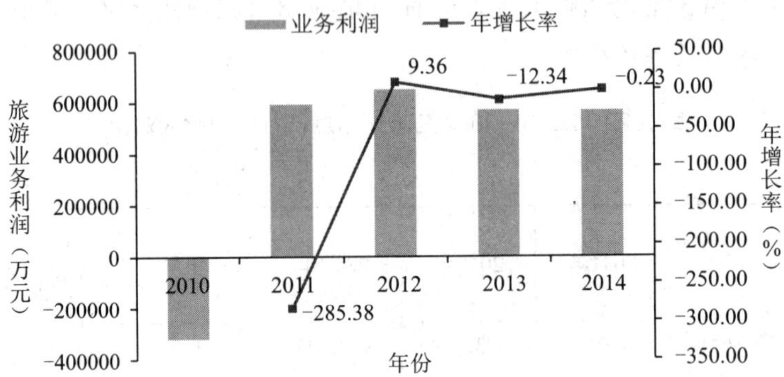

图 4–45　2010—2014 年全省旅行社旅游业务利润

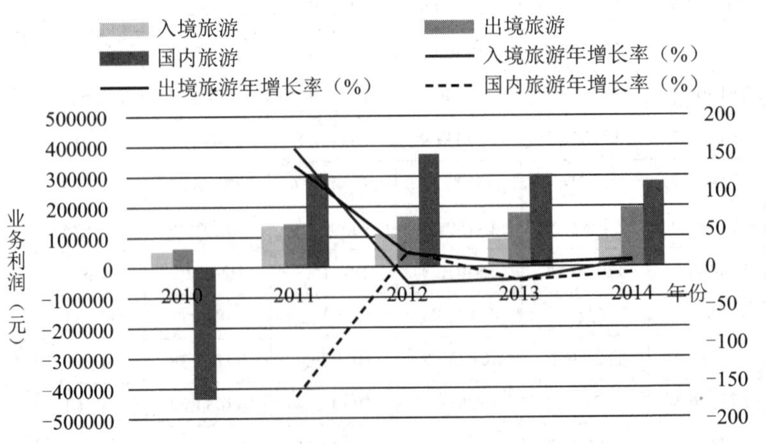

图 4–46　2010—2014 年湖南省旅行社三大业务利润表

4. 社会贡献：长沙所占市场份额高，其他市州市场份额较小

从各地州市旅行社缴纳的营业税金及附加来看，“十二五”期间，长沙、株洲、湘潭、邵阳、益阳、郴州、永州、怀化、湘西州都实现了增长，长沙市旅行社上缴税金及附加在全省总量为绝对主力。以 2014 年为例，长沙上缴税金及附加 35163.65 万元，同比下降 2.24%，占全省营业税金及附加总量的 76.66%，较 2013 年增长了 4.88 个百分点；衡阳市旅行社上缴 1083.74 万元，同比增加 1.05%，占全省营业税金及附加总量的 2.36%，较 2013 年增长了 0.22 个百分点；郴州市旅行社上缴 1418.62 万元，同比增加 153.50%，占全省营业税金及附加总量的 3.09%，较 2013 年增长了 1.98 个百分点；湘西州旅行社上缴 269.19 万元，同比增加 20.98%，占全省营业税金及附加总量的 0.59%，较 2013 年增长了 0.14 个百分点。可见，在旅行社上缴营业税金及附加方面，长沙市虽然呈下降态势，但总量大，所占份额高，而且所占份额呈增长态势；衡阳市、郴州市和湘西州虽然总量小，所占份额小，但总量和所占份额均呈增长态势；其余地州市不仅总量小，所占份额低，而且总量和所占份额都呈下降趋势。详见表 4–23。

表 4–23　2010—2014 年各地州市旅行社营业税金及附加对比

单位：万元

地州市	2010年	2011年	2012年	2013年	2014年	年均增长率（%）	占总市场份额比例（%）
长沙	20060.9	38747.09	38525	35968.13	35163.65	20.9	76.66
株洲	504.54	996.27	1280.5	1917.13	958.17	31.42	2.09
湘潭	816.17	1373.71	1195.3	1055.95	676.89	1.94	1.48
衡阳	1673.77	1626.65	1857.4	1072.49	1083.74	–2	2.36
邵阳	1382.25	1751.48	2915.23	2445.39	1506.42	31.04	3.28
岳阳	713.08	1610.58	695.33	615.678	224.61	–1.48	0.49
常德	731.84	1123.35	1283.62	701.573	472.29	–2.56	1.03
张家界	3240.27	4247.86	4216.27	3509.74	2187.07	–6	4.77
益阳	650.69	1000.85	1256.04	797.27	700.56	7.66	1.53
郴州	710.85	1873.93	1983.29	559.62	1418.62	62.79	3.09

续表

地州市	2010年	2011年	2012年	2013年	2014年	年均增长率（%）	占总市场份额比例（%）
永州	183.65	147.73	367.36	270.1	152.85	36.51	0.33
怀化	661.63	837.14	1184.77	569.23	689.11	9.29	1.5
娄底	683.94	712.35	648.74	408.02	368.72	−12.88	0.80
湘西州	254.71	313.62	354.18	222.51	269.19	4.96	0.59

二、特征分析

（一）行业规模持续扩大，旅行社发展综合实力得到显著增强

“十二五”期间，湖南省旅行社规模持续扩大，数量、总资产规模均有明显提升。在数量上，全省旅行社数量较“十一五”期间增长了48.43%，年平均增长率达2.5%。在总资产规模上，截至2014年底，全省旅行社总资产规模达154.07亿元，较“十一五”期间增长了86.23%，年平均增长率达到17.88%，尤其是2011—2012年度，是全省旅行社资产扩张的高速期。旅行社的综合实力也得到显著增强，湖南华天国际旅行社、湖南海外旅行社、湖南万达亲和力旅游国际旅行社、湖南新康辉国际旅行社、湖南省中国国际旅行社、湖南光大国际旅行社、长沙国旅国际旅行社进入全国百强，湖南万达亲和力旅游、湖南海外旅行社进入全国入境游排名二十强，湖南万达亲和力旅游国际旅行社进入全国旅行社集团二十强，湖南华天旅行社进入全国利税贡献二十强旅行社。

（二）国内、入境业务大幅回落，出境业务逆市上扬

“十二五”期间，在国内、入境旅游组织规模、营业收入、业务利润等各方面，全省旅行社都呈现出前期迅猛发展，2012年大幅回落的特点。2012年被称为“移动互联网元年”，移动端APP提供的旅游产品不仅冲击PC端的市场，对传统线下旅行社更是造成了巨大冲击。加之“三公”消费的减少，旅行社互联网思维的缺乏，智慧化转型慢，对旅游消费散客化趋势的应对不足，造成了客源的极大流失。出境旅游则在整体旅游遇冷状况下依然稳步增长。

（三）行业利润率低，服务质量受诟病

旅行社旅游业务利润普遍偏低，三大业务利润在“十二五”期间均呈现下降的趋势。入境旅游和国内旅游全行业的平均利润率仅为 2.49% 和 2.06%，出境旅游的平均利润率虽可达到 16.31%，但相比其他行业来说仍然偏低。此外，近几年来不断发生游客与导游冲突矛盾事件，使旅行社从业人员面临社会质疑。虽然 2014 年在湖南持证导游年审培训网络平台注册学习的导游达 1.9 万人，但仍然无法改变旅行社行业从业人员流失过快的现状。旅行社行业运行的不规范以及各方面利益分配不均可能是造成这一现象的主要原因，但旅行社从业人员薪酬体系不合理或许是更深层次的原因。

三、对策建议

（一）重点扶持领袖型企业，打造省内同业扶持协作网络

重点扶持一批旅游企业加快发展，力争培育更多年营业收入过 10 亿元的全国知名“湘”字号旅行社集团，采取切实有效措施，全力支持条件成熟的旅游企业上市，发挥领袖型企业的带动作用，增强全省旅行社行业的整体竞争实力。

（二）推进旅行社行业与移动新技术融合

由于旅游产品体验和现场参与的特性，旅行社实体店有不可替代的优势。随着“互联网 +”时代的到来，旅行社应继续加强与优势互联网旅游平台的合作，提升行业与移动新技术融合发展的水平，同时提高自身服务水准，打造多样化的旅游电商模式，满足多样化的市场需求。

（三）加强行业监管，保障人才可持续培养

从业人员队伍稳定有利于行业服务水准的稳定和提升，进而有利于全行业市场占有率、销售营利能力的提升，有鉴于此，应加快旅行社从业人员薪酬保障体系建设，降低旅行社行业从业人员流失率。同时，加强对旅行社从业人员专业素质的监管，提升全省旅行社行业的整体服务水平，多做正面引导和宣传，打造我省旅行社行业优质群像。

第四节　旅游购物

一、发展现状

（一）发展规模：旅游购物比重平稳提升，旅博会交易曲折增长

“十二五”期间，湖南省旅游购物增速平稳，旅游购物在国内旅游消费中占有较大比重。2011 年湖南省购物消费占旅游总消费的 17.72%；2012 年略有增长，占旅游总消费的 18.9%，比 2011 年增长了 1.18 个百分点；2013 年购物消费基本与 2012 年保持持平，占当年旅游总消费的 18.42%；2014 年旅游购物消费占旅游总消费的比重提高到 20.00%，2015 年这一比例更提高到 21.48%。详见图 4–47。

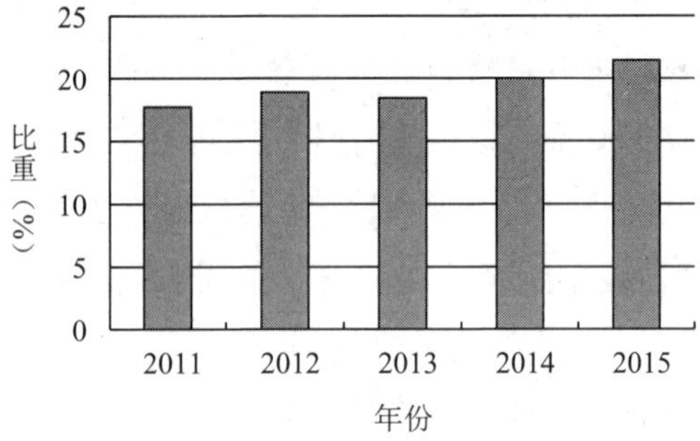

图 4–47　2011—2015 年湖南省国内旅游购物消费占总消费的比重

湖南省旅游产业博览会作为全省旅游购物的重要平台，已形成较大的规模，每年参观旅游产业博览会的游客都稳定维持在十万人左右，2015 年第六届旅游产业博览会的参观人数达到 18 万人。“十二五”期间，旅博会现场成交额呈稳定增长趋势，第三、四、五、六届旅博会现场成交额提高显著，平均增幅达 27%。意向签约金额虽前三届呈下跌趋势，且数额变动幅度很大，但从 2013 年开始呈现稳定增长的态势。详见表 4–24。

（二）购物类型：产品名目繁多，食品与纪念品占据绝对优势

截至2015年底，湖南省共有省级旅游购物示范点58个，分布于14个地州市。排名前三位的为：长沙11个，占总数的19%；株洲7个，占总数的12.1%；张家界6个，占总数的10.3%。详见表4–25。

表4–24 历届湖南省旅游产业博览会情况

届次	举办时间	举办地点	主题	观众人数（万人）	现场成交额（万元）	意向签约金额（万元）
第一届	2010.9	长沙市	“湘旅湘品，快乐湖南”	12.4	1051	14000
第二届	2011.9	张家界市	“乐游乐购，锦绣湖南”	—	—	—
第三届	2012.9	长沙市	“锦绣潇湘，快乐湖南”	12	700	9650
第四届	2013.9	长沙市	“锦绣潇湘，快乐湖南”	10	702	2738
第五届	2014.9	郴州市	“锦绣潇湘，休闲郴州”	10	1036	5830
第六届	2015.10	长沙市	“锦绣潇湘，乐游世界”	18	1380	7950

据不完全统计，在产品类型上，湖南省旅游商品有旅游纪念品、旅游食品、旅游服装、旅游交通工具、旅游装备品、饭店用品、游艺设备7大类，255个具体名目（详见图4–48），旅游商品类型分布相对集中，以旅游食品和旅游纪念品为主，两者占全部旅游商品类型的95.29%。在空间分布上，旅游商品经济主导型地市占55.69%，其他商品经济主导型地市占39.61%，综合型地市占4.71%，具体到各市（州），娄底、益阳、湘西、衡阳的资源丰度相对较高，而湘潭、常德、张家界的资源丰度相对较低，详见表4–25。

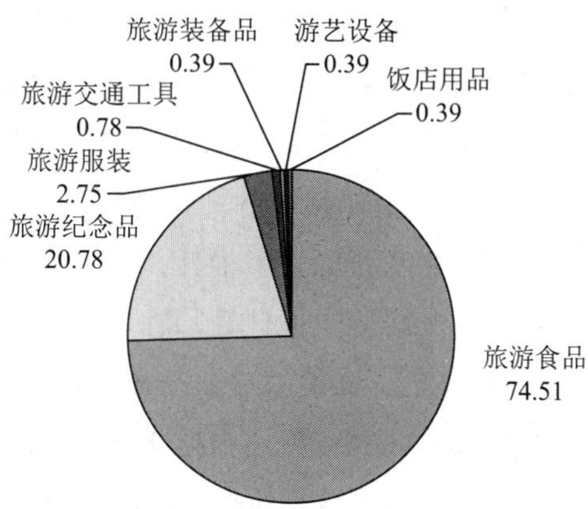

图4–48 湖南省旅游商品资源构成百分比

表 4-25 湖南省各市（州）旅游商品类型及购物示范点数

市（州）	类型	旅游商品名目占全省总数的百分比	旅游购物示范点数（个）
长沙市	旅游纪念品、旅游食品	4.75%	11
株洲市	旅游纪念品、旅游食品、旅游服装、旅游交通工具	7.84%	7
湘潭市	旅游纪念品、旅游食品	2.53%	4
衡阳市	旅游纪念品、旅游食品、旅游服装	9.02%	4
邵阳市	旅游纪念品、旅游食品	6.67%	2
岳阳市	旅游纪念品、旅游食品、旅游装备品	6.67%	2
张家界	旅游纪念品、旅游食品	3.53%	6
益阳市	旅游纪念品、旅游食品、旅游服装、酒店用品	12.16%	2
常德市	旅游纪念品、旅游食品、游艺设备	3.53%	3
娄底市	旅游纪念品、旅游食品、旅游服装、旅游交通工具	12.55%	3
郴州市	旅游纪念品、旅游食品	6.67%	4
永州市	旅游食品	5.49%	2
怀化市	旅游纪念品、旅游食品	7.06%	5
湘西州	旅游纪念品、旅游食品	10.59%	4
总计			58

二、发展特征

（一）旅游商品种类丰富，旅游商品体系基本形成

“十二五”期间，在湖南省旅游业快速发展的同时，湖南省旅游商品产业也步入快速发展的轨道，初步形成了以竹木雕刻、土家扎染蜡染刺绣、湘绣、主席塑像挂链、南岳香火制品和茶叶为主的旅游商品系列，旅游商品种类不断丰富，旅游商品体系基本形成，其中独具湖湘文化特色的湘烟、湘酒、湘茶、湘绣、湘瓷、湘莲、湘西银饰、菊花石等驰名中外，发展形成了一系列知名品牌，为湖南省旅游商品产业的长足发展奠定了良好基础。

（二）旅游购物示范单位建设，促进旅游业均衡发展

湖南省从 2011 年开始推选“湖南省旅游商品购物示范点”，制定相关条件，由市州推荐，省局验收，2011 年选出 13 个单位为首批湖南省旅游商品购物示

范单位，并进行了授牌。“十二五”期间，各地掀起了争相创建湖南省旅游购物示范单位的热潮，促进了湖南省旅游购物的健康发展，截至2015年底，全省共有省级旅游商品购物示范单位58个。

（三）湖南省旅游商品博览会效果显著

目前，湖南省已连续举办了六届旅游商品（产业）博览会，每一届都取得了良好效果。以2011年举办的第二届旅游商品（产业）博览会为例，全省14个市州旅游局和700家省内外企业进场布展，展览面积达8100平方米，展出商品达10大类上万种，全面展示和检阅了全省旅游商品发展水平。参加这次旅博会的观众达到12.4万人次，发放资料、礼品84万件，现场成交额达1051万元，签订意向订购协议金额达1.4亿元，取得了良好效果。

湖南省旅游商品博览会的成功举办，进一步推进了湖南旅游商品的研发、生产和销售，将进一步促进全省把潜在的旅游商品资源优势整合、转化为现实的经济优势，加快整个旅游产业由数量增长向数量增长与提质增效并重转变步伐。

（四）旅游商品企业销售方式趋于多样化

总体而言，湖南省旅游商品企业的销售方式呈现出以传统的店铺销售和批发销售为主，新兴网络销售也有一定发展的特点，开始趋于多样化。目前店铺销售占主导地位，所占比例为57.45%；网络销售次之，占25.51%；批发销售再次之，占17.04%；其他销售方式所占比例等于或接近0。详见图4–49。

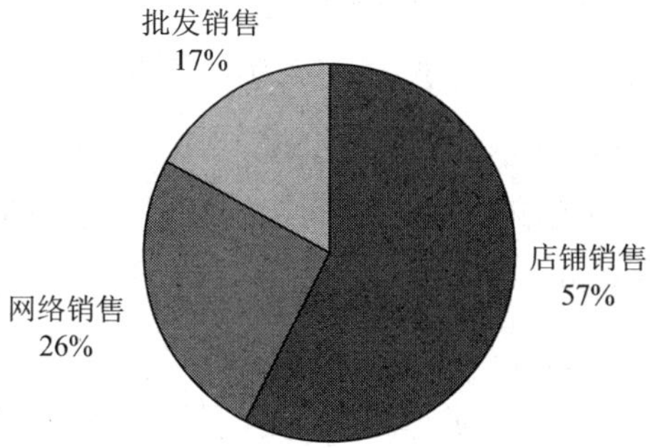

图4–49 湖南省旅游商品企业销售方式

三、问题剖析

（一）旅游购物收入比重不高，仍有较大上升空间

“十二五”期间，湖南省旅游购物收入占旅游总收入的比重保持在20%左右，但据统计，国际上旅游发达国家与地区的旅游商品购物收入一般占到旅游总收入的40%~50%，国内的浙江、海南等旅游大省的旅游商品购物收入占旅游总收入的比重也达35%以上，上海、深圳等旅游大都市甚至占到50%左右。与国内旅游发达省份和世界旅游发达国家和地区相比，湖南的旅游购物比重仍存在不小的差距。

（二）旅游购物经营者欺客宰客现象仍然存在，相关部门管理难度大

一些景区景点的居民自主经营旅游购物商店，一些商贩以次充好、抬高物价、强买强卖、尾随兜售，这些现象依然存在，在一定程度上影响了景区的发展。由于一些商贩是当地居民，与管理人员打“游击战”，导致相关部门管理难度大。

（三）旅游商品地方特色不明显，产品雷同度高

现有的湖南省58家旅游购物示范点所提供的旅游商品，都以食品和礼品类商品为主，地区相似度达到90%，说明湖南省大部分地区的旅游商品结构不合理，开发缺乏大市场、大旅游的观念，地方特色展现也不够，导致旅游商品品种单一、市场竞争力不强。

（四）旅游购物售后服务系统不健全

湖南省各类旅游商品的销售主体一般为零售摊点，由临街固定小摊点及景区个体流动摊贩等自发兴办，一味强调销售出去，质量保障体系和售后服务体系建设落后，售后渠道不畅通，对旅游购物的发展产生一定影响。

（五）旅游商品销售地域范围狭小

据调查，目前湖南旅游商品企业消费群体的地域分布情况为：45.8%的湖南省旅游商品企业消费群体主要为湖南省内游客，35.4%的企业的主要消费群体是本地人，而销售群体以国内其他省市游客居多的企业较少，仅占18.8%，没有企业的消费群体以外国游客为主。说明绝大部分湖南旅游商品企业产品销售地域范围仅限于省内，产品销售市场亟须向省外和境外拓展。

（六）旅游商品畅销季节性较强

据统计，湖南 36.7% 的旅游商品企业的产品畅销季节为春季；34.7% 的企业的商品无明显的季节性，全年均为畅销季节；18.4% 的旅游商品企业的产品畅销季节为夏季；产品畅销季节为秋冬两季的企业所占比例较低，分别只为 6.1%，4.1%（详见图 4–50），说明湖南大部分旅游商品企业的产品存在销售的季节性，不利于市场的拓展。

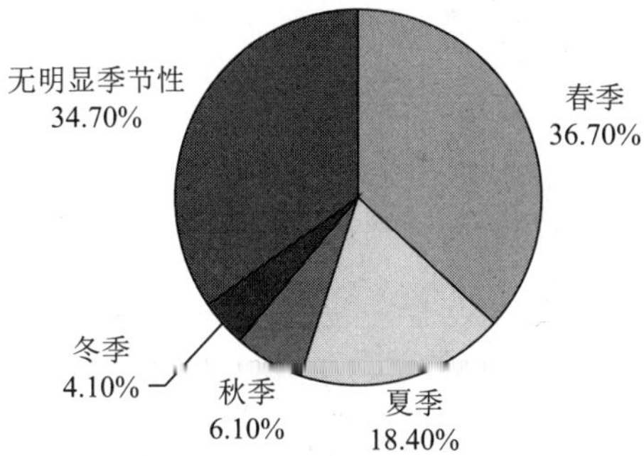

图 4–50　湖南省旅游商品畅销季节

四、对策建议

（一）丰富旅游商品类型

把握好旅游者的消费偏好，正确进行消费群体定位、商品用途定位和市场价格定位，针对不同人群开发不同层次的旅游商品，丰富旅游商品的类型，并定期对游客的旅游购物偏好及消费特点进行调查研究，避免开发的盲目性。强化地域特色商品开发，充分挖掘地域特色文化内涵，打造一批地域特色鲜明的旅游特色产品。

（二）加大对旅游商品销售的管理和监督

加大对旅游定点商店和旅游商品销售的执法监督和监管力度，对有证经营者定期进行检查，对无证经营的小摊小贩采取相应的监管措施，为旅游商品销售营销营造良好的市场环境，减少不当竞争引起的竞相涨价、以次充好等现象。

（三）鼓励相关企业完善售后服务

鼓励各定点商店提供送货上门、邮寄、售后质量保证等售后服务，能三包的三包，该退换的退换，解决游客的后顾之忧。对实施售后服务的商店可适当给予补贴。

（四）重视品牌建设，提高产品知名度

更加重视旅游商品的品牌建设，加大创新力度，设计一批新颖别致的旅游商品，同时严格把控商品质量，择优推进一批特色商品精细发展，让更多的旅游商品成为湖南的旅游名片，提高其在全国乃至国际上的知名度。

第五章

旅游产品

第一节　观光度假旅游产品

一、包价游线路产品

（一）省内游线路产品：以 2~4 日游为主

截至2015年底，湖南省旅行社共提供省内游旅游线路16208条，以二日游、三日游、四日游为主；省内七日以上的长线游产品也有旅行社提供，但相对市场份额小。详见图 5–1。

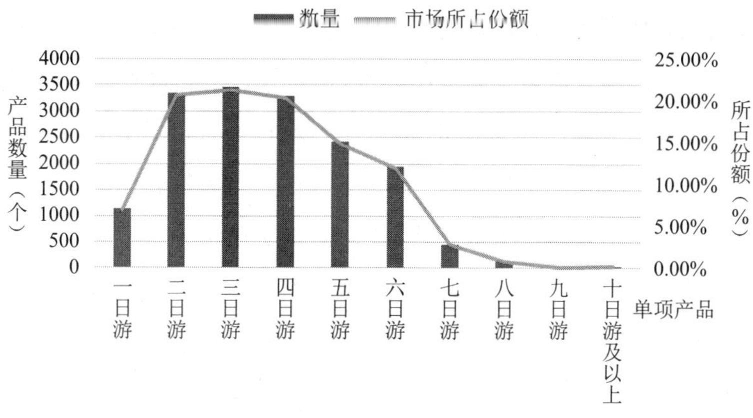

图 5–1　截至 2015 年底湖南省旅行社提供的省内旅游线路数量

（二）国内游、出境游线路产品：覆盖面广

截至 2015 年底，湖南省旅行社共提供以省内各地州市为出发地的国内游线路 15576 条，覆盖全国 31 个省区市；以湖南省各地州市为出发地的出境旅游线路 6531 条，涵盖亚洲、欧洲、美洲、非洲、大洋洲，更有个别旅行社提供南、北极探险之旅。详见图 5–2。

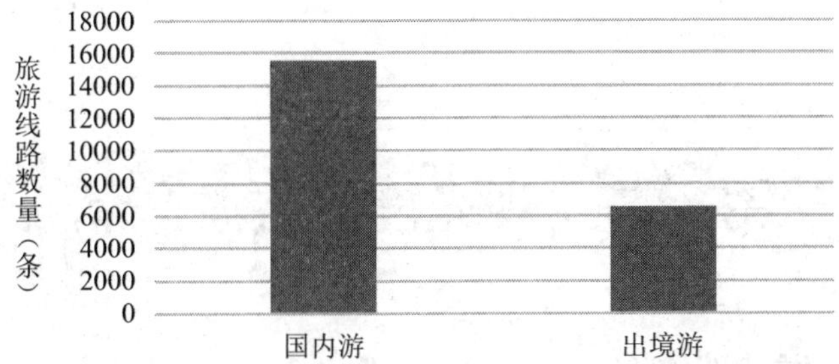

图 5-2　截至 2015 年底湖南省旅行社提供的国内、出境旅游线路数量

二、旅游单项服务产品：以酒店预订服务为主，出境游相关产品在逐步完善

截至 2015 年底，全省旅行社和互联网电商平台共推出旅游单项服务 30371 项。其中，酒店预订服务数量最多，有 24309 项，占单项产品总量的 80%；门票预订服务有 2080 项，占单项服务产品总量的 6.84%；邮轮预订服务增幅最大，有 2146 项，占单项服务产品总量的 7.06%。此外，代办出入境 / 签证、海外无线 Wi-Fi 租赁等服务虽然总量较少，但增长速度较快。详见图 5-3。

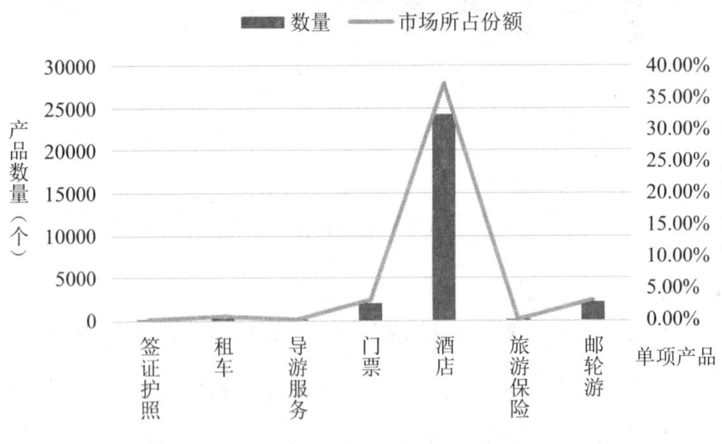

图 5-3　截至 2015 年底湖南省旅行社提供的单项旅游产品数量

第二节 专项旅游产品

一、红色旅游产品：品位较高，效益较好

目前，湖南省共有红色旅游景区 53 个，并有 23 个被列入全国红色旅游经典景区，详见表 5-1。红色旅游产品开发的效益也十分明显，全国 30 条红色旅游精品路线中，湖南占了 3 条，分别是韶山—宁乡—平江线，井冈山—永兴—茶陵—株洲线，张家界—桑植—永顺—吉首—铜仁线；同时，目前全省红色旅游收入年均增长率达 20% 以上，红色旅游直接就业人数达 20 万人，间接就业人数达 80 万人，红色旅游政治工程、文化工程、富民工程、民心工程的积极作用得到充分发挥。

表 5-1 截至 2015 年湖南省红色旅游景区数量一览表

地州市	红色旅游景区	全国红色旅游经典景区	地州市	红色旅游景区	全国红色旅游经典景区
长沙	7	6	邵阳	4	
株洲	4	2	永州	3	
湘潭	4	3	郴州	3	2
衡阳	4	2	怀化	5	2
益阳	3		张家界	1	2
岳阳	5	3	湘西州	1	1
常德	7		总 计	53	23
娄底	2				

二、乡村旅游产品：种类丰富，类型多样

目前，全省有 33 个旅游强县、60 个特色旅游名镇、195 个特色旅游名村、255 个五星级乡村旅游点、12 个全国休闲农业与乡村旅游示范县、23 处全

国休闲农业与乡村旅游示范点、95 家省级农业旅游示范点（详见表 5-2），基本形成了以娱乐休闲为主的休闲型（如“度假村”“农家乐”）、以乡村山野水体等自然环境疗养健身为主的养生运动型（如宁乡灰汤温泉）、以采摘垂钓或特色餐饮为主的采摘品尝型（如石门橘海采摘游）、以当地特色风光或村落名胜为主的观光型（如洪江古商城）等产品类型，有效地推动了乡村旅游的发展。

表 5-2　截至 2015 年湖南省乡村旅游成果汇总表

地州市	旅游强县	特色旅游名镇	特色旅游名村	五星级乡村旅游点	全国休闲农业和乡村旅游示范县	全国休闲农业和乡村旅游示范点
长沙	4	7	15	62	2	7
株洲	2	5	13	20		1
湘潭	3	4	11	18		2
衡阳	3	4	14	13	1	1
益阳	1	4	10	10	1	2
岳阳	2	4	15	12	1	2
常德	2	4	15	29		2
娄底	3	5	12	15	1	
邵阳	2	4	14	8	1	2
永州	2	3	13	9		
郴州	3	4	15	22	2	3
怀化	3	5	18	24	2	1
张家界	2	4	13	11	1	
湘西州	1	3	17	2		
总计	33	60	195	255	12	23

三、休闲运动产品：发展较快，成果颇丰

“十二五”期间，湖南省结合自身资源优势，大力发展休闲、运动类旅游产品，温泉、漂流、冰雪等项目得到长足发展。目前，全省已建成并投入使用的室内（外）滑雪场有长沙浏阳大围山滑雪场等 4 处，室内真冰滑冰场有长沙欧悦滑冰俱乐部等 3 处。长沙、郴州等 7 个地州市开发了温泉疗养资源，其中，

长沙灰汤国际温泉度假区为首批国家级旅游度假区。全省14个地州市均开发建设有漂流产品，其中长沙宁乡、浏阳，岳阳平江，张家界等地的漂流产品尤为丰富。详见表5–3。

表5–3 截至2015年湖南省休闲运动旅游产品一览表

地州市	产品类型	项目名称	等级
长沙市	温泉	灰汤国际温泉度假区	国家级旅游度假区
	温泉	长沙樱花温泉、宁乡紫龙湾温泉、浏阳飞天温泉	
	冰雪项目	浏阳大围山滑雪场、浏阳赤马湖瑞祥冰雪世界、长沙三只熊冰雪王国室内滑雪场、长沙喜悦真冰滑冰场、长沙欧悦滑冰俱乐部	
	漂流	石燕湖黑龙潭地下峡谷漂流、浏阳大围山峡谷漂流、宁乡沩山漂流、宁乡龙凤峡漂流、浏阳狮口战地漂流、浏阳凤凰峡漂流、浏阳枫林湖六叠泉漂流、浏阳周洛飞瀑漂流、浏阳皇龙峡漂流、浏阳榴花洞漂流、浏阳黄石洞生态漂流	
株洲市	冰雪项目	株洲奥悦冰雪嘉年室外移动冰场	
	漂流	攸县酒埠江亲水漂流	
衡阳市	漂流	衡山九龙峡漂流	
益阳市	漂流	安化响水洞漂流	
常德市	温泉	石门大河洲温泉	
	冰雪项目	石门县壶瓶山东山峰云顶滑雪场	
	漂流	石门壶瓶山漂流、桃源虎溪漂流、桃源西安山洞溪漂流	
岳阳市	漂流	临湘龙潭湖漂流、平江连云山沱龙峡漂流、平江石牛寨峡谷漂流	
邵阳市	温泉	隆回魏源温泉	
	漂流	新宁鲤溪漂流	
郴州市	温泉	宜章县一六温泉、郴州市龙女温泉、郴州莽山森林温泉度假村、汝城热水温泉、资兴汤市温泉	
	漂流	资兴东江湖漂流、汝城热水河漂流	
娄底市	温泉	新化高州温泉	
	漂流	涟源龙山飞水漂流、新化油溪河漂流	
永州市	漂流	祁阳金洞漂流、道县湘源温泉	
怀化市	漂流	洪江雪峰山大峡谷漂流、通道龙底河漂流、芷江茅丛河漂流	

续表

地州市	产品类型	项目名称	等级
张家界	温泉	慈利万福温泉、慈利江垭温泉	
	漂流	茅岩河漂流、张家界激流回旋漂流	
湘西州	温泉	永顺不二门温泉、永顺温塘温泉	
	漂流	永顺芙蓉镇猛洞河漂流、凤凰西门峡漂流	

四、工业旅游产品：规模初具，特色鲜明

截至2015年，湖南省共有5家全国工业旅游示范点、52家省级工业旅游示范点，详见表5-4。全省工业旅游线路建设也初具成效，形成了以感受现代制造艺术为目的的“广汽菲亚特——三一重工——德国博世”路线，以及感受传统医药发展、了解生物医药奥秘的“医药科技文化馆——生物医药企业”高科技类观光游览路线等特色工业旅游线路，满足了游客近距离接触高科技、了解高科技的需求。

表5-4 截至2015年湖南省“工业旅游示范点”数量一览表

地州市	国家级工业旅游示范点	省级工业旅游示范点	地州市	国家级工业旅游示范点	省级工业旅游示范点
长沙市	0	16	郴州市	1	5
株洲市	1	2	娄底市	0	0
湘潭市	0	6	永州市	0	0
衡阳市	0	0	怀化市	1	1
益阳市	0	7	张家界市	0	0
常德市	0	6	湘西州	2	3
岳阳市	0	2	总计	5	52
邵阳市	0	4			

第三节　新型旅游产品

一、自驾游产品：线路丰富，效益良好

“十二五”期间，湖南省推出了以民俗风情、宗教文化、寻根祭祖、地质奇观、湘楚文化、环洞庭湖生态等为特色的精品自驾游线路，取得了良好效益。以湘乡韶湖假日小镇景区为例，2013—2015 年，已连续举办三届中国（湖南）大型自驾户外狂欢节，2015 年更是通过移动互联技术，将自驾狂欢节晚会在微信手机端进行全程直播，实现了 137 万人同时在线观看的业绩。

二、生态旅游产品：数量增加，效应明显

目前，湖南省已成功创建了大围山等 5 家国家级生态旅游示范区、大熊山国家森林公园等 29 家省级生态旅游示范区。同时，长沙洋湖湿地等 7 家景区成为首批“两型旅游景区”，邵阳城步南山被列为首批国家公园体制试点区，示范引领效应较强。详见表 5–5。

表 5–5　截至 2015 年湖南省生态旅游成果汇总表

地州市	国家级生态旅游示范区	省级生态旅游示范区	省级两型旅游景区	地州市	国家级生态旅游示范区	省级生态旅游示范区	省级两型旅游景区
长沙	1	3	3	郴州	1	5	1
株洲	1	3		娄底		3	
湘潭				永州	1	3	
衡阳		2		怀化		4	
益阳		1	1	张家界			
常德		2		湘西州			
岳阳		1	1	总计	5	29	7
邵阳	1	2	1				

三、游轮游艇旅游产品：开始出现，亮点突出

游轮游艇旅游作为一种全新的水上旅游方式，近年已经开始出现。2013 年 11 月，“阿兹姆”号游艇在岳阳市洞庭湖水域试水；2014 年，长沙首座游艇码头在巴溪洲水上乐园建成，目前，长沙橘子洲码头的湖南最大双底豪华游轮已鸣笛首航；2015 年，株洲规划在湘江株洲段流域设置 30 个水上旅游码头和 4 个游艇港区，也为游轮游艇旅游的发展提供了保障。

四、其他新型旅游产品：逐渐涌现，增长迅速

随着新的旅游六要素“商、养、学、闲、情、奇”概念的推广，研学、户外、拓展等新型旅游产品纷纷涌现，“夏令营”“游学交流”“亲子游”等市场增长迅速，形成了良好的口碑，获得了丰厚的回报。

第六章

旅游投资

第一节　基本情况

一、投资规模：不断扩大，投资总量稳步上升

“十二五”期间，湖省共有重点在建旅游项目454个，总投资4246.56亿元，比“十一五”同期的3212亿元同比增长32.03%。其中，新建项目272个，总投资2132.83亿元，续（改）建项目182个，总投资2113.73亿元。“十二五”期间，全省累计完成投资额1088.45亿元，完成率25.63%，比“十一五”同期的763亿元增长42.65%。

二、区域结构：以长株潭地区为主，大湘西地区投资额较少

“十二五”期间，在各市州旅游投资总额方面，长株潭地区为投资重点，三市投资额占总投资额的50.6%，比较而言，湘西、怀化、邵阳等湘西地区投资较少，三市共50个投资项目，总投资额为197.73万元，只占全部投资额的4.7%。详见表6-1。

表6-1　2011—2015年湖南省各市州旅游投资状况

区域	项目个数	总投资	累计完成投资	本期计划投资	本期实际完成投资
长沙市	39	632.85	146.9	8.89	97.05
株洲市	45	1036.56	262.91	69.34	242.8
湘潭市	32	478.91	137.69	1.67	105.43
衡阳市	32	251.03	79.5	0.36	72.19
邵阳市	12	91.85	10.44	—	9.88
岳阳市	30	167.32	117.78	2.5	40.64
常德市	58	422.12	158.7	—	145.43
张家界市	32	209.07	33.34	0.4	20.45
益阳市	45	257.97	24.89	—	17.44

续表

区域	项目个数	总投资	累计完成投资	本期计划投资	本期实际完成投资
郴州市	37	236.35	88.29	39.62	81.24
永州市	23	187.4	128.13	22.9	125.71
怀化市	34	55.62	36.76	2.44	30.13
娄底市	31	166.16	85.24	21.48	73.28
湘西州	4	50.26	26.78	3.5	26.78
合计	454	4243.47	1337.35	173.1	1088.45

三、项目结构

（一）项目规模结构：以上亿元的项目为主，上百亿的项目不多

“十二五”期间，湖南省亿元以上的旅游投资项目共有 551 个，其中，上亿元投资项目数量为 299 个，占总量的 41.6%；上五亿元的项目数量为 134 个，占总量的 24.3%；上十亿元的项目数量为 87 个，占总量的 15.8%；上五十亿元的项目数量为 20 个，占总量的 3.6%；上百亿元的项目数量为 11 个，占总量的 2%。详见图 6–1。

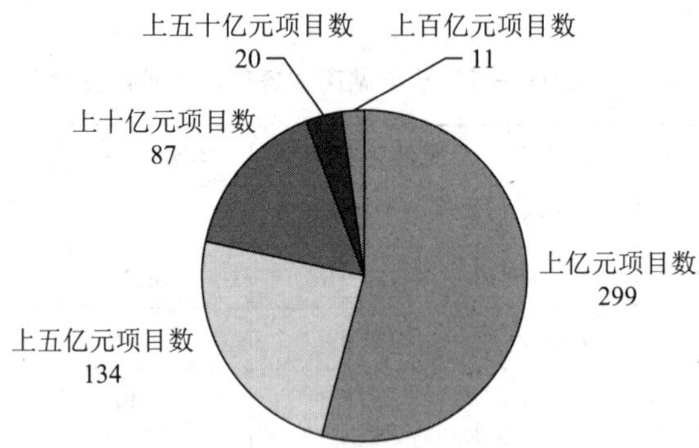

图 6–1 “十二五”期间湖南省旅游项目投资情况

（二）项目类别结构：旅游景区、旅游业基础设施、旅游饭店是投资重点，其他项目投资相对较少

“十二五”期间，湖南旅游投资资金主要支出的六大类项目中，旅游景区建

设项目、旅游业基础设施、旅游饭店项目是投资重点，分别占资金支出总额的58.41%、21.24%和12.14%，而人力资源培训项目、旅游演出项目、旅游购物（场所）项目合计只占总资金支出额的3.37%，旅游投资偏向性较为明显。详见图6–2。

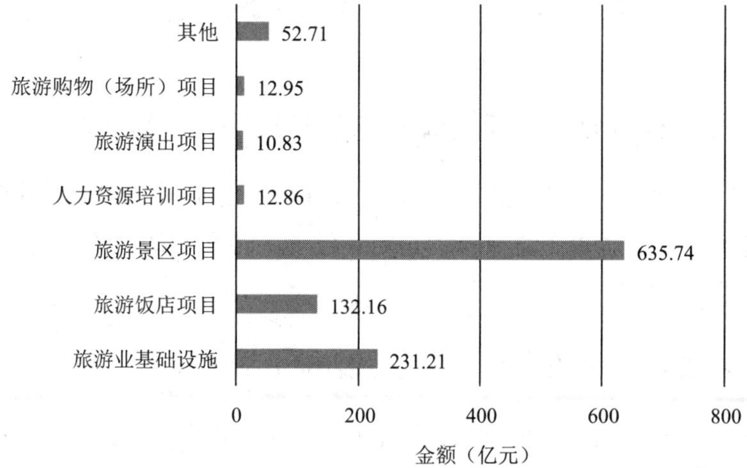

图6–2　湖南省“十二五”期间旅游投资支持项目

四、资金来源：民营资本为主体，政府、国企及其他投资为补充

“十二五”期间完成的旅游投资中，政府财政投资189.26亿元，占总投资的17%；企业投资896.68亿元，占总投资的82%；外来资金2.51亿元，占总投资的1%。详见表6–2。

企业投资中，国有企业投资165.47亿元，占总投资的15%；民营企业投资521.1亿元，占总投资的48%；股份制企业投资30.84亿元，占总投资的3%；其他（企业）投资179.27亿元，占总投资的17%。详见表6–2。

表6–2　湖南省“十二五”期间旅游投资资金来源构成

投资主体	政府	企业				外资（资金）	总计
		国有企业	民营企业	股份制企业	其他（企业）		
投资金额（亿元）	189.26	165.47	521.1	30.84	179.27	2.51	1088.45

第二节　发展特点

一、旅游投资总额持续增长，推进旅游产业结构转型

“十二五”期间，湖省旅游投资呈现出规模大、进展快、成效好的良好发展势头，各类主体旅游投资均有所增长，实现了旅游产业结构转方式、惠民生、促就业、推发展的带动作用。

二、观光与休闲投资并重，业态结构更加优化

据统计，“十二五”期间全省在建旅游项目中，包含度假属性的项目总投资2772.37亿元，包含观光属性的项目总投资2398.61亿元，包含生态旅游属性的项目总投资2287.22亿元，包含文化旅游属性的项目总投资2553.99亿元，集观光、度假、文化于一体的多元化旅游项目业态结构正在加速形成。

同时，顺应旅游消费的大众化、个性化、休闲化和散客化趋势，探险、温泉养生、主题公园、特色街区、旅游演艺、自助游营地等新兴休闲产品的旅游项目投资也进一步增加，“十二五”期间，上述6类新业态休闲产品共有在建项目41个，总投资743.88亿元，表现出良好的发展势头。

三、民营企业投资比重大，市场主体逐步壮大

“十二五”期间，累计完成投资额1088.45亿元中，政府和市场主体投入资金比为17 ∶ 83，市场主体资金以绝对优势占投资的主体地位。其中市场投资中，各类性质企业资本均有进入，国有企业、民营企业和其他企业投入资金分别为165.47亿元、521.1亿元和212.6亿元，说明随着旅游产业市场化程度的不断提升，各类市场资本不断涌向旅游行业，民营企业投资比例过半，成为“十二五”期间投资的主力。

四、产业融合趋势明显，全域统筹整体推进

随着湖南省产业融合和转型升级战略的逐步推进，旅游与文化、体育、商业等相关产业融合程度日益上升，文化体验、体育运动、商业综合等新业态项目的投资也有所增长，“十二五”期间，全省共有在建文化旅游项目、体育运动项目和商务旅游项目 269 个，总投资 4327.32 亿元，成为加快推进产业融合发展的重要载体。此外，“十二五”期间全省共有大型综合体在建项目 105 个，总投资 1509.69 亿元，累计完成投资 498.82 亿元，也为产业融合发展提供了重要载体。

同时，随着新型城镇化、新农村建设、旅游精准扶贫等系列国家战略和政策的推进，“十二五”期间，全省旅游开发与城镇综合开发、新农村建设等区域开发深度融合，旅游投资逐步呈现出全域化的特点。5 年间，全省共有旅游城镇综合开发项目 113 个，总投资 1788 亿元；旅游镇村建设项目 35 个，总投资 332 亿元。此外，大湘西地区还结合武陵山片区扶贫攻坚工作的开展，大力推进旅游基础设施建设，旅游交通配套条件也随之改善。

第三节　问题剖析

一、投资结构不尽合理，缺乏较好的统一规划

部分地区对旅游发展配套要素的建设还缺乏深入了解，没有较好的旅游规划作支撑，发展信心不足，只重视政府投入，“等、靠、要”的现象依然存在，使得地区之间旅游投资结构不尽合理。每年推出的招商项目中很多是菜单式的项目，随意性较大，可行性研究不够，致使投资商对招商项目把握不准、信心不足、兴趣不高，导致一些资源品质优良的项目遭到冷遇，或是由于资源评价、评估工作不到位，招商困难或开发价值被低估，导致旅游资源开发滞后，投资机会和资金流失。

二、旅游投资地区偏向性明显，湘西地区投资不足

“十二五”期间，全省 14 个市州中，长沙、株洲及湘潭三个市的项目数虽然只占全部项目数的 25.6%，但总投资额却占全省投资额总数的 50.6%，相对来说，湘西、怀化与邵阳三个地区有 50 个投资项目，总投资额只有 197.73 万元，只占全部投资额的 4.7%，投资的区域差异明显。

三、基础建设投资为主，人才储备和投资供给不足

“十二五”期间，全省旅游投资资金的重要支出内容仍然以旅游基础设施建设、旅游景区建设以及旅游饭店项目为主，分别占资金支出总额的 58.4%、21.2% 和 12.1%。而旅游业后期投入如人力资源培训费用、旅游演出费用、旅游购物（场所）资金支出等方面的比重不高，只占总资金支出额的 3.4%，投资的项目结构仍不合理，对全省旅游项目的开发水平和规模产生较大影响。例如，目前，湖南省旅游业人才培养和储备严重不足，尤其是高层次的旅游人才比较缺乏，这与旅游投资资金支出不足有很大的关系。

第四节　对策建议

一、突出融合创新，发挥旅游综合产业优势

主动融入重大战略，推动旅游业与新型工业化、新型城镇化、信息化、农业现代化紧密结合，加速与一、二、三产业融合发展，引导旅游投资重点领域的产业要素向旅游功能区、旅游融合发展示范区、旅游产业园区和旅游综合体集聚，提升产业发展综合效益。

二、在区域上适度倾斜，促进旅游资源更好开发

目前，全省旅游投资资金过度关注长株潭等较为发达的地区，对一些离长株潭较远的地级市尤其是一些较为偏远的县级单位投资较少，而这些地区往往

拥有良好的旅游资源，也更加符合现代旅游者对生态旅游、休闲度假旅游的偏好，其资源的开发与建设能吸引更多的游客，不仅能增加就业，还有利于帮助居民摆脱贫困，促进地方经济发展，应适度增加对这些地区的旅游投入力度。

三、重视专业人才培养，加大相关投入力度

旅游人才是旅游业快速发展的智力保障，随着旅游业的快速发展，对高层次旅游人才的需求也进一步加强。有必要在重视基础设施投资的同时，加大对人力资源培训等的投资力度，培养一批有胆识、有魄力的企业家，一批熟悉旅游经济规律并具有投资专业知识和实践经验的经营管理人才，一批熟悉相关技术并具有一定自主创新能力的高端专业技术人才，以满足新形势下旅游业发展的需要。

第七章

区域协作

第一节　区域旅游合作

一、外部区域旅游合作

（一）区域旅游合作平台建设蓬勃开展

“十二五”期间，湖南省积极促进与周边省份的区域旅游合作平台建设（详见表 7–1），长江经济带旅游媒体联盟等合作平台发展态势良好。同时，全省还深化与周边省市的区域旅游合作，以旅游交通互连、旅游线路共推、旅游信息平台共建、旅游市场监管互动等为重点，签订了一系列推进区域旅游合作的决议（详见表 7–2），极大地推进了湖南省与周边省（区、特区）的区域旅游合作。

表 7–1　“十二五”期间湖南省主要省级区域旅游合作平台建设表

名称	合作主体	年份
长江经济带旅游媒体联盟	长江日报、新闻晨报、华西都市报、浙江在线、长江网等 12 家媒体	2015 年
武陵山片区旅游合作联盟	武陵山地区湖南、湖北、贵州、重庆四省市的 71 个市州县（区）	2014 年
京港澳高铁沿线旅游市场推广联盟	北京、天津、河北、河南、湖北、湖南、广东共 7 省（直辖市）及承德、张家口、秦皇岛、唐山、廊坊、保定、石家庄、邢台、邯郸、安阳、鹤壁、新乡、郑州、许昌、漯河、驻马店、信阳、孝感、武汉、咸宁、岳阳、长沙、株洲、衡阳、郴州、韶关、清远、广州、东莞、深圳、珠海共 31 城市	2012 年
南岳衡山、韶山、井冈山旅游战略合作联盟	南岳衡山、韶山、井冈山 3 个 5A 级景区	2014 年

（二）高铁建设助推沿省区域旅游合作

截至 2014 年底，湖南高速铁路通车里程达到 1296 千米，位居中国第一。长沙已成为中国中部地区高铁枢纽，高铁沿线旅游市场成为湖南省开发潜力最为巨大的国内旅游客源市场。近年来，以京广高铁、沪昆高铁、湘桂高铁为主线，湖南省积极开发高铁沿线旅游市场，通过一系列高铁旅游产品推介会、主题宣传促销活动（详见表 7-3），加强与沿线省区的合作，打造高铁旅游经济带，其后继效应逐步凸显，乘高铁来湖南旅游的人数呈倍增态势。

表 7-2 “十二五”期间湖南省与周边地区的区域旅游合作决议（共识）

名称	合作主体	年份
《湘闽旅游合作协议》	湖南省、福建省	2015 年
《湘赣边区域开放合作浏阳共识》《湘赣边县域城市战略合作框架协议》	井冈山、莲花、醴陵、浏阳、平江、上栗、铜鼓、万载、修水、永新等湘赣边区域合作 10 县市	2014 年
《南岭生态旅游促进宣言》	湖南、广东、广西壮族自治区、江西共 4 省区 7 市	2014 年
《长沙宣言》	南昌、合肥、武汉、长沙四省会城市	2014 年
《岳阳共识》	京港澳高铁沿线、长江沿岸和湖南省内共 31 个城市	2014 年

表 7-3 湖南省省级高铁主题旅游合作情况表

年份	高铁主题旅游合作（活动）
2015	湖南省旅游局组织湘潭、娄底、常德、韶山、新化等市县旅游局及有关旅游企业参加在上海举办的国际会奖旅游博览会，组织沪昆高铁沿线城市旅游局及企业赴贵阳举办推介会，参加在广西桂林召开的高铁旅游协调工作会，积极配合贵州、江西来湘举办高铁旅游产品推介会
2014	“美在广西”高铁旅游交流座谈会在长沙举行
2013	湖南省旅游局分别在石家庄、北京、深圳三地举办了湖南“好美·好奇·好玩”高铁旅游产品推介会，衡阳市举办以“高铁一线牵、湘桂两地游”为主题的湘桂高铁沿线城市旅游合作联盟活动

（三）国际交流与合作不断深化

在国际合作方面，近年来湖南省旅游局组团参加了中国国际旅游交易会、中蒙俄“万里茶道（茶叶之路）”旅游座谈会、意大利米兰国际旅游展、2015 中国—东盟博览会旅游展，并赴我国港澳台、韩国、意大利、德国、俄罗斯、南非、美国开展了旅游推广活动，进一步巩固了港澳台、韩国旅游市场，开拓了东盟、欧美、俄罗斯、南非等旅游市场。

二、省内区域旅游合作

（一）省内区域旅游合作平台建设成效明显

近年来，湖南成立了大湘东文化旅游经济带合作联盟、沪昆高铁湖南穿越之旅推广联盟等平台（详见表 7–4），省内区域旅游合作平台不断完善，各市州区域旅游合作日益增强。通过省内各市州在旅游产品开发、线路打造与推广等多方面的合作，逐步掀起了“湖南人游湖南”的热潮，据统计，2015 年湖南省国内旅游中，湖南省本地游客占据了半壁江山，达到 54.3%。

表 7–4　“十二五”期间湖南省主要区域旅游合作平台建设表

名称	合作主体	年份
大湘东文化旅游经济带合作联盟	5 个地级市（岳阳市、长沙市、株洲市、衡阳市、郴州市），涵盖 14 个县（临湘市、平江县、浏阳市、长沙县、醴陵市、攸县、茶陵县、炎陵县、桂东县、资兴市、衡东县、耒阳市、安仁县、汝城县）	2015 年
沪昆高铁湖南穿越之旅推广联盟	沪昆高铁沿线的长沙、株洲、湘潭、娄底、邵阳、怀化六市	2015 年
《品质旅游，优质服务》宣言	京广高铁湖南沿线的长沙、郴州、衡阳、株洲、湘潭、岳阳共 6 市	2014 年

（二）精品旅游线路建设进一步促进省内区域旅游合作

“十二五”期间，湖南省重点建设了 10 条精品旅游线路，即湘西生态民俗风情精品旅游线、湘东武广高铁精品旅游线、湘南寻根祭祖精品旅游线、湘东红色文化与休闲精品旅游线、湘中大梅山文化精品旅游线、湘北环洞庭湖生态文化度假精品旅游线、伟人故里“红三角”精品旅游线、湖湘文化精品旅游线、山水奇观精品旅游线、湘江生态旅游精品线，并结合沪昆高铁的开通，重点打造了沪昆高铁（湖南段）精品旅游线。同时，还启动了 12 条大湘西地区文化生态旅游融合发展精品线路建设（详见表 7–5）。通过跨市州精品旅游线路建设，极大地促进了省内各市州的区域旅游合作。

三、问题剖析

总体而言，湖南省外部及省内区域旅游合作均取得了较好成效。但也存在一些问题。一方面，旅游产业作为一个综合性产业，涉及多个行业和部门，而目前在政府主导区域旅游合作推广方面，各级旅游部门参与程度较高，其他政府部门、旅游企业等参与程度相对较低，导致相关政策性配套不到位，加大了区域旅游合作的工作推进难度，同时也在一定程度上降低了区域旅游合作的成效。另一方面，目前跨省及省内区域旅游合作的方式主要以构建旅游合作平台（联盟）、签署旅游合作宣言、举办旅游推介会等为主，在当前“旅游＋互联网”发展形势下，其合作形式还有待进一步丰富和创新。

表 7-5　12 条大湘西地区文化生态旅游融合发展精品线路基本情况

线路名称	串接县市
线路一：土家探源	永顺县、古丈县、龙山县、保靖县
线路二：神秘苗乡	花垣县、吉首市、保靖县、古丈县、泸溪县、凤凰县、麻阳县
线路三：古城商道	洞口县、洪江区、洪江市、鹤城区、中方县、芷江县、新晃县
线路四：侗苗风情	洪江区、会同县、靖州县、通道县
线路五：生态丹霞	新宁县、武冈市、城步县、绥宁县、通道县
线路六：沅澧山水	永定区、沅陵县、常德市
线路七：湘军寻古	双峰县、娄星区、涟源市、北塔区、双清区、大祥区、邵阳县、新邵县、邵东县、隆回县、洞口县
线路八：神韵梅山	安化县、新化县、冷水江市、隆回县、溆浦县、辰溪县
线路九：世外桃源	桃源县、石门县、澧县、鼎城区、武陵区
线路十：峰林峡谷	武陵源区、慈利县
线路十一：武陵民俗	武陵源区、桑植县、永定区
线路十二：瑶家古风	宁远县、江永县、江华县

四、对策建议

针对目前区域旅游合作存在的问题，提出两个方面的建议。

（一）建立“四位一体”的区域旅游合作机制

树立大旅游思维，认识旅游业的综合性，建立政府引导、部门协同、企业联手、媒体跟进的“四位一体”的区域旅游合作机制，全方位开展区域旅游合作。加强各级政府的引导以及旅游部门与其他部门间的协同合作，配套完善相应的政策、项目、资金、旅游公共服务设施等。加强与旅游企业、旅游景区等的合作，推出主题性强、适销对路的精品旅游线路、旅游产品。加强与传统媒体、新媒体的合作，实时跟进、强化宣传，营造区域旅游合作氛围。通过“四位一体”机制的建立，快速、有效地推进省内外区域旅游合作。

（二）创新区域旅游合作形式

在现有区域旅游合作平台（联盟）、旅游合作宣言、旅游展销会等合作形式基础上，充分结合“旅游 + 互联网”技术，通过微博、微信、微电影、数字旅游、影视植入、在线预订等方式，全方位开展跨区域旅游线路合作、景区合作等。完善湖南旅游公共微信微博平台、快乐湖南掌上游（APP）、12301 旅游公益服务热线的建设，实施全媒体跨区域旅游合作营销。完善和升级“锦绣潇湘旅游卡”的功能，大力推进“锦绣潇湘旅游卡”的宣传发行工作，刺激旅游者的跨区域旅游意愿，进而实现跨区域旅游合作的目标。

第二节　旅游经济圈建设

一、基本情况

“十二五”期间，湖南省积极推进旅游经济圈建设，先后编制了《大湘西生态文化旅游圈发展规划》《环长株潭城市群旅游发展规划》《湘江旅游经济带发展规划》《洞庭湖生态经济区旅游发展规划》《大湘南区域旅游发展规划》等区域规划，通过规划引领，初步形成了“两带四圈”的旅游经济圈发展格局，其中，“两带”即湘江旅游经济带、大湘东文化旅游经济带，“四圈”即大湘西生态文化旅游圈、环洞庭湖旅游圈、大湘南旅游圈、大梅山文化旅游圈，详见表 7–6。

二、问题剖析

总体来说，全省“两带四圈”的旅游经济圈发展格局已基本形成，但也存在各个旅游经济圈发展不均衡、跨行政区域整合难度大、基础设施不完善等问题。大湘西生态文化旅游圈经过“十二五”期间的建设，发展已经相对成熟。其他旅游经济圈多是近两年才完成规划编制，甚至尚无专项规划，起步晚，建设才刚刚起步。此外，湘江旅游经济带地跨6个地级市32个县（区），整合难度大，目前尚未完全形成。大湘东文化旅游经济带的资源条件较好，同样存在区域整合的问题。环洞庭湖旅游圈的基础设施、公共服务设施还不完善，洞庭湖及其周边地区的环境治理任务还比较大。大梅山文化旅游圈内旅游景区竞相发展，主打的核心旅游吸引物尚未明确。

表7-6 “两带四圈”旅游经济圈发展格局基本情况表

线路名称	区域范围	规划情况	建设现状
湘江旅游经济带	湘江干流及洞庭湖延伸段两个部分，全长664.6千米，包括永州、衡阳、株洲、湘潭、长沙、岳阳6个地级市的32个县（区）。	2013年11月，《湘江旅游经济带发展规划》通过专家评审，《规划》中提出了“1135”旅游空间布局，着力打造湘江旅游发展轴，构建旅游休闲集聚带。	目前，湘江旅游经济带正在逐步建设当中。
大湘东文化旅游经济带	以平汝高速为主轴，沿途经过岳阳、长沙、株洲、衡阳、郴州5个地级市，涵盖临湘、平江、桂东、汝城等14个县。	暂无专项规划。	2015年4月，“大湘东文化旅游经济带合作联盟”成立，并在建立协调联动工作机制、打造区域旅游品牌及深化旅游营销合作等方面签订了框架协议。
大湘西生态文化旅游圈	包含湖南省西部的常德市、张家界市、湘西土家族苗族自治州、怀化市、邵阳市5个市州以及永州市江华、江永两县管辖区域。	2012年7月，湖南省人民政府办公厅印发《大湘西生态文化旅游圈旅游发展规划（2011—2020年）》，提出构建“一个龙头、两个中心、五大支撑城市、一条廊道、四条精品旅游带、六大旅游板块”的大湘西旅游空间发展格局。	经过近4年的建设，大湘西生态文化旅游圈建设已相对成熟。
环洞庭湖旅游圈（与湖北省共建）	包括湖南省岳阳市、常德市、益阳市，长沙市望城区和湖北省荆州市，共33个县（市、区）。	2015年9月，由湖南省旅游局和湖北省旅游局共同编制了《洞庭湖生态经济区旅游发展规划》提出以岳阳、益阳、常德、荆州四大中心城市为核心，依托三大国际重要湿地和长江水系，构建“一圈四带四组团”的旅游发展格局。	目前，环洞庭湖旅游圈已开始启动建设。

续表

线路名称	区域范围	规划情况	建设现状
大湘南旅游圈	包括衡阳、郴州、永州三市范围。	2015 年 7 月，《大湘南区域旅游发展规划》通过专家评审，确定以“国民旅游休闲示范区”为总体定位，提出了“三个龙头、三大旅游发展廊道、八个旅游板块、十六个国民旅游休闲基地”的旅游发展布局。	目前，大湘南旅游圈已开始启动建设。
大梅山文化旅游圈	以娄底、邵阳、益阳、怀化四市为核心区域，是湖南旅游实现中部崛起的重要增长极。	暂无专项规划。	2013 年以“感受美丽中国，探秘天下梅山”的大梅山文化旅游年暨万辆自驾车畅游娄底活动拉开了大梅山文化旅游圈的建设序幕，目前已形成一定知名度和影响力。

三、对策建议

结合全省旅游经济圈建设存在的问题，提出两点建议：

（一）加强合作，加大资金支持，加快交通网络建设

按照各旅游经济圈的规划布局，加强各行政区之间的区域旅游合作，突出重点，互补组合发展。加大投入力度，积极完善旅游交通体系建设，构建便捷的旅游交通网络，通过旅游交通串联旅游景区，形成圈，结成网，推动旅游经济圈的快速形成。

（二）进一步完善全省旅游经济圈建设，打造雪峰山旅游圈

雪峰山位于湖南中西部，是湖南境内重要的山脉。从区位交通来看，2016 年开始动工建设的张吉怀高铁将延伸至桂林，未来将与沪昆高铁在怀化市十字交叉，形成十字黄金旅游线，以怀化市为中心城市的武陵山片区旅游将进一步提升。从资源条件来看，雪峰山旅游圈内自然旅游资源丰富，拥有一批国家级自然保护区、国家级风景名胜区、国家森林公园、国家湿地公园以及诸多知名旅游景区。人文旅游资源方面，芷江的和平文化、侗族苗族瑶族等少数民族风情均特色鲜明，且通道侗寨已列入《中国世界文化遗产预备名单》，目前申报世界文化遗产已进入全面冲刺阶段。因此建议将怀化、新晃、洪江、芷江、通道、溆浦、绥宁、洞口、隆回等县（市）统一纳入雪峰山旅游经济圈，打造湖南省西南部旅游发展的又一增长极。

第八章

行业管理

第一节　旅游综合改革

一、张家界旅游综合改革

（一）基本情况

自2010年12月张家界市被纳入全国首批旅游综合改革试点城市以来，张家界积极稳妥地推进国家旅游综合改革试点，在旅游行政管理、旅游资源一体化管理、旅游统计改革创新、市场监管及保障机制等方面的体制机制改革工作取得了重大成效，主要表现在：

1. 旅游行政管理体制改革不断深化

一是强化旅游工作委员会的统筹职能，建立了政府主导的综合协调体制，委员会由市长任主任，市委副书记任副主任，主抓旅游工作的副市长为常务副主任，并有62个组成单位，每季度召开一次综合议事会，必要时一事一议，有效地发挥了政府的主导作用，完善了旅游的事业功能。二是组建旅游和外事侨务委员会，设立党工委，加挂旅游工作委员会办公室牌子，列入市政府组成部门，强化旅游在社会发展、生态建设、城乡一体、文化提升、区域协作、市场拓展、外事侨务等领域的综合协调功能，建立了综合统筹的旅游行政大部制。

2. 旅游资源一体化管理体制逐步建立

为有效推进旅游资源一体化管理体制的建立，张家界强化实行“区处并合”，于2014年12月整合武陵源区政府与张家界国家森林公园的职能，组建新的核心旅游资源管理机构，加挂武陵源世界自然遗产管理处、张家界世界地质公园管理处牌子。新组建的管理局为市政府管理的正处级公益类事业单位，原景区的社会管理职能交由武陵源区政府管理，实现了核心旅游资源的所有权、管理权、经营权的分离，形成了核心旅游资源一体化管理机制。

3. 旅游城市统计改革创新成效突出

近年，张家界开展了《旅游城市统计合作平台》《旅游业税负统计实证研究》《旅游业税收对财政收入贡献统计实证研究》《旅游城市绩效考核统计实证研究》《政绩指数研究》等多项课题研究，制定了《旅游业分类》《旅游经济核算》《旅游企业游客满意度划分与评定》等地方旅游基础标准，出版发行了《旅游城市统计合作平台》《旅游业税负统计实证研究》等专著，编辑发行了《国家旅游综合改革试点城市经济动态》2012年、2013年、2014年张家界版，并应用科研成果开展了“旅游经济核算”“旅游业税负遗漏调查”“旅游企业游客满意度测评”等多项旅游和旅游城市统计工作，旅游城市统计制度创新工作成效显著，得到国家旅游局的高度评价。

4. 以旅游产业园区为特色的产业促进机制逐步形成

自旅游综合改革试点以来，张家界先后设立了天门山旅游文化先导区和张家界大峡谷国际旅游经济区两大旅游产业发展园区，分属永定区和慈利县。在发展过程中，两个旅游产业园区立足各自的区位交通优势和产业发展优势，集中使用省政府给予文化旅游特色经济区的资金、政策，在税费优惠、项目审批、用地计划、基础设施配套等方面优先支持，积极搭建投融资平台，成功引进一大批项目的入驻，并先后申报了省级旅游产业园，以旅游产业园区为特色的产业促进机制探索取得重要进展。

5. 以“一诚通”为依托的管理体系创新取得重要进展

根据旅游要素涉及部门多、旅游部门职能少的现实矛盾，为整合旅游目的地行政管理资源，推动实现“综合产业综合抓”取得实际效果，张家界市以旅行社电子行程单管理系统为基础，将旅游、工商、质监、食药、安监、交通、统计、金融等行政管理部门对旅游六要素监管的基础功能纳入“一诚通”管理平台，对数据库的旅游产品各部门注重线上互通信息，线下综合治理，取得了重要成效。同时，为强化旅游市场秩序综合监管，张家界还建立了市场治理的长效机制，并通过“一诚通”管理平台实施动态监管，形成了全天候服务、综合治理的新格局。

6. 产业发展保障机制逐步健全

一是建立协同有效的主体功能区建设管理机制，大力发展生态旅游产品，积极实施生态保护补偿机制，扩大生态旅游品牌效应。二是完善旅游要素资源配置机制，实行旅游用地差别化管理制度，建立旅游财政预决算制度、旅游人才培养培训机制。三是完善统一领导、综合协调、分工协作的行政执法体制，理顺市、区县各级政府执法职责，推进执法重心和执法力量向区县下移，推行综合执法。四是完善监测评估机制，于2011年7月成立了联合国可持续发展张家界观测站，每年发布观测评估报告。

（二）问题剖析

目前，张家界市旅游综合改革已进入“深水区”，亟待改进的地方也日渐明显，主要表现在：

1. 工作推进机制尚待完善

部分区县旅游综合改革试点工作还停留在旅游部门推进的局面，没有形成多方参与、协同推进的格局，推进力度不够。当前旅游行政主管部门“小马拉大车”的情况仍存在，旅游管理统筹协调机制还不健全，迫切需要从行业管理向统筹协调、综合管理转型。

2. 试点难点内容突破不够

主要体现在：区域旅游枢纽地位不明显，与周边旅游区点之间的交通联系仍不快捷，区域整体化旅游大市场建设力度仍需加强。基础配套设施、城市公共管理水平与国际旅游城市的标准仍有较大差距，有待进一步完善。旅行社不合理低价竞争、游客满意度时升时降等问题仍然存在。

3. 旅游产业体系仍不健全

旅游产业结构仍未根本改变，观光旅游在旅游经济中仍然占较大比重，休闲度假等现代旅游体系尚未真正建立。旅游接待设施相对不足，难以满足游客多层次、多样化的旅游需求。旅游产业链不长，仍主要局限于传统的景区、旅行社、酒店等领域。旅游产业素质亟待提升，市场主体散、小、弱、差的现状仍未根本改变，具有国际化视野和创新精神的大旅游企业集团缺乏。

（三）对策建议

1. 进一步抓好管理体制创新

落实新设立机构政、事、企分开改革制度，建立旅游综合统筹管理新机制和旅游联合执法体制。改革导游服务薪酬、社保及佣金收受机制，建立健全旅行社和导游资格准入与淘汰机制，改革旅游企业经营管理体制机制，建立健全现代企业制度，鼓励旅行社开展多元化经营，引导中小旅行社探索专业化、特色化服务模式。推动市域旅游企业资产重组和企业整合，实现规模化、集团化发展。抓住当前下放和减少行政审批事项的有利时机，在人才、资金、土地、政策等方面争取有新的突破，初步形成改革发展的政策制度体系。

2. 深化产业发展机制

以天门山旅游文化先导区和张家界大峡谷国际旅游经济区两个旅游产业园区为依托，完善旅游项目优惠政策和鼓励旅游招商引资、项目建设、市场开发的政策保障机制，加快站场、供水、供电、供气、环保、通信、游客中心等配套设施建设和项目引进力度，打造旅游产业转型的引领区，建设全市旅游经济发展的重要增长极。

3. 大力推进低碳旅游

结合主体功能区建设试点示范方案，大力推进主体功能区建设，加大核心景区生态环境综合整治，有序推进景区移民搬迁。加快生态城市建设，以低碳绿色和节能减排为重心，着力倡导发展低碳旅游。

4. 提升旅游服务水平

加强和创新社会管理，继续深化“平安满意在张家界”活动。积极推进旅游服务标准化建设，加快智慧旅游建设步伐。改革旅游统计方式，探索旅游税负计征办法。夯实文明张家界创建基础，积极开展文明城市创建工作。突出抓好旅游国际化服务的基础性工作，初步形成世界旅游目的地的基础环境体系。

5. 深化旅游统计创新成果建设与推广

积极推进旅游城市大数据合作平台（国家旅游大数据试验基地）、旅游大数据产业集群建设。推广旅游统计创新成果，力争由国家旅游局与国家标准委员会联合发文，选定一批旅游城市按照旅游业分类标准（DB43/T 1004—2015）和旅游经济核算标准（DB43/T 1005—2015），结合各旅游城市实际共同研究开发旅游经济核算软件，开展三项旅游基础标准研制与旅游经济核算试点工作，诠释旅游业对国民经济的综合影响。

二、韶山红色旅游融合发展示范区建设

（一）基本情况

依托丰富的红色遗迹、独特的主题村落、秀美的自然山水、怡人的生态环境和深厚的红色文化底蕴，韶山积极发展红色旅游，2014 年成功创建全国红色旅游融合发展示范区，这是湖南全面深化旅游综合改革、创新红色旅游发展模

式的又一件大事。示范区创建以来，韶山依托红色旅游资源优势，大力推进体制机制创新、公共服务体系完善和产业协调配套发展，红色旅游融合发展取得重要成效，主要表现在：

1. 创新发展模式，推进体制机制创新

依据《旅游法》《湖南省韶山风景名胜区条例》等制定了《韶山风景名胜区旅游秩序长效管理办法》，加快推进韶山旅游区统一管理工作，建立长效监管机制切实解决影响旅游产业发展的源头性、根本性、基础性问题。按照“统一领导、整合职能、集中办公”的工作方针，从市公安、市场监管、物价、交通、文体等部门抽调精干力量组建旅游执法大队，借鉴外地模式探索成立旅游警察支队，集中力量依法查处违法违规案件，打击扰乱旅游市场秩序的行为，逐步建立起旅游部门（风景办）组织和协调，各相关职能部门密切配合，责权清晰、制度严谨的长效管理体系。

2. 强化项目建设，打造融合创新载体

一是打造爱国主义教育基地示范工程。充分发挥韶山作为全国爱国主义教育示范基地“一号工程”的爱国主义和革命传统教育作用，建设毛泽东思想研究院、韶山干部学院，把韶山建设成为全国爱国主义教育基地的示范工程。二是建设韶山全国村干部培训教育基地。韶山党支部是1925年毛泽东亲手创建的我国最早的中国共产党农村支部之一，现在为全国先进基层党组织，立足这一革命历史文化资源，韶山积极争取民政部支持将韶山建设成全国村干部培训教育基地，同时将韶山村、韶源村等建设成为全国农村基层党支部建设示范基地。三是把韶山建设成为党的群众路线教育实践活动的生动课堂。深入挖掘韶山所承载的、体现党的宗旨和群众路线重要精神的内涵，充实展陈内容和讲解词，阐释党的群众路线对于党的建设的深远意义，提供生动翔实的历史教材，充分发挥红色旅游的正能量。四是将韶山红色旅游与各类教育实践活动相结合。将韶山红色旅游与党建工程、廉政教育、国防教育活动结合起来，与工、青、妇等群众组织开展的主题活动结合起来，与重要节假日宣传活动结合起来，将韶山作为各类教育实践活动的大课堂和活动基地。

3. 创新产业发展方式，推进产业深度融合

在发展过程中，韶山积极实施资源融合、文化融合、业态融合、区域融合

战略，推动红色旅游与生态旅游、乡村旅游、人文旅游融合发展，与经济建设和生态建设协调发展，形成了具有自身特色的多种业态跨界叠加的深度融合发展模式。在红色旅游与农业融合发展方面，形成了“旅游＋现代农业＋餐饮服务业＋食品加工＋商贸服务”的融合发展模式，如新建的韶之红航天科技农业博览园、湖南省粮食集团在韶山建设的现代农业观光示范园等。在红色旅游与人文资源融合发展方面，形成了“演艺＋教育培训＋文化创意”的融合发展模式，如韶山润泽东方文化产业城等。在红色旅游与工业融合发展方面，形成了“旅游＋工业＋旅游商品＋文化创意”的融合发展模式，如丰圆工贸的伟人肖像艺术、毛家饭店开发的毛家食品等。在红色旅游与生态建设融合发展方面，形成了“旅游＋种养业＋环保业＋园艺业”的融合发展模式，建成了一批集观光旅游、现代农业、园艺种植、环保推广等于一体的特色农业园区和特色集镇，如银田特色小镇、华润希望小镇、盛德园等。

（二）问题剖析

1. 管理机制有待完善

韶山是居民和景点共生的开放型景区，产权结构复杂，景区管理政出多门，旅游监管职能分散，造成资源难以做到有效开发和利用，部门之间相互推诿的现象也时有发生。

2. 产业链条有待延伸

总体上，全市旅游产品仍较单一，配套产业不健全，致使产业链条不长，旅游产品消费市场不繁荣，旅游产业总体效益不高，拉动消费的力度也有限。

3. 市场营销仍较薄弱

景点宣传各自为政，恶性竞争、相互拆台的情况时有发生，尚未形成宣传营销的合力，致使韶山成为了外地旅行社“赠送游”“半日游”的附带产品。

（三）对策建议

1. 强化基础设施建设

抓好交通设施建设，打造以高速和高铁为基础的对外交通动脉，积极推进外环公路和核心景区道路建设及提质升级，科学规划环保车队运行，规划建设步行游道、自行车道，优化内部交通。配套完善核心景区供水、供电、环保、通信等设施。抓好商贸设施建设，建设集中的商业街和服务设施，逐步淘汰核心景区内散、小、乱、差的购物、餐饮等经营门店。积极发展智慧旅游，打造智慧旅游平台，为产业发展提供技术支持。

2. 优化管理模式

落实好《韶山风景名胜区旅游秩序长效管理办法》，加快推进韶山旅游区的统一管理工作，切实解决影响旅游产业发展的源头性、根本性、基础性问题。成立旅游警察支队，逐步建立起由旅游部门（风景办）组织和协调，各相关职能部门密切配合，责权清晰、制度严谨的长效管理体系。

3. 拓展产业内涵

优化产业空间布局，按照综合服务集聚区、红色圣地瞻仰区、丰美家园品读区、动感绿野流连区、温情庭院感受区的布局，深入挖掘文化内涵，创新旅游体验，丰富景点内容，推动红色旅游业发展从静态参观型向互动、参与、体验型转变。大力实施“红色旅游+”战略，强化旅游纪念品和特色食品研发生产基地建设，推出众多有韶山特色的自主品牌产品，延伸产业链。

4. 创新旅游营销模式

整合全市景点、购物企业、宾馆、饭店、乡村旅游点等旅游企业主动走出去开展促销活动，整体打包宣传推介韶山，逐步建立起政府主导、企业积极参与、全市密切协作的旅游促销新局面。加大区域合作，与宁乡、娄底、新宁等地的优秀景区联合开展宣传营销，共同打造精品旅游线路；深化与井冈山、南岳衡山的“三山结盟”，实现区域旅游经济协同发展。创新营销手段，融入智慧旅游理念，提升营销效果。

第二节 旅游公共服务

一、基本情况

“十二五”时期，湖南狠抓公共服务体系提质升级，有序推进旅游公共信息服务体系、旅游交通便捷服务体系、旅游安全保障服务体系、旅游惠民便民服务体系等公共服务体系建设，成效明显。

（一）旅游公共信息服务体系不断健全

湖南省现有20处市/州级旅游咨询服务中心，若干个旅行社咨询服务网点、酒店宾馆旅游咨询服务网点、流动咨询服务摊点和触摸屏旅游信息查询终端。全省各市州均建立了自己的旅游门户网站，旅游公共信息内容不断充实，信息发布渠道逐步拓宽。同时，除益阳、邵阳外，其余市州都开通了旅游官方微博或微信号，部分市州还开通了政府公共信息咨询电话服务热线，旅游公共信息服务体系逐步完善。详见表8-1。

表8-1 湖南省各市州旅游公共信息服务体系建设情况统计表

市州	市/州级旅游咨询服务中心		旅行社咨询服务网点（个）	酒店宾馆旅游咨询服务网点（个）	流动咨询服务摊点（处）	触摸屏旅游信息查询终端（个）	旅游门户网站	旅游官方微信/微博号	旅游APP客户端	政府公共信息咨询电话服务热线
	现有	在建/规划								
长沙	12	规划在黄花机场设置旅游咨询集散点，并在市内人流量较大的地方设置长沙旅游集散咨询的旗舰店	0	0	0	0	有	均有	1	2
株洲	1		5	39	3	1	有	有微博	0	2
湘潭	0	规划建设湘潭旅游信息服务中心	4	有	2	12	有	均有	0	2
衡阳	1		60	32	有	5	有	有微博	0	1
郴州	1	无	60	10	0	4	有	均有	0	0
常德	1	在建大湘西旅游集散服务中心	50	49	4	30	有	均有	0	4
益阳			12	17			有	无	0	0
娄底	1		32	40	2	0	有	均有	0	2
邵阳	0				0		有	无	0	1

续表

市州	市/州级旅游咨询服务中心		旅行社咨询服务网点（个）	酒店宾馆旅游咨询服务网点（个）	流动咨询服务摊点（处）	触摸屏旅游信息查询终端（个）	旅游门户网站	旅游官方微信/微博号	旅游APP客户端	政府公共信息咨询电话服务热线
	现有	在建/规划								
岳阳	0		32	42	0	0	有	有微博	0	1
张家界	0	计划新建游客中心体系	有	有	有	0	有	有微信	1	1
湘西	2		25	120	2	12	有	有微信	1	9
怀化							有			
永州	1	计划新建市级游客集散中心	19	25		0	有	有微信	0	

（二）旅游交通便捷服务体系逐步完善

“十二五”期间，湖南省旅游公共交通体系逐步健全，大部分市州均已进入高铁时代，集公路、铁路、高铁、水运、航空为一体的旅游公共交通体系基本形成。同时，结合湘西地区旅游交通标志相对薄弱的实际，全省正在着力推进大湘西地区 12 条旅游精品线路节点的旅游交通标志建设，全省旅游交通标志标牌建设状况良好。但在停车上，全省旅游停车场不足问题比较严重，目前，全省 193 家 3A 级以上旅游景区停车场能基本满足市场需求的仅有 77 家，不足总数的 40%，需改扩建 29.72 万㎡，新建 120.05 万㎡，共需资金 20 亿元（详见表 8–2），景区停车难问题明显。同时，随着自驾游、自助游方式的兴起，湖南正在逐步推进自驾服务中心和汽车营地建设，但整体上还处于起步阶段，数量较为有限。

表 8–2　湖南省等级旅游景区停车场现状及规划

市州	景区数量（个）	现有停车场面积（㎡）	拟新建停车场面积（㎡）	拟改扩建停车场面积（㎡）	新建、改扩建停车场所需经费（万元）
长沙	32	344582.4	83900	73400	3099
株洲	14	180100	147856.94	5000	8270
常德	12	70458	223000	4500	31200
湘西	11	90160	58400	15000	24100

续表

市州	景区数量（个）	现有停车场面积（m²）	拟新建停车场面积（m²）	拟改扩建停车场面积（m²）	新建、改扩建停车场所需经费（万元）
湘潭	9	63100	112000	10000	36700
益阳	8	59680	13060	6950	3276
岳阳	15	92800	52200	74200	9040
张家界	16	93581	192709	7109	50300
怀化	19	64850	82500	22500	8864
衡阳	12	86500	66300	6100	14881.5
邵阳	8	9980	15000	4800	4350
娄底	6	54860	33000	8500	5140
永州	16	88320	90200	36300	8262
郴州	15	90800	30400	22800	2035
总计	193	1389771.4	1200525.94	297159	209517.5

（三）旅游安全保障服务体系逐步形成

近年来，全省各级旅游行政管理部门和旅游区重视旅游法规建设和旅游安全生产，相继出台了《湖南省旅游市场和旅游安全保障督查检查工作制度》《湖南省旅游突发公共事件应急预案》等制度性文件，旅游安全保障法规、标准体系不断健全，各级旅游应急机制和救援体系初步形成。同时，全省旅游安全生产及应急管理队伍建设越来越得到重视，旅游安全投入逐步加大，旅游安全设施设备逐步齐全，旅游安全宣传、培训教育制度基本建立，旅游保险功能逐步发挥，全省旅游安全保障服务体系正逐步完善，详见表 8–3。

表 8–3　湖南省各市州旅游安全保障服务体系建设情况统计表

市州	市州级旅游安全保障预案	是否落实旅游企业安全责任制	酒店宾馆旅游安全保障预案	是否成立专门旅游应急救援指挥中心	是否成立专门旅游应急救援小组	是否有政府旅游安全保障相关法规	旅游企业是否参与旅游责任保险保障	游客是否参与旅游保险保障	旅游安全宣传方式				是否定期培训旅游企业
									播放公益宣传片	发放宣传资料	提供应急手册	其他	
长沙	有 /1 套	是		是	是	是	是	是	√	√	√		是
株洲	有 /1 套		11	否	是	否	是	是	√	√		√	是

续表

市州	市州级旅游安全保障预案	是否落实旅游企业安全责任制	酒店宾馆旅游安全保障预案	是否成立专门旅游应急救援指挥中心	是否成立专门旅游应急救援小组	是否有政府旅游安全保障相关法规	旅游企业是否参与旅游责任保险保障	游客是否参与旅游保险保障	旅游安全宣传方式				是否定期培训旅游企业
									播放公益宣传片	发放宣传资料	提供应急手册	其他	
湘潭													
衡阳	有 /1 套	是	2				是	是	√	√			是
郴州	有 /2 套	是	36	是	是	否	是	是		√	√		是
常德	有 /3 套	是	3	是	否	是	是	是	√	√	√		
益阳	有 /1 套	是	25	是	是	是	是	是	√	√	√	√	是
娄底	有 /1 套			是	是		是	是	√	√	√	√	是
邵阳	有 /1 套	是	1	是	是	否	是	是	√	√	√		是
岳阳	有 /1 套	是	42	否	否	否	是	是	√	√	√	√	是
张家界	有 /4 套	是	63	是	是		是	是	√	√	√		是
湘西	有	是	26	是	是	是	是	是	√	√	√	√	是
怀化													
永州	有 /1 套		25	是	是	是	是		√	√	√		是

（四）旅游惠民便民服务体系成效明显

近年，各市州把旅游惠民便民放在重要位置，在免费开放旅游景区、推出旅游年票，为老年人、学生、残障人士等特殊人群提供优惠政策；建设公共游憩区、环城休憩带、特色街区、游览观光步道等公共景观和游览设施；完善方便游客的通信、邮政、金融、医疗、无障碍等配套服务设施等方面做了许多努力，提高了游客的满意度和舒适感并取得了一定成效，见表 8–4。同时，响应全国旅游厕所工作现场会议精神，2015 年以来，全省正全面推进旅游厕所改造和建设，发出了《湖南省旅游局旅游厕所革命倡议书》，制定了《湖南省旅游厕所建设管理三年行动计划》，计划三年内共新建和改扩建旅游厕所 3025 座，其中新建 2378 座，改扩建 647 座。按照这一目标，2015 年，全省已开工建设厕所 813 座（其中完工 554 座），进入全国前十位，全省 A 级旅游景区、主要旅游线路、重要交通集散点、重点乡村旅游点、重点旅游餐馆、重点旅游娱乐

表 8–4 湖南省各市州旅游惠民便民服务体系建设情况统计

市州	免费开放的旅游资源		参与一卡通景区数量（个）	开通金融服务景区		开通邮政服务景区		开通无障碍通道景区		开通无线导游讲解器服务景区		实行数字化管理景区		旅游星级厕所数		景区标识牌语言数量（种）	配置基本医疗救助点景区		是否有城市环城休憩带	旅游志愿者组织	
	数量（个）	占比（%）		数量（个）	占比（%）	数量（个）	占比（%）	数量（个）	占比（%）	数量（个）	占比（%）	数量（个）	占比（%）	数量（个）	面积（m²）		数量（个）	占比（%）		有无	人数（个）
长沙		60		5	13	20	65	20	65	10	33	10	33	25	300	2	5	13	是	是	
株洲	8	53	7	4	27	13	87	7	47	13	87	3	20	6	320	2	10	67	否	是	120
湘潭		90				12	80	14	100			1	10	10		2	14	100	是	是	
衡阳	10		5	2	12	6	37	14	87	1	6	1	6	10	500	2	10	63	是	是	80
郴州	5	25	3	10	50	20	100	20	100	0	0	0	0	8	3000	10	16	80	是	否	
常德	10	20	5	0	0	4	10	4	10	0	0	0	0	30	2000	3	16	32	否	是	30
益阳		50	0							0						2		100	是	是	
娄底						9	100	9	100	1	11	1	11			2	9	100			
邵阳		30	0	16	100	16	100					1	8	5	3000	2			是	是	120
岳阳	3	18	0	0	0	3	10	15	88	0	0	0	0	2	300	2	5	32	否	否	
张家界			14	13	90	14	100	13	90	2	14	7	50	6		3	14	100	否	是	300以上
湘西		60	0	2	20	12	100	12	100	12	100	12	100	5	2000	2	12	100	是	是	50
怀化																					
永州		20	16	0	0	16	100	16	100	0	0	2	12.5	20	1200				否	是	12

场所、重点休闲步行区的厕所数量和质量有了较大提升，旅游厕所建设管理进入实质阶段。

二、问题剖析

（一）旅游公共服务体系建设合力尚未形成

整体上，全省旅游公共服务在区域之间、条块之间、部门之间、所有权之间的分割矛盾仍然存在，致使建设合力难以形成，旅游公共服务可持续发展的财政支持和多元化参与机制尚未建立，产业要素也无法有效整合，一定程度上影响了旅游业发展的效率和效益。

（二）区域旅游公共服务发展不平衡现象仍然存在

张家界、长沙等旅游热点区域因得天独厚的资源优势，旅游业起步较早，旅游公共服务相对比较发达。比较而言，武陵、罗霄山片区的部分区域旅游资源开发相对较晚，加上经济发展水平总体较低，旅游业发展较慢，在旅游基础设施建设、旅游服务、旅游人才、旅游管理等各个方面都存在较大差距。

（三）信息的供给和需求不对称，社会认可度不高

目前全省在机场、高铁站、火车站等处设立的旅游咨询服务中心内容有限，服务功能不健全，导致社会认可度不高，来主动咨询的少，整体咨询服务供给效率较低。同时，旅游信息分布分散，各级旅游行政管理部门、旅游区和旅游企业基本上都有旅游网站，游客要在众多网站里筛选出自己所需信息，有一定的难度。此外，旅游咨询热线被部分游客误解为盈利热线，接听量也不多。

三、对策建议

（一）旅游公共信息服务体系建设

建立健全旅游集散中心，确保长沙、张家界、怀化、衡阳达到一级标准，湘潭、株洲、岳阳、常德、湘西、邵阳、娄底、益阳、永州、郴州达到二级标准，县级城市达到三级标准。适应自驾游、自助游发展需求，加强自驾游服务中心建设，满足游客自驾过程中对加油、景点选择、休息、餐饮、住宿等信息和服务的需求。积极推进旅游区游客中心、高速公路欢迎中心建设，进一步健全重点机场、火车站、汽车站、客运码头等站场以及旅游区、公路、旅行社、

酒店等场所的游客咨询服务点建设，配套完善相应的旅游解说系统和宣传推广资料，推进信息咨询服务体系的完善。抓好旅游公共信息服务网络平台建设，根据旅游公共服务的发展趋势和要求，提升湖南旅游网、各市州和区县的旅游网、重点旅游区的官方网站等网络平台的信息服务功能，推广利用微博、微信、手机、游客虚拟旅游体验等新媒体平台，打造旅游公共服务的线上体验平台。对现有的12301旅游服务热线进行系统升级，不断提升其各项功能。

（二）旅游交通便捷服务体系建设

加快推进机场、铁路、城际铁路和国家高速公路网项目建设，积极推进出省通道建设，加强与周边省市高速公路的连接，提升对外交通便捷程度。推进中心城市、干线公路、机场到重点旅游景区的旅游支线公路建设，全面改善旅游城市之间、城市到景区及景区之间的道路交通条件。加快旅游综合交通枢纽建设，完善客运枢纽布局和功能配备。系统完善旅游专用交通标识，构筑旅游公路专用标识、旅游站场标识、旅游景区交通标识三大旅游交通标识体系。进一步完善电瓶车、观光巴士、自行车等景区内部公共交通，鼓励有条件的景区开通旅游专线，完善旅游公共交通体系。强化旅游停车场建设，依据需要在全省各旅游区、城市公共游憩区、旅游商业中心等游客集中的区域及其周边增设停车位，全面优化旅游停车服务，逐步解决景区停车难的问题。引进国内知名的汽车租赁公司到湖南开展旅游汽车租赁业务，发展完善旅游车辆租赁服务，推广公共自行车租赁服务。

（三）旅游安全保障服务体系建设

在现有相关法规和制度的基础上，制定湖南省统一的旅游安全法规和制度性文件，完善旅游安全政策法规体系。参照三亚、桂林、云南等地设立旅游警察的经验，组建湖南省旅游警察队伍，专职维护旅游市场秩序和旅游治安环境。健全旅游安全管理系统，建立省、市、县三级旅游应急预案报备制度。抓好旅游安全救援工作，积极完善旅游区游客中心、高速公路服务区、汽车站、火车站、自驾游服务中心、旅游集散中心、旅游饭店、宾馆等场所的基本安全救援设备，建立健全旅游应急救援设备，设立湖南省旅游援救指挥中心及旅游安全突发性事故应急领导小组办公室，实现安全救援工作的网络化和区域联动化。建立健全旅游安全保险体系，进一步推动实施旅行社责任保险统保示范项目，加强旅保合作，鼓励保险机构开发适合旅游企业和游客保险需求的旅游保险产品。积极开展旅游安全知识宣传推广活动，提高游客的安全风险防范意识和自救互救能力。落实旅游区质量安全检测机制，对全省所有旅游区定期检测，严把质量检测关。

（四）旅游便民惠民服务体系建设

推进省内更多的旅游区和旅游企业实行价格优惠政策，落实主要服务节点的惠民便民服务要求，确保所有游客中心达到所属级别的功能和设施要求。深入实施《湖南省旅游厕所建设管理三年行动计划》，加强旅游厕所建设，确保到 2017 年底，全省旅游厕所实现“数量充足、干净无味、实用免费、管理有效”的目标。落实已有的国家法定假日，强力推行带薪休假制度，以带薪休假和旅游优惠措施普惠全民。规范景区门票管理，加快建立旅游区门票预约制度，对旅游区游客量进行最大承载量控制，同时，鼓励景区实行淡旺季门票价格，引导游客错峰出行。注重旅游人性化服务设施建设，建立健全无障碍设施、多种语言标识和针对外国游客的特殊服务体系。发挥旅游志愿者的服务作用，成立湖南省旅游志愿者协会，引导社会各界在场地、资金、人力等方面支援旅游志愿者的工作。加大文化广场、休闲公园、特色街区、城郊型森林公园等的建设力度，提升旅游公共游憩服务水平。

第三节　旅游市场规范

一、基本情况

在旅游业快速发展的同时，为进一步优化全省旅游市场环境，湖南强化旅游市场秩序综合整治，积极开展旅游市场专项整治行动，不断健全旅游市场监督管理机制和投诉机制，全省旅游市场秩序得到进一步优化。

（一）积极开展旅游市场秩序整治专项行动和执法检查

通过联合检查、区县交叉检查、暗访检查等方式，全省建立了相关部门联合执法工作机制，组织开展了各种形式的旅游市场秩序综合治理和执法检查

（详见表 8–5），取得了明显成效。

表 8–5 “十二五”期间湖南省开展的重大旅游市场秩序整治行动

年份	主要工作
2011	联合省交通厅、省工商局、省物价局下发了《湖南省规范旅游市场秩序联合执法检查工作方案》；联合省物价局下发了《湖南省旅行社价格行为规则的通知》；联合工商、物价和交通等部门对凤凰旅游市场进行了重点检查，组织 4 个联合督察组对各市州开展旅游市场检查的情况进行了督查，对中央电视台《消费主张》栏目曝光的张家界旅游市场和韶山一日游的问题进行了专项检查；对我省 5 家赴台游组团社经营管理情况进行了集中检查，并在全省范围内开展了旅游安全大检查活动
2012	组织开展了全省旅游市场秩序和旅游安全保障督查检查集中行动，共开展旅游市场检查行动 300 多次
2013	整改落实 2012 年集中行动中发现的八大问题；组织开展全省旅游市场专项检查，对省会 21 家出境游组团社规范经营管理情况进行全面检查，开展旅游市场检查周活动，对全省 14 个市州开展市场大检查工作情况和《旅游法》宣贯工作进行督查
2014	出台《2014 年全省旅游市场秩序专项整治行动工作方案》，对元旦小长假和春节黄金周旅游市场整治工作做出了部署安排，组织开展了全省旅游市场秩序专项整治第一次行动；组织开展了旅游质监异地交叉检查和全省出境游组团社专项检查；组织开展了清明、五一小长假期间全省旅游市场秩序执法检查
2015	联合省发改委（物价）、省公安厅、省商务厅、省工商局、省质监局在全省开展规范旅游市场秩序“两打击、一整治”专项行动，开展了全省暑期旺季旅游市场秩序专项整治和旅游安全保障督查检查

（二）不断健全监督管理机制

在加大执法检查的同时，全省还积极建立健全监督管理机制，取得了初步成果。包括，对“湖南旅游监管网”进行了优化升级，实现了对旅行社旅游接待全过程的网上动态监管，旅行社组织的旅游团队只有在组团、导游、旅游合同等关键要素合法合规的条件下，才能进入“监管网”的“旅游团队管理系统”操作，游客也可随时在网上查证旅游行程安排是否与合同一致，是否有改变和增加行程情况。建立了诚信旅游公示制度，在旅游监管网“诚信旅游”专栏设立了“诚信榜”“曝光台”“行业风采”三个条目，对在旅游市场秩序专项整治攻坚战中发现的先进典型和查出的违法违规案例进行公示。对涉嫌违法违规的旅游企业实行“约谈”——诫勉谈话制度，责成立即整改并记入约谈记录。在全省重点旅游景区景点、旅游饭店、旅行社等单位的醒目位置安放“旅游满意在湖南”旅游服务质量监督电话牌，公示省旅游质量监督管理所及各市州的旅游投诉电话。每季度定期发布《投诉情况通报》，向社会公布全省旅游投诉情况。

（三）积极完善旅游投诉机制

包括：完善投诉电话接听制度和投诉案件的受理、处理及转办制度，依法依规按程序处理各类旅游投诉；严格按照《旅行社条例》《旅游投诉处理办法》等相关法律法规，依法、及时、公正处理旅游投诉，确保投诉案件结案率和满意率；节假日期间保持投诉电话24小时畅通，确保旅游投诉第一时间得到有效处理，确保在节假日期间维持良好的旅游市场秩序；统一了全省旅游投诉电话号码，新旅游投诉号码0731–88805555已正式启用并向社会公布，等等，实现了旅游投诉"网络健全，处结及时，矛盾化解"的目标，创造出了一个良好、稳定、和谐的旅游环境。

二、问题剖析

（一）旅游投诉依然不少

"十二五"期间，全省虽把市场秩序监管放在了重要位置，但旅游投诉依然较多，2011—2015年，每年的投诉案例数均在200件以上（详见表8–6），广大游客的意见还不少，"旅游行程中降低等级标准""旅行社擅自增减项目""导游未尽职责""延误变更日程"等问题被投诉较多，相关市场监管工作仍需加强。

表8–6　2011—2015年湖南省旅游投诉状况

项目	2011年	2012年	2013年	2014年	2015年
受理投诉件数（件）	441	388	243	337	483
受理投诉人数（人）	1353	1173	708	1009	1046

（二）各类经营服务不规范问题仍然存在

主要表现在：主要旅游景区的购物场所，特别是张家界、凤凰和韶山的购物点依然存在欺客宰客、商品不明码标价、以支付导游人头费的方式吸引游客入店消费等现象；旅行社合同签订不规范、团队档案资料不全、无证经营或利用网络非法经营旅游业务、违规乱打旅游广告、发布虚假旅游信息、散客接待门市部管理不规范、减少合同游览景点或违规加点、购物等违规违法行为尚未完全根除；无证导游、导游不挂胸牌带团、利用假导游证带团和导游证非法买卖及转让问题仍有发生。这些问题的存在，一定程度上影响了全省旅游市场环境的和谐发展。

三、对策建议

（一）继续加强旅游市场执法管理

积极联合物价局、工商行政管理局、交通运输局等涉旅职能部门，针对“春节”“十一”黄金周等重大节假日和暑假等重要时段，进一步组织开展旅游市场综合治理和执法检查，分批次、分地区开展旅游市场秩序整治工作，形成旅游市场秩序齐抓共管的良好局面，有效查处旅游经营服务中的各类违法违规行为，建立起维护旅游市场秩序的长效机制，切实提高旅游市场管理执法水平。

（二）进一步完善旅游投诉机制

一是落实属地管理原则，畅通投诉渠道，及时解决投诉问题。二是进一步完善旅游投诉值班制度，确保投诉电话24小时畅通。三是建立旅游饭店、旅游景区投诉处理机制。四是健全投诉制度建设，建立旅行社、旅游景区、旅游饭店等旅游企业的投诉处理工作会议制度、投诉情况实名公布制度、投诉情况阶段量化约谈制度、较大旅游投诉案件协调会前会商制度等。五是继续抓好旅游投诉的统计和情况通报工作，及时掌握和公布旅游投诉情况。

（三）建立健全相关监督管理政策制度

继续实行违法违规案件曝光制度，依托“湖南旅游监管网”的“曝光台”栏目，每月定期曝光全省旅游企业和从业人员违法违规案件。继续实行重大案件“约谈制度”，对涉嫌违法违规的旅游企业实行诫勉谈话。建立重大旅游违法违规案件台账，对重大案件进行督办并限期完成案件办理。实施重大案件取消评先评优资格制度，凡涉及重大违法违规案件，且被省质监所“黄牌”警告要求整改的旅游企业，一律不得参加评先评优和享受政策奖励，一律不得通过星级复核和等级评定复核。继续深入开展“旅游满意在湖南”的活动，完善游客监督机制。

第四节　旅游标准化建设

一、基本情况

“十二五”期间，在积极贯彻落实国家旅游行业标准的同时，湖南省强化地方性旅游标准建设，出台了一系列地方性旅游标准（详见表 8-7），推动了行业管理标准化水平的提升。

表 8-7　“十二五”期间湖南省出台的旅游业地方标准名录

名　称	发布时间	文　号
《旅游饭店节能减排要求及考核评价》	2013-03-11	DB43/T 758—2013
《“两型”示范旅游景区建设标准（试行）》	2012-4-13	湘旅联字〔2012〕3 号
《湖南省旅行社信誉等级评估制度》	2015-3-23	湘旅〔2015〕30 号
《两型旅游景区》	2014-5-16	DB43/T 878—2014
《旅游企业游客满意度划分与评定》	2015	DB43/T 1006—2015
《旅游经济核算》	2015	DB43/T 1005—2015
《旅游业分类》	2015	DB43/T 1004—2015

同时，湖南省还积极争取国家标准化建设试点示范，亲和力旅游和华天集团为全国首批旅游标准化示范单位，张家界市、邵阳市新宁县为第二批全国旅游标准化试点单位，岳阳楼—君山岛旅游区、湖南海外旅行社分别获第三批全国旅游标准化示范企业、湖南省服务业试点单位，此外，新宁县还获全国旅游标准化示范县称号，标准化建设试点示范工作取得重大进展。

二、问题剖析

标准宣传贯彻不到位，部分行业虽制定并颁布了标准，但宣传、推广、认证工作不到位，协调沟通机制缺乏，在一定程度上影响了标准的实施效果。同时，部分领域尤其是一些新业态、新领域的标准体系建设仍不健全。

三、对策建议

一方面，进一步加强旅游标准体系建设和推广。适应产业发展新趋势、新要求，在旅游新业态、产业融合、低碳旅游、高端旅游、旅游环境、规范管理、品质服务等方面加大标准的制订修订力度，拓展标准覆盖领域，进一步推动地方标准的建设和完善。鼓励旅游企业在执行国家标准、行业标准和地方标准的基础上，制定实施具有本单位特色的高水平、高标准的企业标准，推进企业管理的标准化。建立健全标准化推广体系，加大标准的实施力度，形成国家标准、行业标准和地方标准、企业标准相结合的标准体系。

另一方面，积极推进标准化试点示范建设。引导和鼓励相关市、县、企业争创全国旅游标准化示范城市、示范县、示范单位和旅游标准化试点单位，推进符合当地旅游业发展特点的旅游标准化体系建设。

第五节　旅游文明与诚信建设

一、基本情况

（一）旅游文明

为推进旅游文明，湖南省强化培育和践行旅游行业核心价值观，采取一系列推进文明旅游的措施和行动，文明旅游宣传引导工作走在全国前列。

一是强化“文明旅游”政策引导。出台了一系列促进文明旅游的指导性文件，如与省文明办联合印发了《全省文明旅游宣传引导工作实施方案》，制定了《全省文明城市创建旅游行业精神文明建设工作考核测评标准》《湖南省旅游企业创建文明旅游单位和争当文明员工标准》，发布了《湖南省文明旅游倡议书》，首发了《湖南省文明旅游宣传手册》，印发了《关于颁发和佩戴湖南省文明旅游宣传引导员胸牌的通知》并推行“湖南省文明旅游宣传引导员”佩戴胸牌上岗制度，建立了游客旅游不文明档案，等等。

二是加大“文明旅游”宣传推广。普遍开展了“文明与旅游同行”“做文明游客”等文明旅游宣传引导活动，组织开展了以“文明旅游·全民点赞”为主题的文明旅游“六个一”系列宣传活动、“文明旅游·全民点赞”暨长沙橘子洲景校共建大学生学雷锋“文明旅游”志愿服务基地活动启动仪式、湖南省文明旅游宣传引导暨2014年全省导游大赛启动仪式等活动，并在旅游行业开展了创建“文明旅行社、文明旅游饭店、文明景区”和争当“文明员工”活动。全省各旅行社、星级饭店、等级旅游区、星级乡村旅游点、旅游咨询服务中心等大多在经营服务场所悬挂了文明旅游宣传标语，免费向游客派发文明旅游宣传资料，并将文明旅游教育列为旅游团队行前说明会的重要内容，有效规范了游客的言行举止。

三是抓好旅行社“文明旅游”责任落实。将文明旅游工作列入了《旅行社星级划分与评定》地方标准和《湖南省旅行社信誉等级评估制度》，要求旅行社在组织旅游团队旅游时，把好文明旅游的“组团关”“落地关”和“行程关”，以充分发挥旅行社和导游在文明旅游督导工作中的重要作用。严格落实导游领队业务工作与文明督导“一岗双责”制度，大力推行“先知、会管、常提醒”的导游引导工作方式和旅游团队文明旅游督导员制度。

（二）诚信建设

在旅游发展过程中，湖南省还强化旅游诚信建设，取得了重要进展。一是广泛开展旅游诚信活动，与河南省旅游局一起举行了《京广高铁诚信与品质旅游倡议书》签字仪式，组织旅游经营单位和导游进行诚信宣誓并签订诚信公约。二是大力推进诚信制度建设，开展旅游企业诚信等级认定制度，建立旅游行业诚信自律体系，并出台了《湖南省旅游服务企业质量诚信标准》，以引导和推进旅游企业诚实守信、依法经营。三是加大诚信监管体系建设，将湖南旅游监管网作为全省诚信旅游的重要监管平台，设立“诚信榜”，宣传旅游行业诚信典型。

二、问题剖析

旅游经营者未经游客同意擅自增加自费项目、诱导游客参加封建迷信活动、欺骗游客钱财等现象依然存在。游客不文明行为仍有发生，凤凰古城群殴游客事件、张家界导游被游客群殴事件、部分游客踩踏武陵源景区内的“贺龙公园”标牌，以及乱扔垃圾、随地吸烟、乱刻乱画等行为均产生了不良的社会影响。

三、对策建议

完善文明旅游、诚信旅游监管制度，对旅游经营者失信行为进行记录、公示和惩治，对游客不文明行为进行记录管理，并采取一定的追责处罚措施加以处理。积极制定文明旅游地方标准，鼓励旅游企业制定文明旅游企业标准，确保无重大旅游安全事故和重大旅游投诉。加大文明旅游宣传推广，明确旅游企业和导游人员在文明旅游宣传引导工作中的主体责任，组织开展好文明旅游宣传主题活动，增强广大游客文明旅游的自觉性。

第六节　智慧旅游建设

一、基本情况

2014 年以来，湖南积极响应国家旅游局“美丽中国——智慧旅游年”号召，加强智慧旅游规划与建设，在智慧旅游发展上取得重大成绩，旅游信息化工作走在全国前列。主要表现在：

（1）高质量完成《湖南省智慧旅游发展规划（2015—2020）》编制工作，为湖南省“十三五”期间智慧旅游的发展指明了方向，明确了任务，确定了内容。

（2）成功开发并运行了信息化监管平台——“湖南旅游监管网”，该平台囊括了湖南省所有旅行社、星级饭店、景区景点的相关数据，实现了对行业的信息化管理，该平台也荣膺“2014 全国智慧旅游创新成果奖”、2015 年全国旅游业改革发展创新奖。在此基础上，湖南省旅游局借与中国工商银行湖南省分行合作的契机，创造性地推出了湖南旅游监管网统一结算平台，实现了旅行社团队在吃、住、行、游、购、娱等各旅游消费节点的预订和实际消费的及时清算。

（3）推行“惠民旅游”和“旅游信息化”工程，大力发行“锦绣潇湘旅游卡”——湖南旅游景区智能电子年票。

（4）突破传统旅游电商模式，在全国率先倡导政府主导旅游电商发展，建立了湖南旅游电商平台，该平台集旅游政务、商务、服务“三务”于一体，目前已整合全省近 700 多家旅游关联企业，能为游客和企业提供定位、产品溯源、无线 Wi-Fi、建网店、在线销售产品、支付结算、远程监控等服务。

（5）推进旅游行业与移动新技术融合，开发“快乐湖南掌上游”手机 APP，为游客智慧出行提供移动咨询服务，为行业管理人员提供掌上工作平台。

（6）以新一代宽带泛在网、云计算、二三维 GIS、人工智能等新兴信息技术为支撑，积极开展湖南旅游大数据（数据库）项目建设。

（7）基于移动运营商网络信令数据，借助地理信息系统的支持，启动湖南省景区动态监测系统建设。

（8）大力推进“湖南旅游监管指挥中心”建设，搭建湖南旅游信息化建设的基础环境，为湖南智慧城市、智慧旅游的发展奠定基础。

（9）完成 12301 旅游服务热线升级改造，提升了系统运行功能。

（10）开通湖南旅游服务号、湖南旅游订阅号等微信平台，对更好地推介湖南旅游资源，提升湖南旅游形象和知名度产生了重要作用。

二、问题剖析

（一）智慧旅游基础设施仍较落后

全省信息基础设施尚不完善，数据的传输能力与预期水平相比还有较大差距，信息的规范化和数字化程度也不高，在一定程度上制约了智慧旅游发展。

（二）网络营销与服务水平仍不高

网络营销体系尚未建立，网上交易的支付平台没有普遍建立，相关法规和制度也不健全，造成营销和服务水平较低。

（三）人才短缺问题较为突出

智慧旅游涉及旅游网站建设、管理、维护等多方面内容，但目前相关的开发和管理人才不足，尤其是既熟悉信息化又精通旅游业务的复合型人才严重缺乏，对智慧旅游的快速发展产生了一定影响。

三、对策建议

（一）加强智慧旅游基础设施建设

依托“数字湖南”建设基础，进一步加强全省旅游信息化基础设施建设。一是继续完善全省旅游业服务器、网络终端、传感器、摄像头视频采集终端、地感线圈、微波交通流量监测设备等硬件设施，积极推进多制式、全覆盖、高速化的无线通信网络建设。二是强化湖南智慧旅游云数据中心建设，提升其数据综合应用和服务效能。三是基于统一开放的云服务中心及二 / 三维 Web GIS 平台，将湖南省旅游系统中现有的系统进行整合，构建全息可视、统一指挥、快速高效的管理和服务体系，为湖南智慧旅游提供平台支撑。

（二）建立智慧旅游游客服务体系

升级改造省域范围内的智慧旅游公共服务平台（如省市旅游局旅游官方网站）和 12301 旅游咨询服务热线，建设统一受理、分级处理的旅游投诉平台。加强信息化服务体系建设，积极开展信息查询、旅游投诉、旅游救援、旅游在线服务、网络营销、网络预订、网上支付等服务。大力开发基于移动通信终端的旅游应用软件，积极培育涵盖旅游相关服务产品的官方电子商务平台，切实提高服务效率和用户体验质量。

（三）建立智慧旅游行业监管体系

加大与公安、交通、气象等部门的合作，以湖南旅游监管网为基础，建立上下联通、协同作用的旅游应急指挥平台，提升旅游应急服务水平。完善在线行政审批系统、产业统计分析系统、旅游安全监管系统、旅游投诉管理系统等系统建设，建立使用规范、协调顺畅、公开透明、运行高效的旅游行政管理机制。

（四）建立智慧旅游公共营销体系

积极推进物联网、云计算、新一代移动通信等高新信息技术与旅游服务融合发展，建立智慧旅游营销系统，开展精准营销。完善营销工作机制，逐步建立广播、电视、短信、多媒体等传统渠道和移动互联网、微博、微信等新媒体渠道相结合的跨网络、跨平台、跨终端的数字旅游营销机制。结合乡村旅游特点，大力发展智慧乡村旅游，鼓励有条件的地区建设乡村旅游公共营销平台。

（五）加大智慧旅游人才引进和培育

引导旅游企业和相关部门大力引进既懂计算机操作，又精通旅游专业知识和技能的复合型人才，同时加强这方面人才的培育，满足智慧旅游发展的人才需求。

第九章

旅游教育、人才和就业

第一节 旅游教育

一、基本情况

（一）普通高等学校旅游专业招生人数下滑

截至2015年底，湖南省共有开设了旅游专业的普通高等学校106所，其中本科院校31所，高职（专科）院校75所。“十二”五期间，全省普通高等学校旅游专业招生人数呈下滑趋势，研究生、普通本科及普通专科招生总人数由2010年的11471人下降到2015年的4797人，尤其是普通专科招生人数明显下降，详见表9–1。

表9–1 “十二五”时期湖南省旅游普通高等学校情况一览

单位：人

指标	2010	2011	2012	2013	2014	2015
研究生招生	38	44	52	131	137	118
普通本科招生	3030	2938	2844	2735	2604	2312
普通专科招生	8403	7407	3837	3651	3246	2367
招生总计	11471	10389	6733	6517	5987	4797
研究生在校生	143	52	166	348	408	383
普通本科生在校生	9559	9681	10390	9566	9067	8466
普通专科在校生	20129	20353	12736	9626	7622	6461
在校生总计	29831	30186	23292	19540	17097	15310
专任教师数	922	896	894	986	957	713

（二）旅游中等职业教育萎缩

2015年，湖南省共有开设了旅游专业的中等职业学校（中专、职高和技校）23所，总招生人数3285人，较“十一五”期末减少8834人，年均减少22.98%；在校生总人数8543人，较“十一五”期末减少14059人，年均减少 17.68%；专任教师数 372 人，较“十一五”期末减少 641 人，年均减少 18.16%。详见表 9-2。

表 9-2 “十二五”时期湖南省旅游中等职业学校情况一览

指标	2010年	2011年	2012年	2013年	2014年	2015年
招生人数（人）	12119	9780	8923	3433	2998	3285
在校生人数（人）	22602	19679	14674	7977	7466	8543
专任教师数（人）	1013	740	695	439	310	372

（三）多层次旅游专业学历教育结构初步形成

目前，湖南省有培养旅游管理专业博士的单位 2 家（湖南师范大学、中南林业科技大学），培养旅游管理硕士的单位 4 家（湖南师范大学、湖南商学院、中南林业科技大学、吉首大学），培养旅游管理专业硕士（Master of Tourism Administration，MTA）的单位 2 家（湖南师范大学、湘潭大学），培养旅游管理专业学士的院校 31 所，培养旅游类职业技术人才的高职高专院校 75 所，还有部分中等职业学校开设了旅游系（专业），初步形成了涵盖博士、硕士、本科、专科、中职的多层次旅游教育体系。

二、问题剖析

近年来，湖南省旅游普通高等学校招生数量连年下滑，这一现象反映出全省旅游教育方面出现的一些问题：

（一）旅游高等教育与旅游产业发展不相适应

湖南省普通高校旅游教育大多更关注理论层面的知识，其专业和课程设置更注重课堂，相对实践能力方面的培养较弱。某些旅游高等院校的专业教师缺乏实践经验或资历较浅，实验设施条件上也跟不上发展需要，给学生培养造成一定影响，导致他们在进入旅游企业实习时几乎没有或只有很少的实战经验，工作前期效率较低，晋升缓慢，这也是导致旅游专业招生困难、学生大量流失的原因之一。

（二）各类旅游教育层次的主体特色不鲜明

中职、高职、本科等不同层次、同类专业旅游教育之间没有拉开差距，主体特色也不鲜明，使得技能型服务人才过剩，而高层次旅游管理人才和专业技术人才不足，高层次旅游教育实力有待加强。

（三）师资专业化程度和实践能力有待提高

湖南省旅游院校师资有许多是高校毕业后直接到校任教，或从其他专业“转行”的，不少人没有行业背景或未受过系统的专业培训，专业水平和实践能力不高，有待进一步改善，尤其是有实践经验的教师占比有待进一步提高。

（四）旅游专业设置还没有完全同步于市场需求

随着社会经济的快速发展和市场需求的变化，旅游业转型升级步伐加快，涌现出许多新的业态，如乡村文化游、亲子游、邮轮游、自驾游、森林康养等，并呈井喷式的增长态势。这些新的旅游业态呼唤着新的旅游专业人才，然而，传统的旅游专业中很难找到支撑这些新业态发展的相关内容，还满足不了旅游新形势发展的需要。

三、对策建议

（一）将旅游专业人才培养与旅游企业实际需求对接

旅游专业是实践性很强的专业，旅游院校在专业、课程设置上应紧密结合行业发展需要，加强旅游技能训练，做到接地气、有针对性，符合旅游产业管理、策划、开发、运行等各个环节的发展要求。

首先，教学内容上要与时俱进，紧跟时势。目前，我国休闲度假旅行正迅猛兴起，乡村旅游、温泉旅游、滑雪旅游、会展旅游等新兴旅游形式和产品发展迅速，网络营销、电子商务更是大热，各旅游院校要迅速做出反应，根据旅游新形势、新需求不断创新和调整教学内容，培养新旅游行业所需的新旅游专业人才。

其次，教学过程中应突出旅游专业和课程的职业定向性，以职业岗位能力作为配置课程的基础，使学生获得的知识、技能真正适应旅游行业的职业岗位需求。同时，合理开设旅游法律法规、方针政策、经济财务、经营管理、资源文化等方面的课程，努力将学生培养成为一专多能的复合型人才。

（二）明确各层次教育人才培养重点和方向

旅游专业专科层次的教育应定位于就业导向，注重学生职业能力的培育。

旅游专业本科层次的教育则应兼顾就业导向和研究能力，在专业、课程设置上合理调配理论知识和实践环节的比例。硕士、博士层次的教育则应以专业技术人才为导向，注重学生研究水平和综合能力的培养。

（三）改革旅游人才培养模式

旅游行业是一个开放的行业，人才培养应采取开放的理念和模式。要突破区域和行业的限制，引进共享的理念，将社会培养和行业培养相结合，强化实践教学。例如，可以依托产业联盟、校企合作共建实习基地等方式，统筹校企办学优势资源，建成校企联动的多学科、多层次的开放育人平台，有效解决专业理论教学与行业需求脱节的问题。

（四）积极开展旅游教育国际合作

以合作办学、联合培养、教师互访、学术交流等方式，积极开展国际交流与合作，尽快实现教育理念和人才培养质量与国际接轨。引进国际先进的管理理念、课程体系、教材、教学方法等，加快国际化人才的培养步伐，力求在国际化人才培养方面探索出一条新路子。

第二节　旅游人才

一、基本情况

人才是产业发展之根本，旅游人才队伍建设是振兴旅游产业、建设旅游强省的重要方面。一项针对全省1619家旅游单位、17647名旅游人才资源的抽样调查结果显示，在性别上，湖南省旅游人才总体上女性多于男性，男女比例为1 ∶ 1.42，其中男性7282人，占总样本人才数的41.3%；女性10364人，占总样本人才数的58.7%。在年龄结构上，26~40岁的人才占50.8%（8965人），可见全省旅游人才中青年力量雄厚，有利于未来旅游产业的发展（详见表9–3）。同时，专家预测，到2020年，湖南省旅游人才总数将达到49035人，详见表9–4。

表 9-3　湖南省抽样旅游人才年龄分布情况

年龄	人才数	百分比
25 岁以下	5576	31.6%
26~40 岁	8965	50.8%
41~50 岁	2506	14.2%
51 岁及以上	600	3.4%

表 9-4　“十三五”期间湖南省旅游人才总量的预测

年份	2015	2016	2017	2018	2019	2020
人才总数	29416	32581	36087	39970	44271	49035

二、旅游人才队伍建设

“十二五”期间，为推动旅游人才队伍建设提质升级，湖南省以能力建设为中心，积极开展旅游人才教育培训工作，取得了较为丰硕的成绩。

（一）行政人员队伍建设

过去五年间，湖南省针对旅游行政管理人员开展了涵盖专业素质和管理水平的不少培训项目，主要包括：组织各级旅游局长参加国家旅游局、全国红办举办的各类培训、研讨班；开展机关干部上、下挂职培训锻炼；开展学习型机关创建活动；开设各类旅游行政管理人员集训或培训班等，详见表 9-5。2015 年，全省共培训局处级干部 719 人次、科级干部 2819 人次，其他人员 4599 人次，详见表 9-6。

表 9-5　“十二五”期间湖南省关于旅游行政管理人员教育培训的主要工作成果

年份	主要工作
2011	组织开展旅游系统人教干部集训；完成干部挂职锻炼的安排、考察和管理工作
2012	举办怀化地区旅游行政管理人员培训班；承办“武陵山片区旅游行政管理干部培训班”
2013	联合政策法规处，组织局机关干部以及全省各市（州）旅游局副处以上人员参加培训，宣传《旅游法》，提高旅游系统干部依法行政的能力；在郴州安仁举办湖南省行政管理人员郴州培训班

续表

年份	主要工作
2014	按照国家旅游局的要求，为14个市（州）旅游局长和省局领导、处长配送旅游业务学习用书；落实国家旅游局、省委组织部、省委党校、省人社厅、社会主义学院、省直党校的要求，完成全省旅游行业从业人员和局机关干部共22人的调训和自主选学任务；选派第七批援疆干部
2015	协调安排人员参加人社部及国家旅游局组织的调训

表 9-6　2015 年湖南省旅游行政部门人员培训情况

指标（人次）	局处级干部	科级干部	其他人员
岗位培训	587	2411	4227
成人学历教育	132	408	372
总　计	719	2819	4599

（二）导游员队伍建设

1. 导游员考试

2015年，全省共有8990人报名参加导游资格考试，较2014年增加372人。考试合格人数总计为2677人，占总参考人数的29.78%（详见表9-7），仍处于偏低水平。同时，湖南省导游从业人员语种分布不均现象较为明显，2015年考试合格的人数主要集中在中文和英语，具备泰国语、马来语、阿拉伯语、西班牙语技能的人较少，具有葡萄牙语、意大利语和印尼语技能的更是稀缺，全省除英语外的外语导游人才相当紧缺。

表 9-7　2015 年湖南省导游资格考试合格人数情况

语种	合格人数	合格率
中文	2606	29.77%
英语	49	13.65%
粤语	6	75%
韩语	3	13.64%
日语	5	13.89%
法语	2	18.18%
西班牙语	3	75%

续表

语种	合格人数	合格率
德语	1	33.33%
俄语	2	50%

2. 导游员培训

在导游年审工作上，湖南省旅游局导游服务中心创新导游网络培训平台，充分发挥移动互联网的作用，与湖南省电大合作，设置了线上线下相结合的导游年审培训平台，推出了电脑与手机微信平台相结合的学习方式，帮助导游随时随地利用手机端学习和交流，极大地提高了导游年审质量和效率。2015 年，共有 17468 名注册导游参与培训，其中年审合格导游共 15022 名。

在新入职导游岗前培训上，湖南省旅游局导游服务中心采用理论与实地培训相结合的方式，在长沙、湘潭、张家界、郴州和湘西成功举办了 5 期新入职导游岗前培训班，通过聘请优秀导游进行理论和景点实地讲解，为新老导游搭建了交流和学习平台，提升了新导游的实际操作能力，取得了明显的积极效果。

3. 导游员援藏工作

按照国家旅游局的统一部署，"十二五"期间，全省共选派 6 名导游员赴藏开展工作，他们认真进行援藏导游进藏岗前培训和适应性培训，积极投入到新的工作岗位，以扎实的工作态度和饱满的热情在西藏地区为游客提供诚信优质的服务，圆满完成了受援单位下达的各项任务，并多次获得先进个人和优秀个人荣誉称号，为树立全省旅游优质服务的良好形象做出了表率，得到援藏办和受援单位的一致好评。

（三）旅游骨干人才队伍建设

"十二五"期间，全省共有多名旅游行业骨干人才入选"旅游业青年专家培养计划"及"万名旅游英才计划"。详见表 9-8、表 9-9。

表 9-8　"十二五"时期我省入选"旅游业青年专家培养计划"人员名单

年份	姓名	单位	职称
2013	粟　娟 陈刚强	吉首大学 长沙学院	副教授 副教授

续表

年份	姓名	单位	职称
2014	罗　芬 粟路军 刘红梅	中南林业科技大学 中南大学 湘潭大学	副教授 讲师 副教授
2015	孟奕爽 罗文斌	湖南师范大学 湖南师范大学	讲师 博士

表 9-9　2015 年湖南省“万名旅游英才计划——技术技能大师工作室”推荐名单

姓　名	职　位
马　昕	长沙国旅高级导游、国际旅行社总经理
丁佳胤	湖南华天国际旅行社导游部主管
刘　强	湖南海外旅行社高级导游
刘　洋	张家界市中国旅行社高级导游

（四）其他从业人员队伍建设

“十二五”时期，湖南省旅游局导游服务中心积极举办全省旅游星级饭店总经理培训班、旅行社总经理培训班、计调岗位师培训班、星级乡村旅游区（点）总经理、门市部接待经理培训班等各类培训班，有效地提高了各类旅游从业人员的业务水平。2015 年全省旅游从业人员培训情况见表 9–10~ 表 9–13。

表 9–10　2015 年湖南省旅游饭店人员培训情况

指标（人次）	正副总经理	部门经理	主管	服务员	其他人员
岗位培训	8177	27627	73017	477230	144173
成人学历教育	1487	3031	4278	13013	5329
总　计	9664	30658	77295	490243	149502

表 9–11　2015 年湖南省旅游区（点）人员培训情况

指标（人次）	正副总经理	部门经理	讲解员	服务员	其他人员
岗位培训	3022	8385	10794	15874	14498
成人学历教育	386	816	2202	2054	1600
总　计	3408	9201	12996	17928	16098

表 9-12　2015 年湖南省旅行社人员培训情况

指标（人次）	正副总经理	部门经理	导游	其他人员
岗位培训	14165	28087	43425	78005
成人学历教育	998	1145	4160	2345
总　计	15163	29232	47585	80350

表 9-13　2015 年湖南省旅游车船公司人员培训情况

指标（人次）	正副总经理	部门经理	司机	其他人员
岗位培训	1453	3113	9025	3922
成人学历教育	302	542	1481	804
总　计	1755	3655	10506	4726

“十二五”期间，为进一步提升服务质量、促进旅游产业又好又快发展，湖南省还积极开展优质服务、技能比武、评比表彰等多种形式的“争当岗位明星”活动，主要岗位包括导游员（讲解员）、营销员（旅行社、星级饭店）、客房服务员、餐厅服务员（中餐、西餐、调酒）、前厅服务员（礼宾员、接待员）、保安员等，基本涵盖了旅游产业的方方面面，有效地推动了旅游从业人员服务质量和水平的提升。

三、问题剖析

（一）高层次旅游管理人才不足

抽样调查显示，目前全省旅游人才仍以大专学历为主，占样本总人数的 72.0%（12706 人），本科学历的人才占 25.6%（4518 人），硕士研究生占 2.1%（371 人），博士研究生占 0.3%（52 人），总体而言，高学历旅游人才十分匮乏，尤其是有创新意识、策划意识和开拓意识的、能够进行顶层设计的、学历与实践管理经验并重的顶尖复合型人才短缺，不能满足行业发展的需求。而且，当下的旅游从业人员中，有相当部分是“半路出家”或从其他行业转行而来的，缺乏旅游行业背景和专业的培训，也难以适应旅游行业发展的需要。

（二）旅游人才队伍结构不合理

当前，全省旅游从业人员多集中在住宿等行业，其他环节相对较少，人才行业分布不合理、结构失衡问题明显，协调发展后劲不足，同时素质结构不合理现象也普遍存在。

四、对策建议

（一）大力培养旅游专业研究生

加大旅游专业研究生培养力度，增加旅游专业的研究生招生、学位授权学校；合理扩大招生规模，重点加强旅游管理硕士（MTA）的培养，为旅游行业输送更多创新型高端复合人才，从而进一步带动旅游支持型人才和辅助型人才的层次提升。

在培养研究生的过程中，旅游院校要与政府部门和企业联合起来，进行相关行业培训，开展相关科研和实践工作，还可聘请旅游职能管理部门的领导和行业精英对旅游专业研究生进行授课和指导，使教学更富针对性，达到校政、校企互利互惠的效果。

（二）科学探索人才培养模式

积极探索“订单式”人才培养模式，由企业提出其对未来不同类型人才需求的情况，学校则按照学校的教学计划和用人单位提出的人才类型和数量要求进行培养，学生毕业直接到用人单位就业。探索推广产学研结合的模式，鼓励高校与旅游景区、饭店、旅行社共建“旅游教学实践基地”，将学生送到相关企业进行教学实践。深化校企合作模式，引导高校和相关旅游企业合作，采用“引进来”的方式，聘请企业的专家作为兼职教师，定期到学校讲学，同时，高校教师也可以发挥自身理论知识较为系统的优势，深入企业培训员工，提升员工素质。

（三）积极举办旅游专业技能竞赛

旅游类竞赛是对学校人才培养质量和教育教学水平的一次全面检验，是全省旅游院校人才交流和展示的重要平台，对旅游教育及旅游人才的培养起到改革创新的作用，应以相关部门、旅游院校、企业等为主体，引导其积极组织主题、性质各不相同的旅游类专业技能竞赛，如旅游创意大赛、旅游服务技能大赛、旅游创新策划大赛、大学生旅游类专业综合技能竞赛、旅游线路设计大赛等，推动学生专业综合技能的提升。

第三节　旅游就业

一、基本情况

2015 年，全省共有普通高校毕业生 315925 人，其中研究生 17082 人，本科生 154384 人，高职专科生 144459 人。毕业生就业人数为 284077 人，其中研究生 15539 人，本科生 138622 人，高职专科生 129916 人。

以高职专科毕业生为例，2015 年全省旅游类高职专科毕业生总人数为 3479 人，其中就业人数 3121 人，占总人数的 89.71%；男性毕业生共 800 人，就业人数 687 人；女性毕业生共 2679 人，就业人数 2434 人。在这 3121 人中，3037 人被聘用（未办理《报到证》），4 人已就业并办理了《报到证》，8 人选择出国留学或工作，8 人从事自由职业，9 人自主创业，55 人选择继续深造。

旅游类高职专科毕业生的就业去向主要包括：其他企业（2814 人）、三资企业（127 人）、其他事业单位（43 人）、高等学校（20 人）、国有企业（13 人）、其他教学单位（12 人）、机关（8 人）、城镇社区（2 人）、医疗卫生单位（1 人）、部队（1 人）。

3041 名被聘用（含取得《报到证》）的毕业生中，其就业单位行业类别包括：住宿和餐饮业（1035 人）；居民服务、修理和其他业务（417 人）；租赁和商务服务业（282 人）；文化、体育和娱乐业（226 人）；信息传输、软件和信息技术服务业（181 人）；教育（181 人）；批发和零售业（177 人）；交通运输、仓储和邮政业（130 人）；制造业（106 人）；金融业（64 人）；房地产业（49 人）；建筑业（44 人）；公共管理、社会保障和社会组织（40 人）；农、林、牧、渔业（31 人）；水利、环境和公共设施管理业（21 人）；科学研究和技术服务业（19 人）；卫生和社会工作（16 人）；电力、热力、燃气及水生产和供应业（15 人）；采矿业（3 人）和军队（1 人）。

在就业地域选择上，2015 年共有 2054 名旅游专业高职专科毕业生选择留在湖南就业，其主要流向地为长沙和张家界。长沙作为省会城市和省内重要的旅游城市，吸引了全省一半以上的旅游专业毕业生；张家界是湖南旅游的第一名片，也吸引了不少旅游毕业生。紧随其后的城市为娄底、湘潭、岳阳等，这些城市虽旅游发展水平不尽相同，但都各有特点，在旅游专业毕业生眼中具备相当的潜力。详见表 9–14。

表 9–14　2015 年湖南省旅游专业高职专科毕业生就业地域流向情况表（省内）

所在地区	人数	占总就业人数百分比
长沙市	1353	50.48%
株洲市	57	1.87%
湘潭市	82	2.70%
衡阳市	42	1.38%
邵阳市	33	1.06%
岳阳市	55	1.81%
常德市	54	1.78%
张家界市	130	4.27%
益阳市	18	0.60%
郴州市	54	1.78%
永州市	24	0.80%
怀化市	24	0.80%
娄底市	91	2.99%
湘西州	37	1.21%
省内合计	2054	73.53%

二、问题剖析

一是全省部分旅游专业毕业生就业行业非对口，不少毕业生不去旅游企业。究其原因，许多旅游行业相关岗位需要从基层服务工作做起，收入低、晋升时间缓慢，有的旅游管理专业毕业生对本行业带有偏见，不愿从事旅游相关行业工作，有业不就，宁愿选择与所学专业无关的其他工作岗位。

二是有相当部分毕业生即使在本行业内就业，旅游企业在选拔人才时对于专门进行过旅游专业学习的学生并未给予特别青睐或提供更多发展机会，造成部分毕业生对工作单位的忠诚度较低，员工流失率高。加之旅游相关行业对于旅游管理专业学生的实践能力和动手能力认同度不高，也常常出现一次性就业不足或就业困难等尴尬状况。

此外，除了个人因素，学校和社会及相关企业对学生的就业指导更多的仍流于形式，基本还停留在信息发布、政策讲解、技巧培训、协议等服务性工作层面，没有专业的职业指导人员，学生走入社会就业前很少得到专业的职业指导，也在一定程度上影响了毕业生的就业。

三、对策建议

（一）培养旅游专业学生的核心竞争力

培养旅游专业学生在本行业的核心竞争力是提高其就业率的关键所在。相关人才培养单位要着眼于学生的个人动手能力提升、社会实践经验锻炼、职业态度培养、沟通能力培育、性格气质完善、知识结构体系完善、个人社会关系培养等多个方面，合理配置资源，科学设置课程，创新教学模式，明确培养目标，让自己培育出来的学生“与众不同”，使得其他专业的学生无法替代。

（二）强化旅游专业学生的行业实践能力培养

一要加强实习基地建设，形成固定的校外实习基地。各级旅游学校和院系应该充分利用各种资源，与大型旅行社、高档酒店、大型景区景点等建立长期的合作关系，建立起固定的校外实习基地，满足学生校外实习的需要。二要构建科学的校外实践教学体系。着眼于使学生能够掌握专业领域实际工作的基本能力和技能，增加校外实践教学的比重。同时，明确各个环节的教学要求、教学内容和方式方法，严格要求、保证质量、强化管理，真正发挥校外实践教学在人才培养中的作用，推进基础理论扎实、实际动手操作能力强的复合型人才的培养。三要建立校外实践教学体系管理制度，使校外实践教学有章可循。四要积极培养“双师型”教师队伍，通过派教师外出进修，到全国知名酒店、旅行社或风景名胜区学习先进的实践管理经验、服务标准和服务规程等各种途径提高专业教师理论与实践相结合的能力。五要保障校外实践教学的学时。

（三）积极推进校企、校校合作

一是定期聘请成功企业家和资深业内人士到学校授课，向学生讲解成功创业和行业管理的实例，给他们的就业提供参考和启迪。二是积极倡导“订单式”人才培养模式，通过校企双方联合，及时发现教学计划和内容上的缺点和不足，并及时做出调整、修订和改进。三是深化校企合作。引导企业在提供实习场地的同时，投入相关管理人员进行课堂指导，并在就业指导、实习指导、教学大纲制定、课程设立等方面与各级学校深度合作。还可引导学校与企业合作开办旅行社、酒店等实习性企业，为学生提供实习实训场地和工作场地。四是加强旅游院校之间的资源共享与合作。引导有条件的旅游院校积极与省内外乃至国内外的旅游院校联合办学或签署合作培养、合作研究、合作培训协议，开展更频繁、更深入的对话交流、合作和互访，开拓旅游专业师生的视野。

（四）适时对学生进行职业规划教育

加强学生的职业规划教育，避免学生在择业过程中出现迷茫、盲目或忙碌等现象。一方面，加强与用人单位和企业沟通，搭建平台，发布信息，促成用人企业和学生无缝接轨，增强学生职业规划教育的专业性和针对性。另一方面，加强学生旅游职业心理素质培养，提高他们的适应能力、抗压能力、创新能力、技能水平、道德诚信水平等。

（五）政府牵头定期举办旅游人才招聘会

自 2009 年起，湖南省旅游局连续五年举办旅游企业大型人才招聘会，使之成为常态化工作。招聘会的举办为企业选人用人和院校之间的交流学习搭建了平台，类似举措应得到下级旅游政府部门的效仿和推广。在招聘会筹备过程中，各级旅游政府部门要在宣传工作上下足功夫，通过举办旅游部门相关负责人座谈会、旅游院校负责人座谈会、旅游企业负责人座谈会、媒体座谈会和广告投放等方式，引导需要招聘人才的旅游企业积极参与，将招聘会的效用扩大到最大化。

（六）建立湖南旅游人才发展机制

完善全省旅游人才发展机制，通过完善薪酬制度、福利制度、特殊旅游人才优惠制度等一系列政策措施，努力营造人尽其才、才尽其用的制度环境，让湖南旅游人才引得进、留得住、用得好、流得动。

第十章

对策建议

第一节　加强旅游功能区规划建设

结合《湖南省“十三五”旅游发展规划》对全省旅游空间布局的总部署，以旅游资源要素集中的重点板块和旅游区为依托，大力推进旅游功能区规划建设（详见表 10–1），促进产业综合竞争力的提升。

表 10–1　湖南省“十三五”期间重点旅游功能区建设

功能区	区域范围	发展定位	发展重点
长株潭都市休闲旅游区	长沙市、株洲市、湘潭市、浏阳市、长沙县、醴陵市、平江县	国际都市休闲旅游目的地	以大型旅游项目建设为依托，拓展城市发展空间，增强城市休闲功能。强化特色街区建设，积极实施旅游商品品牌建设工程，大力发展购物旅游。积极开发都市休闲、文化创意、研学旅游、自驾车房车营地等旅游新业态及低空飞行旅游等新产品。
张家界国际生态旅游度假区	永定区、武陵源区、慈利县、桑植县、古丈县、永顺县、沅陵县、石门县、桃源县	国际生态度假旅游目的地	加快张家界南线旅游资源开发，形成“一体两翼”旅游业发展新格局。以重大项目为核心，抓好旅游服务配套设施和旅游基础设施建设。大力推进旅游信息综合管理平台建设，打造国家智慧旅游城市标杆。进一步完善旅游演艺产业，积极发展自驾车房车营地、康养旅游、研学旅游等旅游新业态，推动乡村旅游精准扶贫。
环洞庭湖湖泊度假旅游区	岳阳楼区、君山区、汨罗市、湘阴县、汉寿县、鼎城区、澧县、赫山区、沅江市	国际湖泊度假旅游目的地	积极对接长江经济带及长江中游城市群，打造跨境旅游协作区。抓好重点旅游项目开发建设，发挥优势，积极推进装备制造业、农业与旅游融合发展，打造国家级邮轮游艇等旅游装备制造基地，培育建设一批特色旅游小城镇。积极培育水上旅游、低空旅游、自驾车营地、房车营地等旅游新业态和新产品。
韶山红色经典旅游区	韶山市、湘乡市、湘潭县、宁乡县	国际红色经典旅游目的地	依托区内丰富的红色旅游资源和温泉旅游资源，积极开发研学旅游、康养旅游、休闲度假等新业态，培育一批特色旅游小镇。建设全国红色旅游经典景区，推动湘潭（韶山）全国红色旅游融合发展示范区建设，促进红色旅游国际合作。

续表

功能区	区域范围	发展定位	发展重点
崀山生态民俗旅游区	武冈市、新宁县、城步县、绥宁县	国际生态文化旅游目的地	依托张崀桂旅游通道，积极对接广西、广东、黔东南，推动崀桂旅游经济发展协作区建设。大力发展乡村旅游，培育一批旅游小城镇。做好旅游服务配套设施和旅游基础设施建设，积极开发生态旅游、康养旅游、研学旅游与民俗体验旅游等旅游新产品。
南岳祈福康养旅游区	南岳区、耒阳市、衡山县、珠晖区	国际祈福康养旅游目的地	加快重点项目建设，大力发展休闲度假旅游，推进旅游产业升级，培育一批特色旅游小镇。大力发展祈福旅游、康养旅游、研学旅游、自驾车房车营地等新业态、新产品。
凤凰文化体验旅游区	凤凰县、吉首市、龙山县、泸溪县、保靖县、花垣县	国际文化体验旅游目的地	积极对接贵州省和重庆市，推动凤凰—铜仁、花垣—重庆秀山—贵州松桃、龙山—来凤形成旅游经济协作区。强化凤凰的龙头带动作用，进一步完善旅游演艺基地，推动旅游与文化产业的融合发展，培育一批旅游小城镇。积极培育自驾车房车营地、低空飞行、休闲度假、购物旅游等新业态。
炎陵神农文化旅游区	炎陵县、茶陵县、桂东县	国内知名神农文化和山地度假旅游目的地	对接江西省，加强与井冈山等目的地旅游经济发展的区域合作。依托区域内丰富的文化生态、红色旅游资源，加快重点项目建设，大力发展寻根祭祖、山地度假、康养旅游、研学旅游等新业态，培育鹿原镇等特色旅游小镇。
九嶷山生态文化旅游区	零陵区、宁远县、双牌县、江永县、江华县、道县	国内知名生态文化旅游目的地	依托湘桂高铁，加强与大桂林旅游经济圈的区域合作和全方位对接。大力发展寻根祭祖、康养旅游、低空飞行、研学旅游、自驾车房车营地等产品和业态，培育一批旅游小城镇。
东江湖休闲度假旅游区	苏仙区、资兴市、宜章县、永兴县、汝城县	国际休闲度假旅游目的地	以京广高铁、厦蓉高速为交通轴线，加强与大井冈山旅游圈、赣南生态人文旅游圈、南岭生态文化旅游圈的对接，共同建设跨省旅游协作区。抓好重点项目建设，打造国家级生态度假和温泉度假旅游基地，积极发展自驾车营地、房车营地、通用航空基地、户外极限运动基地等旅游新业态，培育一批特色旅游小镇。
雪峰山生态文化旅游区	鹤城区、芷江县、洪江市、洪江区、中方县、溆浦县、会同县、靖州县、通道县	国内知名生态文化旅游目的地	依托雪峰山脉良好的自然生态资源、和平文化、古城古镇古村文化，培育一批旅游小城镇，打造“醉美侗乡”。大力发展山地度假、文化体验、研学旅游，积极发展骑行徒步、自驾车房车营地、主题民宿等新产品。
梅山文化体验旅游区	新化县、涟源市、双峰县、安化县、桃江县、隆回县	国内知名文化体验旅游目的地	立足于梅山文化与原生态自然景观资源，积极培育旅游小城镇。大力发展文化体验旅游、研学旅游，积极发展山地度假、自驾车房车营地等旅游新产品。

第二节　积极提升旅游产品吸引力

以品牌打造和业态创新为重点，努力完善旅游产品体系，提升其发展规模、质量、效益、水平和吸引力。

一是提升观光度假旅游产品水平。提质升级武陵源、崀山、老司城等世界自然、文化遗产资源，积极整合周边地区优质旅游资源，完善目的地体系建设，加快旅游配套设施建设，推进观光旅游向观光与休闲度假旅游并重转变。强化特色旅游线路建设，将炎帝陵、舜帝陵、凤凰古城、南岳衡山、洞庭湖、韶山等独特的旅游资源与张家界、崀山、老司城等世界遗产组合，打造神秘湘西旅游线路、世界遗产旅游线路、历史文化精品旅游线路、研学旅游精品旅游线路、特色山岳精品旅游线路、红色旅游精品旅游线路、寻根祭祖精品旅游线路等特色旅游线，吸引入境旅游市场。加强武广高铁、湘桂高铁、沪昆高铁沿线旅游产品开发，丰富跨区域的旅游线路产品，推进核心景区与高铁沿线景区、城市的串联。加强与周边省区、泛珠三角区域、中部地区的联系，积极对接“一带一路”和“长江经济带”等国家战略，打造一批跨省精品线路、跨境精品路线。

二是彰显专项旅游产品特色。积极推进全国红色旅游经典景区建设和湘潭（韶山）全国红色旅游融合发展示范区建设，进一步彰显红色旅游品牌效应。深入实施“旅游＋城镇化”战略，加快推进“旅游＋美丽乡村”建设，立足全省丰富的农业资源和传统村落文化资源，引导集“生态农业、现代农业、农产品DIY 加工、乡村旅游、养生度假”为一体的旅游综合开发运营项目建设，开发一批地域特色和民族特色鲜明的古镇古村群落，建设一批特色旅游小镇，推动乡村旅游转型升级。发挥湖南山、水、温泉资源丰富的特色，合理开发温泉、漂流、滑雪等休闲运动旅游产品，打造一批特色休闲运动产品品牌。

三是加大新型旅游产品开发。适应市场发展需要，积极开发自驾游产品，进一步完善自驾游线路，配套完善自驾游服务体系和特色自驾车房车营地。立足湖南生态资源优势，大力推进旅游＋生态化，培育一批观光、度假、研学、康养等生态旅游产品，建设一批有潜力的特色生态旅游目的地。适应旅游发展新趋向，积极发展线上旅游产品，创新开发定制旅游、专项旅游、主题旅游等特色旅游产品，深入推进旅游与文化、体育、健康、养老、科技、教育等相关产业的深度融合，打造一批文化创意、健康养生、研学旅行、体育旅游、探险旅游、邮轮游艇旅游、旅游装备制造、科普旅游、低空旅游基地。

四是创新旅游商品开发力度。把握好旅游者的消费偏好，正确进行消费群体定位、商品用途定位和市场价格定位，针对不同人群开发不同层次的旅游商品。加强特色购物商品和购物场所建设，加大地域特色旅游商品研发，开发“记忆湖南”系列旅游商品，发展特色加工和包装的旅游商品。重视旅游商品品牌打造，打造一批竞争力强的湖南旅游商品品牌，提高其在全国乃至国际上的知名度。

第三节　培育壮大旅游市场主体

进一步创新体制机制，增强市场主体活力，培育大市场，壮大旅游经济。

一是推进现代产业体系建设。以品牌打造和业态创新为重点，充分激发大众创业、万众创新的动力和活力，认真落实各项优惠政策措施，努力提升“吃、住、行、游、购、娱”等各项旅游要素产品供应商的发展规模、质量、效益和水平，逐步形成结构合理、管理科学、优势互补、实力强大的现代旅游产业综合体系和产业集群。

二是加快旅游龙头企业培育力度。以资本为纽带，积极推动旅游企业跨行业、跨地区、跨所有制兼并重组，在旅游饭店、旅游景区、旅行社、旅游商品、文化演艺、电子商务等领域培育一批龙头企业和企业集团，打造一批全国百强旅行社、高星级酒店、年营业收入过亿元的旅游企业和年接待超百万人次数的景区。支持旅游企业上市，为旅游企业上市做好指导服务，扶持龙头旅游企业拓展业务、上市融资。支持旅游商品龙头企业发展，引导其加大旅游商品研发，开发“记忆湖南”系列旅游商品。

三是积极发展中介服务组织。结合政府职能转变，积极发展旅游中介服务组织，培育和孵化旅游新业态行业协会，切实发挥各类旅游中介组织和行业协会在产业协调、社会管理、市场服务和行业自律中的作用，使其成为推动旅游业改革发展的重要力量。

第四节 加快完善旅游基础设施和公共服务体系

树立旅居共享的发展理念，将旅游基础设施建设纳入城市基础设施建设范畴，将旅游公共服务体系建设纳入社会公共服务体系建设范畴，全面推进旅游厕所、旅游交通体系、旅游咨询服务体系及城乡旅游公共设施建设，不断完善旅游基础设施和公共服务体系。

一是积极推进旅游厕所革命。将全省旅游景区、旅游交通线路、乡村旅游点、旅游集散中心、旅游餐馆、旅游娱乐购物场所、旅游步行街区的旅游厕所纳入“旅游厕所革命”的范围，按照轻重缓急，分期分步实施，到2020年，共新建和改扩建厕所5000个，实现“数量充足、干净无味、实用免费、管理有效”的目标，让湖南旅游厕所革命走在全国前列。

二是完善旅游交通服务体系建设。围绕“五纵五横”铁路网、“七纵七横”公路网、“一纵五横”水运网、“一枢纽一干多支”航空网，完善旅游交通设施。加快建设和完善旅游城市（村镇）之间、旅游城市（村镇）连接A级以上景区以及其他旅游区（点）的交通道路体系，抓好全省旅游交通断头路和瓶颈路的分批改造，积极推进武陵山、罗霄山片区重点景区及乡村旅游点的通景公路建设。实施旅游交通服务补短板工程，加强旅游交通引导标识系统、停车场、自驾车房车营地等旅游交通服务设施建设，完善自驾游服务、公共交通中转和换乘服务，实现全省主要交通枢纽与旅游目的地的零距离换乘。

三是加强旅游咨询服务体系建设。重视旅游咨询、投诉、集散等旅游公共服务设施建设，建设以湖南省（长沙市）旅游咨询集散中心为核心，以各大交通枢纽、高速公路服务区及重点景区为节点的旅游咨询集散网络，鼓励旅游城市建设旅居共享的市民游客服务中心，逐步形成完善的四级旅游集散系统。

四是统筹城乡旅游公共设施建设。按照“城乡即景、景即城乡”的旅游发展新要求，围绕旅游产业发展统筹谋划市政设施配套、智慧城市、风景道、绿道、休闲慢行系统、公共绿地、城市公园与广场等的建设工作，把旅游元素融入城乡建设的各个方面，推动城乡功能完善和旅游产业发展有机结合、相互促进，实现城乡基础设施和公共服务的全域覆盖，构建外来游客与本地市民共享的高品质生活环境。

第五节　深入实施“旅游+”行动计划

充分发挥旅游业的拉动、融合、催化、集成作用，强化创新驱动、跨界融合，深入实施“旅游+”行动计划，积极推进旅游融合发展示范、新业态培育、两型旅游示范、智慧旅游建设等工作的开展。

一是深入实施旅游融合发展示范工程。深入实施旅游+城镇化战略，加快推进旅游+文化、旅游+美丽乡村建设，积极培育全域旅游县和旅游特色强县、国家旅游示范基地和示范城市、旅游融合发展示范区和旅游产业园区。加大历史文化名城名镇名村保护力度，加强传统村落的保护和开发利用，打造一批特色旅游小镇或古城古镇古村群落，促进农村人口成规模地向旅游小城镇转移。

二是大力实施旅游新业态培育工程。拓宽“文”“商”“养”“学”“闲”“情”“奇”等旅游发展新要素，积极培育自驾游、低空飞行、邮轮游艇、康养旅游、特色民宿、购物旅游、体育旅游、研学旅游、户外探险游、休闲度假等新业态产品，大力发展文化创意产业基地、健康养生基地、研学旅行基地、体育旅游基地、探险旅游基地、旅游装备制造基地、科普旅游基地、自驾车房车营地。

三是积极实施两型旅游示范工程。深入实施旅游+生态文明战略，进一步推进“两型”景区、生态旅游示范区、绿色饭店、“两型”饭店建设，保障旅游业的可持续发展。

四是加快实施智慧旅游建设工程。深入推进旅游+互联网建设，将智慧旅游纳入智慧城市建设范畴，进一步升级完善湖南旅游监管网，积极推进湖南省旅游数据中心、湖南旅游监管指挥中心、景区动态监测系统、旅游运行监管及安全应急管理联动指挥平台、旅游行业管理平台、旅游市场营销管理平台建设，建立旅游城市大数据合作联盟，实现“在线游、在线行、在线购”。积极推进长沙、张家界、衡阳等智慧旅游城市及武陵源、南岳、韶山、凤凰古城、崀山等智慧旅游景区建设，大力推进旅游企业的信息化建设。

第六节　大力实施旅游扶贫战略

按照“精准识贫、精准扶贫、精准脱贫”的要求，发挥好旅游业强大的产业整合能力，以武陵山、罗霄山连片特困地区为主战场，以张家界市、湘西州、邵阳市创建国家旅游扶贫试验区为抓手，大力实施旅游扶贫战略，带动贫困地区群众脱贫致富。

一是依托核心景区开发精品文化生态旅游线。依托武陵源、崀山和老司城三大世界遗产资源，开发推出武陵山、罗霄山连片特困地区 13 条文化生态旅游精品线路，带动贫困地区融入重点旅游线路的建设和开发，以旅游线路建设促进扶贫开发。

二是积极探索具有湖南特色的“旅游 +”精准扶贫模式。立足各贫困地区的特色和优势，积极探索符合各地实际的“旅游 +”精准扶贫模式，如天子山镇的“特色风情小镇 + 非遗传承 + 特色民宿 + 旅游系统经济”模式、花垣县金洞村的“规划扶贫 + 民族文化传承 + 活动营销 + 乡愁记忆”模式等，为全省乃至全国旅游扶贫战略的深入实施提供蓝本、做出示范。

三是扶持重点贫困旅游县、镇、村建设。支持通道、凤凰、永顺、汝城、平江等重点贫困县，黄土乡、山江镇、灵溪镇、三江口镇、长寿镇等重点镇，以及 302 个全国乡村旅游扶贫重点村、41 个示范村建设，培育一批乡村创客基地、特色民宿、乡村度假精品酒店，以点带面，推动全省乡村旅游扶贫富民工程的实施。

四是支持贫困地区特色产业发展。支持贫困地区居民发展特色民宿、旅游风情小镇、历史文化村落、养生休闲山庄、乡村度假客栈、农家乐等特色产业形态，通过产业发展实现脱贫致富。

第七节 不断优化旅游投资结构

一是完善旅游融资机制。从宏观和微观两层面着手，构建推进旅游资源向旅游资产和旅游资金转移的市场机制。宏观上，利用好湖南旅游投资网及其他平台，建立完善的旅游招商项目库和旅游投资企业信息库；建设旅游产业金融服务中心，以优惠的政策和完备的基础服务设施吸引各类金融机构进入。微观上，设立湖南省旅游发展专项基金，支持重点产业发展和项目建设；同时，构建为中小企业提供信用担保的担保体系，推动信贷资金与中小企业资金需求的对接。

二是明确旅游投资重点。主动融入“一带一路”、新型城镇化、“旅游+”、全域旅游、旅游扶贫等重大发展战略，引导旅游投资向相关的重点旅游功能区、旅游融合发展示范区、旅游产业园区和旅游综合体集聚，推动旅游业与其紧密结合。继续加大旅游基础设施建设投入力度，积极改善邮电通信、住宿、餐饮、娱乐、购物等相关设施，保障产业健康发展。加大旅游人力资源培训投资强度，培养一批高素质的旅游人才，以应对新形势下旅游业发展的需要。以贴近民生的消费需求为导向，围绕自驾车房车营地、主题旅游产业园区、文化旅游精品、旅游公共服务体系、水上旅游开发、乡村休闲度假产品、影视娱乐旅游、山地避暑养生、湖湘旅游小镇、全域旅游目的地建设等领域，发布鼓励旅游投资项目导向目录，推进其加快发展。

三是完善投资区域结构。对接国家扶贫攻坚战略，加大对资源优势明显，但区位交通条件相对较弱的地级市尤其是一些较为偏远的县级单位的投入力度，加大对大湘西地区的投入力度，助推其旅游资源开发，既满足现代旅游者对生态旅游、休闲度假旅游的需求，也促进就业和地方收入的增加，带动地区经济发展。

第八节　建立健全旅游市场营销体系

树立营销也是生产力的发展理念，创新营销方式，积极实施旅游市场营销行动计划，建立健全旅游市场营销体系。

一是积极开展整合营销。把旅游宣传纳入湖南整体形象对外宣传的总体战略，围绕“锦绣潇湘，快乐湖南”的旅游总体形象，统一制定宣传促销方案，建立政府引导、部门协同、企业联手、媒体跟进的“四位一体”整合营销机制，全方位、多角度推广湖南旅游整体形象。

二是积极实施旅游节会营销。创新办好中国湖南国际文化旅游节、旅游休闲博览会、“快乐湖南”全球营销活动、中国湖南红色旅游文化节、湖南旅游发展大会等活动，提升湖南的旅游形象和影响力。用好世界旅游发展大会、世界旅游组织第22届全体大会和世界旅行业理事会年会等世界顶级旅游盛会的平台，加强与承办城市的旅游营销合作，全力推介湖南旅游形象和产品线路。

三是完善旅游宣传推广平台。继续抓好《湖南日报·湖南印象旅游专刊》《湖南旅游》和《中国旅游报》“快乐湖南”旅游专刊等宣传平台建设，支持湖南卫视打包宣传湖南。推广运用微博、微信、微电影、数字旅游、影视植入、在线预订等新技术，完善湖南旅游公共微信微博平台、快乐湖南掌上游（APP）、12301旅游公益服务热线的建设，实现旅游营销网络全覆盖。加强与携程、同程、阿里旅游等旅游电商合作，借助其平台宣传推广湖南。加强高铁沿线区域合作，利用京广高铁沿线推广联盟等平台，整合开发高铁沿线旅游市场。加强省际区域合作，有效运用泛珠会、中博会和长江经济带旅游联盟等平台，推动珠三角、中部六省和长三角旅游市场的开发。积极对接友好城市、国家旅游局驻境外办事处和我国驻外使领馆，借助其平台开展多种形式的合作宣传推广活动。

策划编辑：段向民
责任编辑：李志忠
责任印刷：谢 雨
封面设计：何 杰

图书在版编目（CIP）数据

湖南旅游发展报告 ：2011-2015 / 湖南省旅游发展委员会，中南林业科技大学旅游学院编著．-- 北京 ：中国旅游出版社，2017.8

ISBN 978-7-5032-5878-7

Ⅰ．①湖… Ⅱ．①湖… ②中… Ⅲ．①地方旅游业－旅游业发展－研究报告－湖南－2011-2015 Ⅳ．①F592.64

中国版本图书馆 CIP 数据核字（2017）第 196347 号

书　　名：湖南旅游发展报告：2011—2015

作　　者：湖南省旅游发展委员会　中南林业科技大学旅游学院编著
出版发行：中国旅游出版社
（北京建国门内大街甲9号　邮编：100005）
http://www.cttp.net.cn　E-mail:cttp@cnta.gov.cn
营销中心电话：010-85166503
排　　版：北京旅教文化传播有限公司
经　　销：全国各地新华书店
印　　刷：河北省三河市灵山红旗印刷厂
版　　次：2017 年 8 月第 1 版　2017 年 8 月第 1 次印刷
开　　本：720 毫米 ×970 毫米　1/16
印　　张：14.5
字　　数：228 千
定　　价：32.00 元
ISBN　978-7-5032-5878-7